자바 우체부길

Die Liebe
Das Meer
Der Yggdrasil

Indonesia

| 고영훈의 스토리텔링 인도네시아 문화유산답사기 001 |

자바 우체부길

Jalan Raya Pos Jalan Daendels

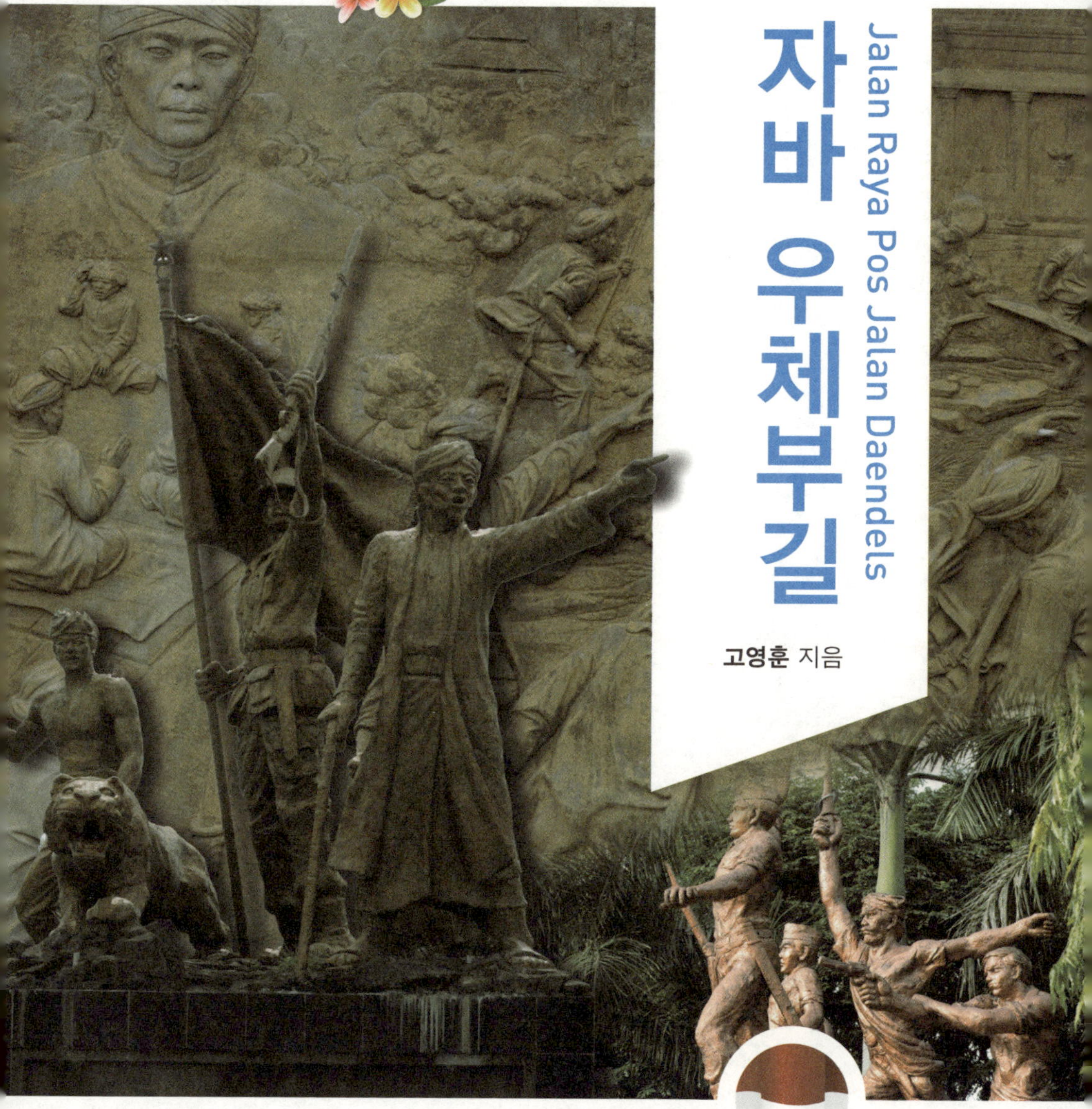

고영훈 지음

HU:iNE

Indonesia

머리말

만약 인도네시아 어느 한적한 시골의 도로표지판에 수라바야까지 100킬로미터 남았다는 표지가 있다면 수라바야의 어느 지점까지의 거리를 말하는 것일까? 수라바야 시청? 아니면 수라바야 기차역까지일까? 아니다. 수라바야 우체국까지의 남은 거리를 말한다. 이것은 무엇을 의미하는 것일까? 인도네시아에서 그만큼 우체국이 중요한 역할을 했다는 것을 뜻한다. 적어도 200년 전에는...... 그렇다면 우체부도 중요하고 우체부길도 중요했을 것이다.

일전에 친구와 저녁을 먹다가 자바 우체부길 이야기가 나왔고 '우체부'라는 용어를 그대로 쓸 것인지에 대한 의견 교환이 있었다. 그러고 보니 같은 의미로 우리가 접할 수 있는 말이 '집배원', '우편배달부', '포스트맨' 등 여럿 있다. '편지 나르는 사람'에 대한 정부의 공식 명칭은 1905년 을사조약 이후 지금까지 쓰이는 '집배원'이다. 1884년 우정총국 창설 직후엔 체전부(遞傳夫), 체부, 분전원(分傳員), 우체군(郵遞軍)이란 말이 쓰였다고 한다. 실제로 이인직의 '혈의 누', 이상의 수필 '산촌여정'에 '체전부'라는 말이 등장하고, 김유정의 '동백꽃'에는 '체부'라는 말이 나온다. 문제는 '길'이 뒤에 붙는 점이다. 공식명칭이 집배원이라고 해서 '집배원길'으로 불러보니 어색하다. 다른 용어들도 마찬가지다. 그래서 '우체부길'을 사용하기로 했다.[1)]

도대체 '자바 우체부길'이 무엇인가? 단적으로 말하자면 자바 우체부길은 자바의 서쪽 끝 아냐르(Anyar)에서 동쪽 끝 빠나루깐(Panarukan)까지 1,000킬로미터에 달하는 도로를 말한다. 이 도로는 1808년 당시 인도네시아를 통치하던 네덜란드 식민통치 정부 다엔델스(Herman Willem Daendels) 총독의 주도로 건설되었다. 새로 건설한 구간도 있지만 대부분의 구간은 폭이 좁은 기존의 도로를 너비 7.5미터의 왕복 2차선 도로로 보수한 것이다.

그런데 왜 우체부길인가? 다엔델스 총독은 이 도로를 건설하면서 매 4.5 킬로미터마다 초소를 만들고 이 초소가 정류장 혹은 우편물 수발업무의 기능을 갖도록 하였다. 말하자면 이 초소는 조선시대의 우역(郵驛)과 같은 기능을 하는 곳이었다. 자바 우체부길은 인도네시아인을 위하여 건설된 것이 아니었다. 자바에서의 네덜란드의 식민통치를 원활하게 하려는 의도로 건설되었다. 영국의 공격으로부터 자바를 지켜내기 위하여 다엔델스에게는 강한 해군력이 필요하였다. 그는 자바의 젊은이들을 해군으로 징용

1) 이종탁. "우체부라 불러도 될까요?"뉴스메이커 752호. 2007. 12. 4.

하였고 바타비아(지금의 자카르타)에 군사훈련 시설을 세웠으며 스마랑 지역에서는 무기를 제작하였다. 이러한 과정에서 새로운 도로의 건설은 필수적이었으며 이것이 다엔델스로 하여금 무리하게 우체부길을 건설하게 만든 배경이다.

이 도로를 건설하면서 다엔델스 총독은 인도네시아인 12,000명을 죽게 만들었다. 실로 적지 않은 숫자의 인도네시아인이 희생되었다. 다엔델스는 단 시간 내에 공사를 끝내기 위하여 지역별로 작업을 할당하고 기한 내 작업량을 완수하지 못하는 구역의 책임자를 작업 구역의 나뭇가지에 매달아 죽였다. 해당 작업 구역의 책임자는 자신이 죽임을 당하지 않기 위하여 휘하의 근로자들을 혹독하게 다그칠 수밖에 없었고 열대우림 지역에서의 무리한 부역은 많은 현지인들을 죽음으로 몰아넣었다. 그야말로 인도네시아 역사상 유래 없는 학살인 셈이다. 인도네시아인들이 결코 쉽게 잊을 수 없는 죽임이었다. 식민통치국의 이익을 위하여 피 식민통치국의 선량한 사람들이 희생을 당한 것이다.

길이 주는 의미는 다양하다. 길은 사람과 사람, 마을과 마을을 이어주는 소중한 장치이며 결국은 소통의 중요한 수단이다. 길은 근대화, 현대화를 상징하기도 한다. 우리가 시원하게 뚫린 고속도로나 철길이 없는 근대화나 현대화를 생각할 수 있겠는가? 나는 오래전부터 이 우체부길에 관심이 있었다. 내가 전공한 작가 쁘라무디아(Pramoedya Ananta Toer) 선생이 이 우체부길에 관한 책을 쓴 적이 있어 이 길에 대하여 특별한 관심을 가지고 있었다. 그리고 인도네시아를 전공하는 학자로서 이 우체부길이 주는 의미를 반추해보고 싶기도 했다. 나는 그 길을 따라가 보기로 하였다. 나는 자바 우체부길을 달리면서 이 길이 지나가는 지역과 연관된 스토리를 떠올렸다. 그것은 흡사 하나의 변주곡과 같아서 그들의 식민 통치 세력에 대한 저항의 이야기, 패배에 대한 회한의 절망감, 그리고 그들의 선조들이 이룩한 찬란한 문화유산에 관한 독백이었다.

내가 이러한 유의 글을 쓰기로 마음먹은 것은 지금은 워싱턴 특파원으로 가 있는 세계일보 박종현 기자의 제언 때문이다. 나의 제자이기도 한 박 기자는 어느 날 나와 함께 '대중과 소통하는 학자'에 대한 이야기를 나누었다. 나는 20년 차 인도네시아학자로서의 나의 연구 족적을 뒤돌아보았다. 인도네시아 문학을 연구하고 관련 논문 및 서적을 국내외에서 출간하긴 했는데, 과연 나는 얼마나 많은 대중과 소통했는가? 쉽게 말해 나의 연구물을 얼마나 많은 사람들이 읽었겠는가? 나는 쉽게 긍정적인 답을 하지 못했다. 양적인 측면에 초점을 둔 대학의 연구평가 시스템에 매달린 내 자신이 부끄러웠다. 그까짓 논문 좀 덜 쓰면 어떤가. 나는 내가 알고 있는 인도네시아를 대중들에게 쉽게 이야기해 줄 필요가 있다고 생각했다. 그래서 인도네시아 문화를 소개하는 책을 시리즈로 쓰기로 했고 이 『자바 우체부길』이 첫 번째 결실이다.

나는 이 책을 준비하면서 자동차로 우체부길을 답사했다. 1,000킬로미터의 우체부길을 왕복하는 것은 그리 간단한 일이 아니었다. 힘든 여정을 함께 해 준 안디까(Andhika)와 운전기사 마르떤(Martin)의 수고가 없었다면 여행이 어려웠을 것이다. 이 시리즈를 구상하면서 우리 학교 지식출판원의 신선호 팀장이 많은 아이디어를 제공했다. 마지막 원고 정리 단계에 3개월 간 머물렀던 프랑크푸르트 괴테대학의 자료도 큰 도움이 되었다. 이 대학 동남아과 안트 그라프 교수(Prof. Dr. Arndt Graf)가 중요한 자료를 열람할 수 있게 해주었다. 이 분들을 비롯하여 마음으로 후원해준 여러 분들께 감사의 뜻을 전한다.

나는 이 책을 딱딱하게 쓰지 않기로 했다. 가급적 학문적 긴장감을 배제하고 최소한의 정보 전달에다가 내가 전해주고 싶은 이야기로 엮어갈 예정이다. 이제 현장을 중계하듯 써내려가 보려 한다. 자바 우체부길에 대한 조그만 인상이라도 독자들에게 남겼다면 무거운 사진기를 들고 뙤약볕을 뛰어다니던 나의 노력이 헛되지 않을 것이다.

2018년 1월

고영훈

Indonesia

차 례

Indonesia

I N D O N E S I A

1
자바 우체부길과 다엔델스 총독

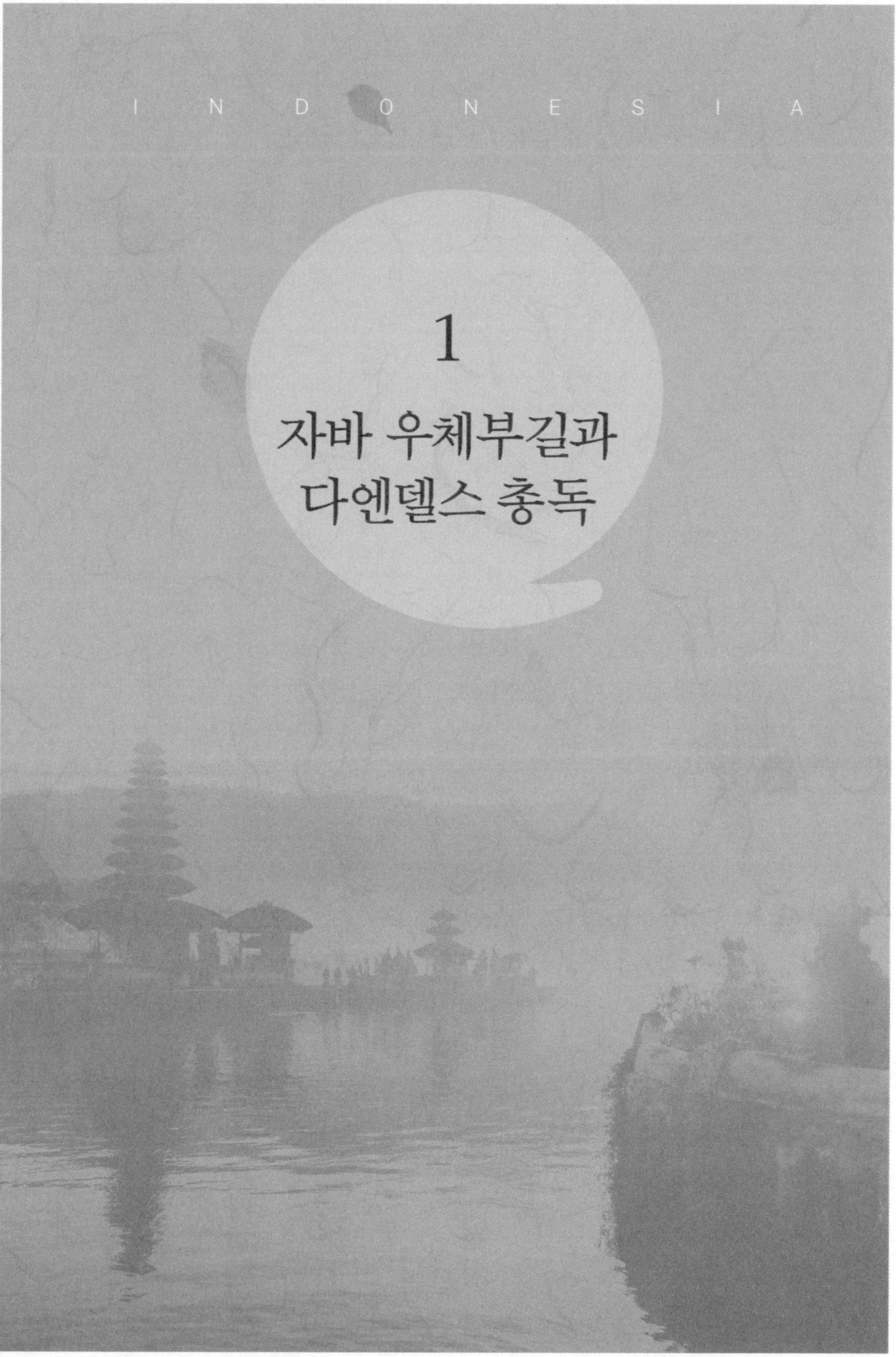

자바 우체부길과 다엔델스 총독

자바 우체부길은 자바섬의 서쪽 끝 아냐르(Anyar)에서 시작되어 자바의 동쪽 끝 빠나루깐(Panarukan)에서 끝난다. 아냐르는 행정구역상으로 반뗀(Banten) 주 세랑(Serang) 군에 속하며 세랑 군청 소재지로부터 38킬로미터 떨어져있는 해안이다. 빠나루깐은 동부 자바 주 시뚜본도(Situbondo) 군에 속한 면 소재지이다. 빠나루깐은 어항으로 아직도 많은 고깃배들의 정박항으로 이용되고 있다. 아냐르에서 시작하는 자바 우체부길은 자카르타, 반둥을 거쳐 다시 북상한 후 찌레본에서 자바의 북부 해안을 타고 수라바야까지 간 후 다시 아래로 방향을 돌려 내려가 동부 자바 빠나루깐에서 종지부를 찍는 총 연장 1,000킬로미터의 도로이다. 그러니까 지금의 인도네시아 1번국도 중에서 보고르-반둥, 뚜반-그레식 구간을 빼고는 거의 대부분이 우체부길과 일치한다.

이 우체부길이라는 자바 관통도로가 완성됨으로써 자바의 도

자바 우체부길

시 간 교류가 수월해졌다. 이를테면 자카르타에서 수라바야까지 한 달이 걸리던 것이 사나흘이면 충분했다. 이 도로를 건설하는데 주도적인 역할을 한 사람은 1808년부터 2년 동안 네덜란드령 인디아(Hindia Belanda, 지금의 인도네시아이며 이후 인도네시아로 통일하여 사용)의 제33대 총독으로 재임한 다엔델스이다. 그래서 이 도로의 별칭이 '다엔델스 길'이다. 다만 학자들 간에 다소 논란이 있다. 그것은 다엔델스 총독이 이 우체부길을 온전히 건설한 것인지 아니면 단지 보수 혹은 확장한 수준인지에 대한 의견이 분분하다는 말이다.

앞에서 말한 것처럼 내 생각은 후자이다. 다엔델스 총독이 단기간에 그러한 길을 건설하는 것은 불가능했을 것이다. 기존의 좁은 길을 폭 7.5미터의 도로로 확장한 것으로 보는 것이 옳다. 그 근거로 들 수 있는 것은 1359년에 마자빠힛 힌두왕국의 하얌우룩왕이 자붕(Jabung) 힌두사원을 방문한 일이다. 자붕 사원은 동부 자바 쁘로볼링고(Probolinggo)의 빠이똔(Paiton) 지역에 위치한 힌두 사원이다. 그리고 지금의 자바 우체부길이 이 곳을 지난다. 당시 왕이 이 사원을 행차했다면 그 길은 제법 규모가 있는 길이었을

헤르만 다엔델스

것이다. 그러니까 지금의 우체부길의 모습이 당시에도 있었을 것이고 다엔델스 총독은 기존의 좁은 길을 확장했을 것이라는 말이다.

다엔델스는 누구인가? 헤르만 다엔델스는 1762년 네덜란드의 헬데를란트(Gelderland) 주에서 태어났으며 그의 아버지 부르카르트 요한 다엔델스(Burchard Johan Daendels)는 정부의 관료였다. 헤르만 다엔델스는 1783년 법과대학을 졸업하고 지방에서 정치 활동을 했다. 그 후 프러시아가 네덜란드를 침공했을 때 그는 의용군의 지휘자가 되었으나 정비되지 않은 의용군이 프러시아의 정규군에 대항하는 것은 무리였다. 그 뒤 다엔델스는 프랑스에 무기를 중개하는 일을 했는데 이를 통하여 프랑스의 고위 계층과 교류하고 그들의 신뢰를 받을 수 있었다. 다엔델스는 프랑스 혁명군 산하에 국가해방군을 조직하기도 하였다. 1795년 다엔델스는 프랑스 혁명군 장군이 되어 다시 네덜란드로 와서 네덜란드를 해방시켜 프랑스 영향력 하에 두었다. 혁명 이후에 다엔델스는 고향으로 돌아가 지주 노릇을 하며 살았다.

1808년 프랑스 나폴레옹 황제의 동생 루이 나폴레옹(Louis Napoleon) 네덜란드 왕은 다엔델스에게 영국의 공격으로부터 자바를 수호할 것을 명하였다. 당시 프랑스는 유럽 연합 세력들에게 적지 않은 패배를 맛보고 있었다. 다엔델스는 루이 나폴레옹의 명에 따라 프랑스 혁명의 정신으로 무장하고 1808년 1월 5일 자바의 서단 아냐르에 도착하였다. 9일 뒤인 1808년 1월 14일 다엔델스는 전임 헨리쿠스 비제(Henricus Wiese) 총독의 뒤를 이어 제33대 총독으로 부임하였다. 1811년까지 3년이라는 비교적 짧은 기간 동안 총독으로 재임하였으나 다엔델스는 인도네시아 인들에게 '잔인한' 총독으로 각인되어 있다. 그것은 다름 아닌 그가 우체부길 프로젝트를 수행하면서 보여준 잔인성 때문이다. 우체부길 프로젝트 중에 12,000명이 죽었으니 가히 그의 잔인성을 짐작하고도 남는다.

다엔델스의 임무는 네덜란드 당국이 1603년부터 동인도회사를 통하여 영향력을 끼쳐온 자바를 영국으로부터 지켜내는 것이었다. 당시 피식민통치국의 운명은 유럽 열강들의 세력 판도에 따라 변했다. 인도네시아만 해도 그렇다. 네덜란드의 식민통치를 받던 자바가 1811년부터 5년 동안 영국의 지배를 받게 되는 것도 같은 맥락이다. 아무튼 그동안 네덜란드가 통치하던 자바를 영국에게 빼앗길 위협을 느낀다고 판단한 네덜란드 왕 루이 나폴레옹이 다엔델스를 보내 위기에서 벗어나고자 했으니 그의 신임을 얻고자 한 다엔델스의 각오는 보통이 아니었을 것이다. 부임 후 다엔델스가 처음 시도한 일은 바타비아(Batavia, 자카르타)에서 동부 자바까지 여행하는 것이었다. 그는 마차를 이용하여 보고르(Bogor), 스마랑(Semarang)을 거쳐 동부 자바로 향했다.

다엔델스는 자바의 열악한 도로 상황이 영국의 공격을 효과적으로 방어하기 어렵다고 생각했다. 그는 로마시대의 공공 수송체계인 공공 우편제도(Cursus Publicus)를 위한 도로체계를 떠올렸다. 로마 황제들은 자신들이 통치하던 유럽의 도시들과 로마를 잇는 도로를 건설하여 효과적인 통치를 할 수 있었다. 다엔델스는 이를 자바에 적용하기로 마음먹었다. 영국의 공격에 대비함은 물론이고 나아가 효과적인 식민통치를 위하여 자바에 도로망을 구축하는 것이 다엔델스에게 시급한 일이었다. 그는 우선 보고르와 까랑삼붕(Karangsambung 지금의 찌레본 지역 또모) 사이의 도로 250킬로미터 구간에 우체부길을 건설하기로 작정하였다.

자바 우체부길이 인도네시아 사람들을 위한 것이 아니고 식민통치국인 네덜란드를 위한 것이라는 것은 자명한 일이다. 이 프로젝트와 관련된 문건에 잘 드러나 있다. 이 프로젝트를 결정한 1808년 5월 5일 자 식민통치 정부의 결정문 발문에 커피 등의 환금작물의 원활한 수송 그리고 적이 공격을 감행할 때 군대를 각 지역에 효과적으로 이동시키기 위하여 이 우체부길이 필요하다고 기록했다. 이 도로는 원칙적으로 매 150미터마다 표지석을 세웠으며 이것이 결국 각 지역에 작업 및 유지 관리를 할당하는 근거로 사용되었다. 도로의 폭은 7.5 미터로 정하였다. 보고르에서 까랑삼붕까지의 프로젝트가 끝난 후 우체부길은 계속하여 자바 북부 해안을 따라 동부 자바 지역으로 이어졌다.

식민통치 정부는 자바 우체부길에 동원된 인력들을 제대로 대우해주지 않았다. 지역에 따라 다소 차이는 있었지만 쌀과 소금을 배급하였는데 턱없이 부족하였다. 그래서 많은 사람들이 굶주림,

이정표

더위, 말라리아 등의 질병을 이기지 못하고 죽어갔다. 앞에서 이야기한 바와 같이 다엔델스는 단 시간 내에 공사를 끝내기 위하여 지역별로 작업을 할당하고 기한 내 작업량을 완수하지 못하는 구역의 책임자를 작업 구역의 나뭇가지에 매달아 죽였다. 해당 작업 구역의 책임자인 군수들은 목표를 달성하기 위하여 동원된 주민들을 혹독하게 다루었다. 영국 식민통치 정부의 기록에 의하면 이 때 사망한 사람이 12,000명에 이른다. 이것은 적어도 이때까지 자바에서 일어났던 학살 중 최대의 학살이다.

영국이 5년간 인도네시아를 통치한 후 물러가고 1816년에 다시 네덜란드가 들어왔다. 카펠란(Baron van der Capellan) 제38대 총독은 다엔델스가 건설한 도로의 매 15-20킬로미터 지점에 우체국과 마방을 세웠다. 그리고 마방을 관리하는 인력을 배치하고 그에게는 관사를 제공하였다. 그만큼 이 우체국의 역할을 중요하게 생각했다는 말이다. 그러니까 다엔델스가 이 도로를 건설할 때 로마의 공공 우편제도를 위한 도로체계를 구상했지만 정작 이 도로에 우체국을 세운 사람은 도로 완공 6년 후 카펠란 총독인 셈이다.

이 우체부길이 건설되고 적어도 40년 동안은 이 도로를 이용하는 계층이 매우 제한적이었다. 식민통치 정부의 우편마차, 네덜란드인, 그리고 토착인 엘리트만이 이 도로 건설의 혜택을 누렸다. 일반 소시민의 마차는 이 도로를 훼손시킬 수 있다고 생각하여 이용을 금했다. 그러다가 1853년이 되어서야 모든 우마차가 이 도로를 이용하는 것을 허용했다. 이 우체부길이 건설된 후 전략적인 차원에서 우체부길이 지나가는 지역으로 군 소재지를 옮긴 경우도 적지 않다. 예를 들어 반둥의 경우 찌따룸(Citarum) 강변의 다여우 꼴롯(Dayeuh Kolot)에서 지금의 반둥으로 옮겼으며 빠라깐문짱(Parakanmuncang) 군도 군 소재지를 우체부길이 지나가는 안다와닥(Andawadak, 지금의 딴중사리)으로 옮겼다.

그렇다면 이 도로의 유용성은 무엇이었는가? 자바 우체부길이 건설됨으로 해서 우선 지역 간 우편 수발이 수월해졌다. 예를 들어 자카르타에서 스마랑까지 3주 정도 걸리던 것이 사나흘이면 가능해져 주 2회 수발할 수 있게 되었다. 아냐르에서 자카르타까지는 나흘이 걸리던 것이 하루면 주파할 수 있게 되었다. 자카르타에서 수리바야까지는 40일 걸리던 것이 6일이면 충분했다. 우체부길이 건설됨으로써 교역이 활발해지고 우편 수발도 용이해진 셈이다. 다엔델스는 1808년 6월 18일부터 파발마 제도를 시행하였다. 이것은 오지에 흩어져 있는 군부대로부터 신속하게 정보나 보고를 받기 위해서였다. 그 이전에는 각 지역의 특정한 항구를 통하여 배편으로 이러한 보고를 받았다. 물론 정부의 문건, 개인 사신, 교역 문건들도 이 우체부길을 통하여 배달되었다. 그 이외에도 우체부길은 자바의 숙박업소와 도로를 감시하고 통제하는 역할을 했다.

다엔델스가 중앙집권적인 통치를 수행하는데 있어서 이 우체부길이 중요한 역할을 했다. 다엔델스는 지역의 술탄이나 토호들의 중재를 배격하고 직접 통치했다. 술탄이나 군수(bupati)들은 식민통치 정부의 봉급을 받는 관리에 불과했다. 그동안 세습해오던 술탄이나 군수 직을 임명제로 바꾸었다. 그러니까 식민통치 정부에서 임명하는 사람이 술탄이나 군수가 되었다. 그 결과 술탄이나 군수의 권력도 점점 줄어들게 되었다. 다엔델스는 나름 프랑스 혁명의 정신을 자바 사회에 적용하려 했던 것처럼 보이나 그것은 어디까지나 자신들의 구미에 맞는 고위 관리를 임명함으로써 식민통치를 원활하게 하기 위함이었다.

다엔델스의 잔혹성, 권위적인 태도 등은 분명 그가 그렇게도 자랑스러워하는 프랑스 혁명 정신에 위배된 것이었다. 시간이 지나면서 자바에서 다엔델스가 행한 정책과 더불어 그의 잔혹성이 네덜란드 본국에도 알려지게 되었다. 네덜란드 정계에서는 다엔델스를 소환해야 한다는 주장이 제기되었고 결국 그는 본인이 계획한 프로젝트를 다 마치지 못한 채 귀국하게 되었다. 그 뒤 그는 파리의 나폴레옹 군대에 합류했다. 나폴레옹이 패망한 후 네덜란드 왕은 1816년 다엔델스를 아프리카 골드 코스트(Gold Coast)의 총독으로 내보냈고 다엔델스는 그 곳에서 1818년에 사망하였다.

나는 앞에서 말한 바와 같이 '저항과 투쟁의 스토리'라는 키워드를 가지고 자바 우체부길을 탐사하기로 하였다. 즉, 이 글은 스토리텔링 형식으로 전개된다. 스토리가 없는 삶을 생각해 보았는가? 스토리가 없는 민족과 문화를 상상할 수나 있는가? 나는 우체부길을 탐사하면서 그들의 스토리를 엿들으려 한다. 우선 나는 인도네시아인들이 식민통치 상황 아래서의 저항과 투쟁의 흔적을 찾아보려고 한다. 쁘라무디아 선생은 인도네시아 민족이 500회 정도의 외세의 침입을 받았지만 한 번도 이기지 못하였다고 했다. 500전 500패라는 말이었다. 그런데 사실은 인도네시아 사람들이 잠자코 있었던 것만은 아니었다. 그들은 어떤 형태로든 저항하고 투쟁했으며 그 흔적들이 우체부길에 남아있다.

인도네시아 군도는 1세기부터 인도, 중국, 아랍, 유럽의 세력들이 영향을 끼쳤다. 이러한 과정에서 힌두 문화도 들어오고 이슬람의 유입, 서구 세력의 식민통치를 맛보았다. 이 와중에 크고 작은 외세의 공격이 있었고 인도네시아는 외부 세력의 발전된 항해술, 신식 무기 앞에 맥을 못 추었다. 인도네시아인들은 저항했으나 결실을 거두지 못했다.

쁘라무디아 선생이 소설 『도망자』(Perburuan, 1950)를 쓰게 되는 동기를 보면 그들에게 저항의 문제가 얼마나 중요한지를 알 수 있다. 『도망자』는 블리따르(Blitar)에서 발생한 수쁘리아디(Supriadi) 주도의 향토방위의용군(Pembela Tanah Air)의 반란 사건을 모델로 한 것이다. 1942년 3월 대동아공영권을 기치로 자바에 진주한 일본군은 1943년 9월 향토방위의용군을 조직하였다. 1945년 2월 14일 수쁘리아디는 일본 주둔군에 대한 반란을 기획했으나 수포로 돌아가고 말았다. 반란에 연루된 사람들은 1945년 5월 16일

『도망자』표지

안쫄(Ancol) 부근에서 일본군 헌병대에게 참수당하였다. 비록 실패했지만 수쁘리아디의 반란 사건은 쁘라무디아 선생에게 신선한 충격을 주었다. 일본 식민통치국의 부당함에 대한 반기를 들었다는 역사적 사실이 쁘라무디아 선생으로 하여금 이 소설을 쓰게 했다. 알베르 까뮈가 '인간은 저항함으로써 존재한다'라고 했던가.

두 번째로 듣고 싶은 스토리는 인도네시아의 찬란한 문화유산과 관련된 것이다. 인도네시아는 세계 최대의 불교 유적지 보로부두르 사원을 건축한 민족이다. 캄보디아의 앙코르와트보다 300년 먼저 이 찬란한 건축물을 지을 능력을 가진 사람들이다. 찬란한 문화에 걸 맞는 스토리가 있을 것이다. 지금은 스토리의 시대이다. 그들의 스토리가 즐거운 것이든 아니면 슬픔을 주는 것이든 간에 1,000킬로미터 자바 우체부길에는 수많은 스토리가 나를 기다리고 있을 것이다.

보로부두르 사원 벽면의 부조

Indonesia

I N D O N E S I A

2

부활하는 반뗀왕국

부활하는 반뗀왕국

아냐르, 자바 우체부길의 제로 포인트

나는 자카르타 숙소에서 자바 우체부길이 시작되는 아냐르로 단박에 차를 달렸다. 나의 우체부길 탐사에는 디뽀네고로대학(Universitas Diponegoro) 역사학과 안디까(Andhika)가 동행했다. 안디까는 국립 인도네시아대학에서 문학을 가르치는 내 친구 마만(Maman S. Mahayana) 교수의 큰 아들이다. 마만 교수가 방문 교수 자격으로 우리 대학에서 강의할 때 서울에 온 그를 몇 번 보았고 그의 전공이 역사여서 나의 길동무로서는 적임이었다. 스망기(Semanggi) 바타비아 아파트에서 아냐르로 출발하는 기분은 좀 야릇했다. 전장에 나가는 사람처럼 비장한 마음이 들기도 하고 보물찾기를 떠나는 사람처럼 기대에 부풀기도 하였다.

벤힐(Bendungan Hilir) 시장통을 빠져나온 우리 차는 자카르타-머

자바 우체부길의 제로 포인트

락(Merak) 고속도로로 금새 접어들었다. 일단은 자바 우체부길의 시작 지점인 아냐르 해안으로 향했다. 도로 좌우편으로 공장 지대가 펼쳐지더니 이어 시원한 들녘이다. 출발 한 시간 반 만에 우리 차는 머락을 저만치 두고 급하게 좌회전하여 찔레곤(Cilegon) 시내로 접어들었다. 찔레곤에는 우리나라 포스코가 인도네시아 국영 철강회사인 끄라까따우철강회사(PT Krakatau Steel)와 손잡고 설립한 연산 300만톤 규모의 동남아 최초 일관제철소인 끄라까따우포스코사(PT Krakatau POSCO)가 위치해 있다. 오른쪽으로 시원하게 트인 바다가 보였다. 순다해협이다. 좀 더 왼쪽은 자바해이고 그 너머는 인도양이다. 그리고 얼마 안 가서 아냐르 해변에 도착했다.

자바 우체부길의 제로 포인트 표지가 있는 곳은 원래 찌꼬넹(Cikoneng) 등대가 있었던 자리이다. 제로 포인트에 적혀있는 숫자 1806은 이 등대가 건설된 해를 의미한다. 그러나 1883년 8월 26일 끄라까따우 화산이 폭발하였고 그 여파로 쓰나미가 일어났다.

찔레곤 시가지

기록에 의하면 이 화산 폭발로 36,000명이 희생되었다고 한다. 끄라까따우 화산 폭발은 뉴욕과 노르웨이까지 영향을 미쳤으며 폭발의 분진으로 말미암아 이틀 반 동안 해를 볼 수 없었다. 찌꼬넹 등대도 함께 사라졌으며 그 후 2년 뒤인 1885년 원래의 자리에서 100 여 미터 뒤쪽에 등대가 재건되었다. 아냐르 앞 바다 저만치에는 끄라까따우 화산 폭발로 새로 생긴 라까따(Rakata) 섬이 자태를 뽐내고 있다. 파도는 그리 잔잔하지 않았다. 앞바다는 황토 빛이었으나 먼 바다는 검푸른 빛깔이었다. 오른쪽 끄라까따우 제철소가 있는 쪽으로는 대형 선박이 정박해 있었다.

순다해협은 자바와 수마트라 사이에 있는 해협이다. 폭이 30킬로미터 정도이며 남북으로 자바 섬과 수마트라 섬을 연결해줌과 동시에 동서로는 자바해와 인도양을 이어준다. 몇 개의 섬이 있으며 그 중 대표적인 섬은 끄라까따우산(Gn. Krakatau)이 있는 끄라

자바 우체부길 제로 포인트

끄라까따우섬

끄라까따우 철강회사

까따우섬이다. 순다해협은 수마트라와 말레이반도 사이의 말라카해협과 함께 매우 중요한 역할을 하는 해협이다. 2010년부터 인도네시아 정부에서는 이 순다해협에 교량을 건설하려는 움직임이 있다. 이 교량이 건설된다면 자바와 수마트라가 한층 가까워지고 교류도 활발해질 것이다.

자바와 수마트라는 보이지 않는 경쟁심을 가지고 있다. 수마트라의 대표적인 종족으로 서부 수마트라 지역이 근거지인 미낭까바우(Minangkabau) 족의 스토리에 그것이 드러나 있다. 미낭까바우의 어원이 '승리'(manang)와 '물소'(kabau)의 합성어인 것을 보면 이 종족의 이름이 물소와 관련이 있음을 알 수 있다. 어느 날 이 지역에 외지인이 쳐들어왔다. 미루어 짐작하건대 자바의 힌두왕국으로 위용을 떨치던 마자빠힛(Majapahit)왕국으로 보인다. 세가 불리한 미낭까바우 사람들은 전쟁을 피하기 위하여 지략을 짜냈

미낭까바우 전통가옥 루마 가당(Rumah Gadang)

고 그것은 다름 아닌 물소싸움이었다.

미낭까바우 사람들은 마자빠힛 사람들에게 물소싸움을 제안했고 이 싸움에서 이기는 측의 의향에 따르기로 한 것이다. 싸움을 준비하면서 자바 사람들은 몸집이 큰 물소를 골라서 잘 먹였다. 그러나 미낭까바우 사람들은 새끼 물소를 골라 오히려 굶겼다. 물소 싸움 당일 굶주린 미낭까바우의 새끼 물소는 자바의 물소를 어미로 착각하고 젖을 빨기 위하여 자바 물소의 젖을 찾아 뿔을 마구 들이댔다. 결국 자바 물소는 미낭까바우 물소 새끼의 뿔에 큰 상처를 입고 패배하고 말았다. 자바에 대한 우월감을 표현한 것이지만 어찌 보면 그 열등감을 역으로 표현한 것이 아닌가 하는 생각도 든다.

나는 안디까를 자바 우체부길의 제로 포인트 주변에 서게 하고 사진을 찍었다. 그리고 역할을 바꾸어 내가 피사체가 되었다. 200년 전 우여곡절 끝에 아냐르에 도착한 다엔델스의 마음이 어떠했을까? 그야말로 감개무량했을 것이다. 그도 그럴 것이 다엔델스는 1807년 2월에 유럽을 출발하여 1808년 1월 5일에야 아냐르에 도착하였다. 11개월이 걸린 것이다. 그것은 당시 영국이 바다를 지배하고 있었기 때문에 다엔델스는 요리조리 피해서 올 수 밖에 없었다.

처음에 다엔델스는 보르도(Bordeaux)로 갔으나 그곳은 이미 영국의 휘하에 있었다. 그가 영국과 적대국 관계에 있는 프랑스나 네덜란드 국민의 신분으로 그곳을 빠져나갈 수 없었다. 다엔델스는 다시 리스본(Lisbon)으로 갔지만 그 곳도 마찬가지였다. 그래서 다엔델스는 변장을 하고 증명서를 위조하여 가까스로 배에 탔다. 그는 모로코에 도착하였으나 해적들을 만나 귀중품과 중요한 서류들을 모두 빼앗겼다. 자바로 향하기 위해서는 서부 아프리카의 카나리로 가야했다. 다행이도 다엔델스는 그곳에서 미국 국적의 버지나아호를 임대하여 자바로 출발할 수 있었다. 그러한 우여곡절 끝에 다엔델스는 마침내 아냐르에 도착하였고 그후에는 바타비아에 입성하여 전임 비제 총독을 이어 인도네시아를 통치했다.

당시 아냐르는 자바, 깔리만딴, 말루꾸, 필리핀, 중국, 일본으로 향하는 유럽 상선들의 정박항이었다. 자바 우체부길의 제로 포인트가 된 아냐르가 지금은 관광객들이 오가는 평온한 시골 해변의 모양새를 하고 있지만 사실은 네덜란드 동인도회사 세력에 저항했던 역사를 지니고 있는 곳이다. 유럽 열강들이 앞을 다투어 설립한 동인도회사가 세계사에서 차지하는 의미는 어찌됐건 아시아문명과 유럽 문명이 만나게 되었다는 점이다. 1600년 12월 31일 영국이 동인도회사를 설립하자 네덜란드도 1602년 3월 20일 동인도회사(Verenigde Oost-Indische Compagnie, VOC)를 설립하였다. 당시 포르투갈, 스페인, 영국, 프랑스, 네덜란드 등의 열강은 아시아에서의 영향력 확보를 위하여 치열한 경쟁을 하였다.

네덜란드 동인도회사 휘장

네덜란드 동인도회사는 실제로 1602년부터 1799년 사이 2세기 동안 세계 최대의 기업이었다. 그들은 아시아 각 지역에 상관을 설치하고 아시아-유럽 간 무역 및 아시아 내 지역 간 무역을 수행했다. 그런데 특이한 점은 무역이 주 목적인 이 동인도회사가 네덜란드 정부를 대신하여 아시아 국가 및 영주들과 조약 체결, 전쟁 선포, 요새와 상관 신설, 군인 충원 등 국가가 할 수 있는 여러 기능을 대신한 것이다.

네덜란드 동인도회사는 1603년에 아냐르를 통하여 자바에 발을 디딘 후 이 지역을 통치했던 반뗀(Banten)왕국의 허가를 받아 무역관을 설치하였고 7년 후인 1610년 초대 보스(Pieter Both) 총독을 파견하였다. 인도네시아가 네덜란드로부터 통상 350년 간 식민통치를 받았다고 말하는데 그 기점이 보스 총독이 부임하는 1610년이다. 네덜란드 동인도회사는 1798년 나폴레옹이 네덜란드를 침공한 후 해체되었다. 그 이후 인도네시아는 1811년까지 프랑스 영향력 하의 네덜란드 식민통치 정부의 총독이 통치하며 1811년부터 1816년까지는 영국이, 그 후에는 네덜란드가 다시 통치하였다.

제로 포인트 바로 뒤쪽으로 찌꼬넹 등대가 위용을 자랑하고 있다. 130년 동안 끄라까따우섬을 응시하고 있는 등대가 대견해 보였다. 그 오른 쪽으로 숙박 시설이 보인다. 목조로 된 2층짜리 방갈로 건물이 나란히 서 있다. 찔레곤 쪽으로 음식점이 몇 개 보인다. 특별히 관광자원이라고 할 것은 없지만 해변, 끄라까따우섬, 그리고 자바 우체부길의 제로 포인트를 보려고 또는 쉬러 오는 사람들이 묵는 곳이다.

우연히 한 꼬마를 만났다. 수레를 끌고 지나간다. 얼굴에 수심이 차있다. 학교를 다닌다면 초등학교 5학년쯤 될까. 나는 말을 걸었다. 처음에는 대꾸를 안 하다가 내가 따라붙어 물으니 수레를 멈추고 대꾸에 응한다. 이 아이의 이름은 수누(Sunu)이다. 학교에 가야하는데 아버지가 일을 시켜 못 갔다고 한다. 그래서 얼굴이 시무룩했던 것이다. G20 회원국인 인도네시아의 현실이다. 발걸음이 무겁다.

찔레곤 그리고 반뗀, 투쟁과 저항

찔레곤주민 투쟁기념비 부근

아냐르를 뒤로 하고 찔레곤(Cilegon)으로 향했다. 차창 밖으로는 아이를 포함하여 다섯 명이 함께 타고 가는 오토바이도 보이고 딱히 놀이가 없어 우두커니 도로변에 앉아있는 아이들의 모습도 보였다. 왼쪽에 끄라까따우 철강회사가 보였다. 이 회사는 우리의 포스코와 합자하여 여기에서 멀지 않은 곳에 일관제철소를 설립하였다. 이 지역은 역동적이라는 인상이다. 항구 등 여러 가지 여건이 맞아떨어져서 그렇겠지만 생산 공장이 많이 들어서 있다. 그러고 보니 찔레곤에서 자카르타까지 다 그렇다. 자카르타로 가는 중간에 위치한 땅어랑만 해도 자카르타의 위성도시로서 우리나라를 비롯한 많은 나라들이 투자한 신발, 의류 회사가 즐비하다. 아냐르에서 찔레곤까지는 20킬로미터 남짓이다.

이 지역은 원래 순다(Sunda)왕국이 오랫동안 통치하였는데 1527

찌꼬넹 등대

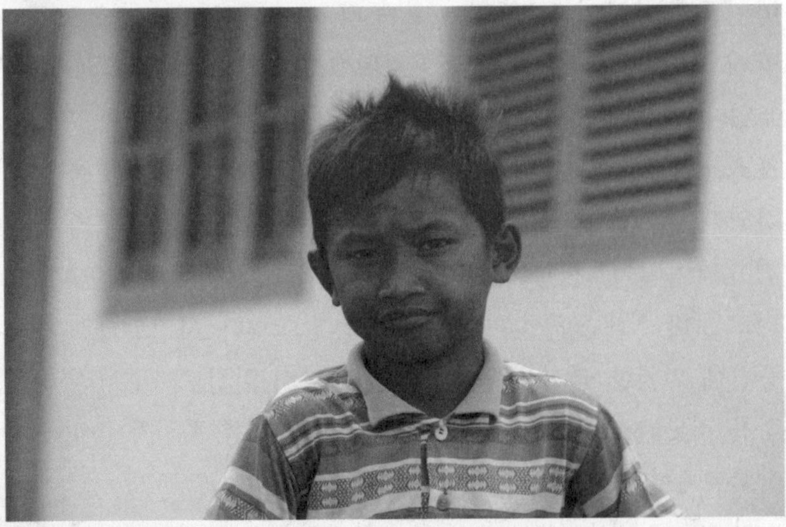

수누

아냐르 등대 입구

자바 우체부길 제로 포인트 근처 숙박 시설

찔레곤주민 투쟁기념비

년 자바 최초의 이슬람 왕국인 드막(Demak)왕국의 술탄 뜨렝고노(Trenggono)의 지시로 마울라나 하사누딘(Maulana Hasanuddin)과 파타힐라(Fatahillah)가 순다 끌라바 항을 접수하면서 드막의 영향력 하에 들어갔다. 사실 1521년 드막의 술탄 빠띠 우누스는 말라카에 진주한 포르투갈 군을 공격하였으나 본인도 전사하고 그 결과 공격도 실패로 돌아갔다. 그 후 순다왕국이 포르투갈과 정치경제적으로 협력하는 것에 불안을 느낀 나머지 빠띠 우누스의 동생인 술탄 뜨렝고노가 순다 끌라빠를 공격하게 된 것이다. 1570년에는 마울라나 하사누딘의 아들인 마울라나 유숩이 권좌에 올라 반뗀왕국의 영향력을 넓혀갔다. 이 지역이 원래 서부 자바 주에 속했다가 2000년부터 반뗀 주로 자립하게 된 것도 반뗀왕국의 존재와 무관하지 않다.

찔레곤은 1888년에 네덜란드 식민통치 정부에 반기를 드는 소요사태가 일어난 곳이다. 끼 와싯(Ki Wasit)을 비롯한 반뗀의 유지들이 주도한 이 사건은 피 식민통치 상황에서 인도네시아 사람들이 그냥 당하고 있지만은 않았다는 것을 보여준다. 1888년의 이 지역의 상황은 처참했다. 1883년에 끄라까따우 화산이 폭발하여 인근의 아냐르, 머락(Merak), 짜링인(Caringin), 시리(Sirih), 빠사루안(Pasauran), 따주르(Tajur), 그리고 짜리따(Carita) 지역이 피해를 입었으며, 그 이외에도 기아, 페스트, 가축 전염병 등으로 상황이 좋지 않았다.

이 때 네덜란드 식민통치 정부에서는 가축 전염병 확산을 방지하려는 이유로 물소를 살처분하도록 하는 지침을 내렸다. 게다가 이슬람을 모욕하는 조치도 한몫했다. 당시 이 지역의 부 감독관 구벨스(Goebels)는 이슬람 사원의 아잔[1] 행위가 시끄럽다는 이유로 좀방 뜽아(Jombang Tengah) 지역 사원의 탑을 철거해 버린 것이다. 이슬람교도의 입장에서는 참으로 어처구니없는 일이었다. 지역 주민들, 특히 이슬람 지도자들이 주동이 된 시위대는 찔레곤 지역에 거주하는 네덜란드인들을 공격하였다. 그러나 네덜란드 군대가 속히 개입하여 소요를 진압하였다. 이 사건 이후에 끼 와싯은 교수형에 처해졌으며 다른 이슬람 지도자들은 오지로 유폐됐다. 찔레곤에서 자카르타 방향으로 가다보면 오른쪽에 이 사건을 기념하는 기념비가 있다. <찔레곤주민 투쟁기념비>로 명명된 이 조형물을 살펴보면 사원의 모습, 칼과 창을 들고 유럽인을 공격하는 이슬람교도들의 모습이 뚜렷하게 부조되어 있다.

우리는 찔레곤에서 급하게 우회전하여 자카르타 쪽으로 10킬로미터를 달려 반뗀 이슬람 왕국의 중심지였던 구 반뗀 시가지에 도

1) 이슬람교에서 기도시간을 알리는 일

찔레곤주민 투쟁기념비 부조

착했다. 반뗀 사람들은 자신들의 선조가 외부 세력에 대하여 적극적으로 투쟁한 역사에 대하여 자부심을 가지고 있다. 반뗀왕국은 반뗀만에 위치한 항구 덕분에 향료 무역으로 국제적인 지위를 확보하였으며 수마트라 남부와 깔리만딴까지 영향력을 끼쳤다. 서구 세력으로는 처음으로 포르투갈이 1522년 반뗀에 들어왔고 즉시 우호적인 관계를 구축하였다. 이러한 상황을 받아들이기 어려운 것은 다름 아닌 자바 최초의 이슬람 왕국 드막이었다. 드막은 팽창해오는 스페인과 포르투갈 세력에 대항하기 위하여 자바의 범 이슬람화를 기치로 내걸었고 이것이 결국 반뗀에게는 위협으로 작용한 것이다.

결과적으로는 반뗀이 자바에서 자생한 이슬람 왕국 드막의 영향력보다는 서구 세력 포르투갈의 영향력을 택한 것을 두고 의아하게 생각할 수도 있을 것이다. 그러나 당시 힌두 시바교를 신봉하고 있던 반뗀이 자신들의 종교적 신념을 포기하기는 어려웠을 것이다. 그보다는 포르투갈과 연합하여 이슬람의 유입을 막는 것이 당연한 일이었다. 그래서 반뗀은 포르투갈과 함께 드막의 공격에 대비하기 위하여 축성을 계획하였지만 그 이전에 드막의 이슬람 세력이 들어왔고 포르투갈은 말라카로 후퇴할 수밖에 없었다. 이때부터 반뗀은 이슬람의 술탄이 통치하는 시대가 되었다.

다엔델스가 아냐르에 도착하기 훨씬 이전인 1596년에 네덜란드 상선이 후추 무역을 위하여 이곳에 왔다. 74년 전에 포르투갈이 그랬던 것처럼 네덜란드도 반뗀의 환영을 받았다. 그럴 수밖에 없었던 것이 반뗀의 모하맏(Mohammad)왕자를 빨렘방(Palembang) 전투에서 잃은 반뗀으로서는 네덜란드의 힘을 빌어 빨렘방을 제압하고 싶었던 것이다. 그러나 네덜란드는 이에 응하지 않았다. 아무튼 반뗀은 17세기 초에 이슬람의 기치를 걸고 서부 자바 전역으로 영향력을 확장시켜 나갔다. 이러한 상황은 네덜란드의 동인도회사를 축출하기 위하여 동진하던 마따람왕국과 충돌할 수밖에 없었다. 반뗀은 힘을 합쳐 네덜란드 동인도회사를 축출하자는 마따람의 제안을 받아들이지 않았고 마따람의 바타비아 공격도 실패로 돌아갔다.

우리가 탄 끼장(Kijang)은 반뗀 구 시가지를 가로질러 갔다. 끼장은 도요타가 1977년부터 인도네시아에서 만드는 유틸리티 카이다. 인도네시아의 도로 사정이나 홍수가 났을 때를 생각하면 세단보다 쓸모가 많은 차량이다. 반뗀 시가지는 인도네시아의 여느 도시와 마찬가지로 어수선하고 부산스러웠다. 길가에 좌판을 깔고 장사를 하는 사람, 차가 잠시 멈추어 서면 차 옆으로 달려와 음료수나 주전부리를 파는 사람들로 북적거린다. 길거리에는 젊은이들이 많이 눈에 띈다. 일터에서 열심히 일을 하고 있어야 할 사람들이 그냥 빈둥거리고 있다.

나는 대학 1학년에 입학했을 당시 은사이신 안영호 교수님의 말씀이 생각났다. 벌써 40년 전의 이야기이다. 요지는 인도네시아가 잠재력이 많은 나라이니 열심히 공부하면 우리들의 장래도 밝을 것이라는 내용이었다. 잠재력이 많은 인도네시아...... 40년이 지난 지금의 상황은 어떠한가. 나는 아직도 수업 시간에 학생들에게 그렇게 말하고 있다. 인도네시아는 잠재력이 많은 나라라고.

10여 년 전에 나는 한국의 각 시대를 대표하는 단편 12편을 번역하여 그라메디아출판사에서 『Laut dan Kupu-Kupu』(바다와 나비, 2007)라는 번역 소설집을 출간했다. 황석영 선생의 '삼포 가는 길', 방현석 선생의 '새벽출정', 김인숙 선생의 '바다와 나비' 등 12

아냐르 부근 도로

편을 실었으며 그 중에 '바다와 나비'를 제목으로 삼은 것이다. 그 출판기념회에서 나는 똑 같은 이야기를 했다. 인도네시아의 잠재력은 언제까지인가? 30년, 40년이 지나면 그 잠재력은 빛을 발하여 이제 선진국 대열로 다가가야 하는 것 아닌가. 영원히 잠재력이 있는 나라로 머물 것이라면 그 잠재력은 도대체 무엇을 위한 것인가. 그때 나는 내 제자가 교수가 된다면 그가 더 이상 수업 시간에 그러한 이야기를 하지 않기를 바란다고 말했다. 그 이야기 대신에 인도네시아는 이미 선진국 대열로 들어선 나라라고 말하기를 희망한다고 했다.

내 이야기를 들은 후 지금은 메트로방송국(Metro TV)의 대표가 된 당시 꼼파스(Kompas) 지의 토미(Suryopratomo) 편집국장이 나에게 그 이야기를 자기 신문에 쓰고 서울로 돌아가라고 부탁했다. 호형호제하는 사이에 그것을 거절할 수도 없었거니와 나도 제대로 한 번 그 이야기를 들려주고 싶었다. 나는 단박에 그 이야기를 써주고 왔다. 칼럼의 제목은 "한국도 해내는데 왜 인도네시아는 못하는가"(Korea saja bisa, apalag Indonesia)였다. 신문을 본 많은 인도네시아 분들이 공감한다며 메일을 보내왔다. 제자 서명교 교수가 이미 동료 교수가 되었다. 아마 서 교수도 아직 수업 시간에 학생들에게 인도네시아는 잠재력이 큰 나라라고 말할 것이다.

인도네시아의 잠재력, 정말 언제 한 단계 상승할 것인가. 인도네시아는 국가 사이즈가 크고 많은 종족으로 구성된 나라이다. 그래서 발전이 더딜 수 있다. 그럼에도 불구하고 지금 인도네시아가 보여주는 경제지표는 40년 이상 잠재력이 많았던 나라라고 보기에는 좀 아쉬운 점이 있다. 그 원인을 진단하는 것은 쉬운 일이 아닐 것이고 그것을 언급하자면 말이 길어질 것 같아 여기에서는 이쯤 해두자.

임호프(van Imhoff) 총독 시절에 반뗀을 무너뜨리게 되는 단초를 제공한 스파이 사건이 발생했다. 당시 반뗀 항은 반뗀 전 지역과 순다해협 지역의 상품이 모이는 국제적 교역 항이었다. 그 결과 명실상부한 국제 교역 항을 표방하던 네덜란드 동인도회사 휘하의 바타비아와 반뗀 간에 경쟁이 있을 수밖에 없었다. 이 때 네덜란드 식민통치정부 측은 파티마라는 아랍 출신 여인을 반뗀의 10대 술탄인 자이눌아리핀(Abdullah Muhammad Syifa Zainularifin)에게 보내 공작을 시도했다. 파티마는 자이눌아리핀 술탄의 왕비가 된 이후 네덜란드 측으로부터 지시받은 내용을 실행해나갔다.

그녀는 우선 반뗀의 술탄에게 왕세자가 술탄을 살해하고 왕세자 본인이 술탄이 되려는 모반을 계획하고 있다고 보고했다. 왕세자보다 파티마를 더 믿은 자이눌아리핀 술탄은 왕세자를 붙잡아서 네덜란드 측에 넘겼고 왕세자는 암본 지역으로 축출됐다. 파티마는 이후 자신의 조카 샤리푸딘을 왕세자로 추천하였고 자이눌아리핀 술탄은 결국 그를 왕세자에 책봉하였으며 샤리푸딘은 그 후 1750년에 반뗀왕국의 술탄이 되었다. 그뒤 자이눌아리핀은 네덜란드 식민통치 정부에 의하여 암본으로 유폐되었다.

1750년 10월 새로운 술탄의 탄생 배경을 알아차린 반뗀 주민들은 격렬하게 저항했다. 주민들은 파티마왕비 측의 군대뿐만 아니라 네덜란드 측에도 큰 손실을 입혔다. 그 결과 네덜란드 식민통치 정부는 파티마왕비와 그의 조카 샤리푸딘 술탄을 바타비아만의 에담섬으로 피신시켰으며 그들은 그 곳에서 생을 마감했다. 반뗀 역사에서는 자이눌아리핀 술탄을 그들의 10대 술탄으로 기록하고 있는 반면 그의 뒤를 이은 샤리푸딘은 2년 동안의 재위 기간이 있었음에도 불구하고 그들의 술탄으로 여기지 않고 있다. 그들의 11대 술탄은 샤리푸딘의 뒤를 이어 1년 동안 재위했던 무하맏 와시 술탄(Abu al-Ma'ali Muhammad Wasi)으로 기록하고 있다.

파티마에 대한 이야기가 어느 정도 신빙성이 있으며 그 영향력이 어떠하였는지 정확히 알 수는 없다. 그러나 분명한 것은 네덜란드 측에서 그녀를 의도적으로 보냈으며 그녀의 조카를 술탄으로 만들었다는 것이다. 네덜란드와 포르투갈, 그리고 마따람 세력의 틈바구니에서 300년 동안 존재했던 반뗀왕국의 존재를 순다의 서부에 위치했던 하나의 조그만 왕국으로 치부하는 것은 그들의 수백 년 역사를 무시하는 것이다. 반뗀의 왕국은 1813년 17대 술탄 샤피우딘(Maulana Muhammad Shafiuddin)을 끝으로 종지부를 찍었다. 그러나 2000년에 인도네시아 행정구역 재편 시 반뗀 주가 서부 자바 주에서 홀로서기 한 것은 의미하는 바가 크다. 또한

반텐 대사원

2016년 12월 11일 제17대 샤피우딘 술탄의 뒤를 이어 200년 만에 반텐의 제18대 술탄으로 아쉬-샤피우딘(Syarif Muhammad ash-Shafiuddin) 술탄이 즉위했다. 반텐의 술탄이 특별지역의 지위로 주지사의 역할을 병행하는 요갸까르따 술탄의 지위를 갖게 될지는 두고 볼 일이다.

인도네시아의 어느 지역을 가든 그 지역을 대표하는 대사원이 있다. 우리는 우선 반텐 대사원으로 갔다. 우리가 잘 알고 있는 바와 같이 사원의 건축 양식을 살펴보면 일정한 양식을 유지하면서도 사원마다의 독특한 양식이 가미되어 있다. 그 중에서도 현저한 차이를 보이는 것이 사원의 지붕 형태이다. 아랍 지역에서는 대부분 돔 양식(kubah)인데 인도네시아의 경우는 사원에 따라 돔 양식 및 파고다 형식으로 양분되어 있다. 뒤에 이야기하겠지만 자바 최초의 이슬람 왕국인 드막왕국의 대사원은 지붕이 파고다 양식이다. 힌두왕국이던 마자빠힛왕조 말기에 이슬람 왕국을 건설하면서 갑작스러운 변화를 피하기 위하여 돔 양식을 지양하고 파고다 양식을 택했다. 같은 맥락에서 반뗀 대사원 역시 파고다 양식으로 건축했던 것으로 보인다.

이 사원은 1556년에 반뗀왕국의 첫 번째 술탄인 마울라나 하사누딘(Maulana Hasanuddin)이 건립하였다. 마울라나 하사누딘 술탄은 왈리송오(walisongo)[2] 중의 한 사람인 수난 구눙 자띠(Suna Gunung Jati)의 아들이다. 수난 구눙 자띠는 찌레본 지역의 이슬람 왕국을 건설한 인물이다. 반뗀이 찌레본과 연결이 되는 것은 이러한 혈통 및 이슬람을 통해서이다. 찌레본 사람들은 자신들이 순다나 자바의 일부라는 것에 반기를 든다. 그들은 순다나 자바 문화와는 다른 독자적인 찌레본 문화(Cirebonan)를 형성하고 있다고 자부한다. 아무튼 반뗀은 태생적으로 찌레본과 연결돼 있다.

붉은 벽돌로 된 반뗀 대사원은 멀리에서 보아도 그 자태가 예사롭지 않다. 300년 반뗀왕국의 역사를 시위하려는 듯하다. 이 사원은 앞에서 말한 바와 같이 마울라나 하사누딘 술탄 시대에 건립되었으며 네덜란드 건축가 카딜(Hendrik Lucasz Cardeel)이 설계하였다. 카딜은 무슬림이었으며 빵에란 위라구나(Pangeran Wiraguna)의 칭호를 받았다. 멀리에서 보면 사원의 지붕 모습이 삼층의 파고다 모습을 하고 있으며 그 위에 다시 소형의 이층탑이 솟아 있는 모양새이다. 지붕은 중국계 건축가 쩩반쭛(Tjek Ban Tjut)의 아이디어로 알려져 있다.

사원 본 건물 동쪽으로 등대처럼 보이는 탑이 있다. 그리고 사원 뒤뜰에는 묘소가 들어서 있다. 이 묘소는 반뗀을 통치했던 술탄과 그 가족들의 묘소이다. 한 참배객이 한쪽에 신발을 가지런

2) 자바에 이슬람을 전래하는데 공을 세운 아홉 명의 성인을 말한다.

히 벗어두고 묘소 앞에 무릎을 꿇고 기도를 드리고 있다. 사원 뒤쪽에는 나무나 양철로 만든 들것 같은 것이 있어서 물어보니 시신을 씻고 운반하는 도구라고 한다. 사원 주변에는 이슬람과 관련된 물건을 파는 사람들이 많다. 기념으로 뻬찌[3]를 하나 사면서 물건을 파는 아주머니에게 사진을 한 번 찍자고 했더니 부끄러운 듯 손사래를 치며 거부한다. 순수함이 묻어난다. 어릴 적에 삼촌이 가져온 사진기로 사진을 찍으면서도 부끄러워 어쩔 줄 모르던 시절이 생각났다.

우리 일행은 반뗀왕국의 본거지였던 수로소완(Surosowan) 왕궁터로 발길을 옮겼다. 이 왕궁은 마울라나 하사누딘 술탄이 1522년에서 1526년 사이에 걸쳐 건립하였다. 이 왕궁은 요새와 같은 모양을 하고 있다. 2미터 높이의 외벽으로 둘러싸인 3헥타 정도의 왕궁 터가 덩그러니 우리를 맞이한다. 이 왕궁의 출입구는 동, 남, 북쪽으로 세 개가 있는데 남쪽의 출입구는 벽으로 막아버렸다. 그 이유는 알 수 없었다. 왕궁 터에는 연못이나 목욕 시설 등 유난히 물과 관련된 공간이 있었음을 알게 해주는 흔적이 눈에 띄었다. 그 중에서도 발레 깜방 라라 데녹(Bale Kambang Lara Denok)이라는 연못이 유명하다. 지금은 이끼와 녹조로 물이 푸르스름한 빛을 띠고 있다. 그 옆에는 찬란했던 반뗀왕국의 역사를 알 리 없는 염소 몇 마리가 풀을 뜯고 있다.

수로소완 왕궁 터 앞에는 조그만 유물 박물관이 있다. 유물 중에 유독 중국 도기들이 눈에 들어왔다. 반뗀과 중국과의 교류를 말해준다. 박물관을 나오니 아이스크림 장사가 보인다. 내가 보기에는 다소 위생이 의심되기도 하지만 여기 사람들은 길거리 음식

---

3) 무슬림 남자들이 쓰는 모자

을 즐겨 사 먹는다. 학생들이 아이스크림을 맛있게 먹는 것을 보고 나와 안디까도 달려들었다. 아이스크림은 좀 달아서 별로였지만 수로소완의 더위를 다소 식혀주었다.

반뗀만을 끼고 있는 항구 및 국제교역의 중심지로서 반뗀은 16세기부터 19세기까지 위세를 떨쳤다. 그러나 그러한 영광의 시대는 계속 이어지지 못했다. 네덜란드 식민통치 정부의 다엔델스 총독은 반뗀의 술탄이 자기들에게 복종하지 않는다는 이유로 수로소완 왕궁을 파괴했다. 그 이후 반뗀은 쇠락의 길을 걷게 된다. 사실 1527년 반뗀의 중심부가 기랑(Girang)에서 북부 해안 지역으로 옮겨진 후 위협을 받기 시작했다. 반뗀의 첫 번째 술탄 마울라나 하사누딘은 1527년부터 1570년까지 통치했는데 그는 교역 지역 확대 및 도시의 안전 시스템 구축에 공을 들였다. 하사누딘 술탄이 서거한 후 권좌를 이어받은 유숩 술탄은 하사누딘의 정책을

반뗀 이슬람 대사원

반뗀 대사원 뒤뜰 묘역

이어가면서 반뗀 북부 해안 지역의 농업에도 특별한 관심을 가졌다. 이 시기에 반뗀은 급속히 발전했다. 반뗀은 16세기에 포르투갈의 손으로 넘어간 말라카 해협의 지위를 확보하여 국제교역의 중심 항구로 변모했다. 포르투갈과의 관계를 원하지 않는 많은 아시아와 유럽의 국가들이 반뗀을 택한 것이었다.

말레이, 벵갈, 구자랏, 페르시아, 터어키, 아랍, 중국, 네덜란드, 영국, 프랑스 상인들이 반뗀항에 정박하고 인근 지역의 시장에서 교역했다. 거래는 대개 지금의 까랑안뚜(Karangantu) 지역인 당시 반뗀의 동부 지역에서 이루어졌다. 중국 상인들은 명주 등 옷감과 주방용품들을 팔았다. 구자랏 상인들은 옷감을, 페르시아 상인들은 보석류를 가지고 왔다. 유럽 상인들은 반뗀이나 람뿡에서 생산된 후추 등의 농산물을 사갔다. 당시 육류를 주로 섭취하는 유럽에서 후추는 매우 중요한 향신료였다. 어찌 보면 유럽 국가들

반뗀 대사원 부속 건축물

이 이러한 향신료 확보를 위해 식민통치 경영에 열을 올린 측면도 없지 않다. 후추 시장은 왕궁의 북서쪽에 위치한 지역에서 거래되었는데 지금의 빠마리짠(Pamarican) 부근이다.

반뗀의 영광은 1808년 1월 아냐르를 통해 자바 땅을 밟은 다엔델스가 총독으로 부임하면서 쇠퇴의 길로 접어들었다. 당시 반뗀의 자이눌 무따낀(Abunasar Muhammad Ishak Zainul Muttaqin) 술탄은 우중 꿀론(Ujung Kulon)에 항구를 건설하는데 필요한 인력을 보낼 것을 요청하는 다엔델스의 지시를 무시하였다. 자이눌 무따낀 술탄은 당시 자바의 다른 지역 술탄들이 식민통치의 하수인으로 전락하여 흡사 식민통치 정부의 행정을 시달하는 역할을 하는 것을 거부하였다.

이는 인도네시아 민족의식의 측면에서 중요한 점을 시사한다. 민족의식의 최우선적인 조건은 식민통치 상황에서 벗어나는 것이

반텐 대사원에서 기도하는 무슬림

시신을 씻는 도구

시신 운반 도구

다. 이러한 관점에서 식민통치 정부의 지시를 거부하거나 그들의 하수인 역할을 하지 않겠다고 한 것은 시사하는 바가 적지 않다. 저명한 동남아학자 앤더슨(B. Anderson)이 름방(Rembang) 지역의 사민운동[4]을 일러 인도네시아 민족주의의 시초라고 한 것과 견줄 수 있다. 어찌 보면 자이눌 무따낀 술탄의 저항은 사민운동보다 훨씬 강도가 높은 식민통치 정부에 대한 직접적인 저항으로 평가할 수 있다.

인도네시아 민족주의 운동의 시발을 1908년에 스토비아(STOVIA)라는 의학교 학생들이 주축이 된 부디 우또모(Budi Utomo) 운동으로 보는 것이 일반적이다. 지금 국립 인도네시아대학 의과대학 병원인 찝또 병원의 이름을 제공한 찝또망운꾸수모(Ciptomangunkusmo), 수또모(Sutomo) 등이 주도하였다. 인도네시아의 민족주의 운동에 대한 쁘라무디아 선생의 해석은 좀 다르다. 쁘라무디아 선생은 부디 우또모가 자바와 마두라 지역에 국한된 운동이었다면 이보다 2년 전에 사만후디 등이 주도한 사레깟 이슬람(Sarekat Islam) 운동은 전국적인 운동이었기 때문에 이를 시초로 보아야한다는 것이다. 다만 사레깟 이슬람 운동은 중간에 혁명적 사회주의 운동과 관련된 사람들이 영향력을 발휘하려고 하여 그동안 인도네시아 정부에서 의도적으로 배격한 측면이 있다. 아무튼 이러한 인도네시아의 민족주의 운동이 하루아침에 태동된 것이 아니고 반뗀에서의 저항 등이 밑거름이 되었다고 본다.

다엔델스 총독이 부임한 후 반뗀과 네덜란드 식민통치 정부 간

---

4) 중부 자바의 름방(Rembang) 지역에서 일어난 운동으로 자신들의 전통적이고 독자적인 삶의 방식을 택하고 있다. 네덜란드 식민통치 정부에 세금을 내지 않은 것으로 유명하다.

의 관계는 더욱 악화되었다. 다엔델스는 반뗀 술탄의 권력을 약화시키고 반뗀의 일부 영토를 강제로 식민통치 정부로 귀속시키기도 했다. 다엔델스는 반뗀이 빨렘방처럼 영국과 내통하는 것이 아닌가 의심하기도 했다. 다엔델스가 자바 우체부길을 건설하면서 아냐르와 바타비아 구간에 정성을 쏟은 것도 이와 관련있다. 다엔델스는 이 도로가 건설된다면 영국이 공격해올 때 바타비아에서 그들의 군대를 쉽게 파견할 수 있겠다는 계산이 있었다.

반뗀과 식민통치 정부 간 갈등이 최고조에 오른 것은 1808년 11월 21일 다엔델스 총독의 대리인 두 푸이(Philip Pieter Du Puy)가 반뗀 왕궁을 방문했을 때 살해된 사건이다. 다엔델스 총독은 당일 군대를 몰고 와 왕궁을 점령하고 자이눌 무따낀 술탄을 암본으로 추방했다. 다엔델스는 후임 술탄으로 알리유딘(Aliyudin II)을 지명하였으나 계속 저항이 일어나자 그도 붙들어 바타비아에 투옥하였다. 이 때 다엔델스는 수로소완 왕궁을 불태워버렸으며 반뗀 행정 중심지는 수로소완 남쪽의 까이본(Kaibon)으로 이전하였다. 이후 반뗀의 영향력은 급속히 쇠퇴하고 말았다.

외세에 대한 반뗀의 마지막 저항은 1926년에 일어났다. 식민통치 정부에 대한 저항으로 바타비아에서는 하루 만에 진압되었지만 반뗀에서는 일주일을 버텼고 네덜란드 군의 베킹(Becking) 중위가 전사하기도 했다. 네덜란드 측은 관련자를 교수형에 처하고 일부는 파푸아의 보벤 디굴(Boven Digul)로 추방했다. 아무튼 자이눌 무따낀 술탄을 비롯한 반뗀 주민들의 식민통치에 대한 저항과 투쟁은 지금 이 지역에 살고 있는 사람들이 자랑할 만한 일이다.

수로소완 왕궁 터

반뗀 대사원 주변의 기념품 판매 상인

반뗀왕국의 유물들

박물관 앞의 대포

물따뚤리의 반 식민 소설 『막스 하벨라르』의 도시 세랑

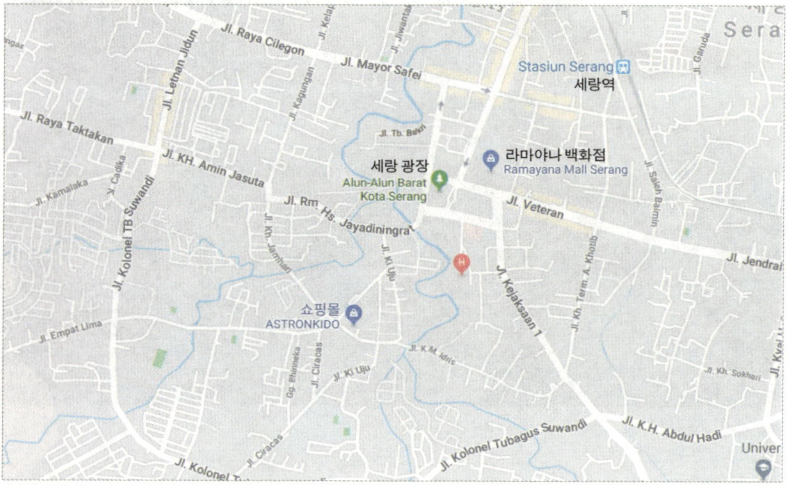

세랑 시가지

우리 일행은 차를 남쪽으로 돌려 세랑(Serang)으로 향했다. 반뗀 구 시가지에서 동쪽으로 달리면 자카르타이지만 그렇게 할 수가 없다. 주로 습지와 늪이기 때문이다. 세랑은 반뗀이 쇠락한 후 활기를 찾은 도시이다. 세랑은 반뗀 주의 주도이고 세랑 군에 둘러싸여 있다. 인구 70만 명 중 45% 정도가 반뗀인, 25%가 순다인, 그리고 자바인이 22% 정도 된다. 시가지는 활기차다. 역시 많은 사람들이 바삐 움직이고 있다.

눈에 들어오는 도로 주변의 번듯한 건물은 자세히 보니 모두 관공서이다. 저 멀리 사원의 모습도 눈에 띈다. 온갖 현수막으로 어수선하다. 언제부터인가 현수막이나 간판의 크기가 눈에 거슬린 적이 있다. 덜 발전한 나라일수록 간판이 크다는 생각이 든다. 독

세랑 시가지

을 프랑크푸르트 시내의 간판은 너무 작아서 가까이 다가가서 보아야 내용이 확인될 정도였다. 우리나라의 간판도 비교적 컸는데 요즈음 작아지는 추세이다. 세랑 시가지의 현수막들이 전깃줄과 복잡하게 얽혀있다.

세랑은 물따뚤리(Multatuli, 1820-1887)에게 반 식민소설 『막스 하뷜라르』(Max Havelaar, 1860)를 쓸 수 있도록 영감을 준 도시이다. 물따뚤리는 '네덜란드의 셰익스피어'로 추앙을 받는 문호로 본명은 에두아르트 두어스 데커(Eduard Douwes Dekker)이다. 물따뚤리는 열아홉 살이 되던 1839년에 자바로 건너와 식민통치 정부의 관리로 근무한 사람이다. 자바, 서부 수마트라, 바타비아 등지에서 하급 관리로 일하다 1856년에 르박(Lebak)의 부감독관(asisten residen)[5]이 되어 랑까스비뚱(Rangkasbitung)에 주재했다.

5) 부 감독관(Asisten Residen)은 네덜린드 식민통치 시대에 식민통치 정부가 파견한 관

물따뚤리는 이곳에서 네덜란드 식민통치 정부가 얼마나 부당하게 토착인을 착취하는지를 목도했다. 특히 르박의 부빠띠(bupati, 군수)를 통한 토착인에 대한 부역과 공출 강요는 도를 지나칠 정도였다. 부임한지 한 달이 안 되어 물따뚤리는 자신의 상관인 켐펜(C.P. Brest van Kempen) 감독관에게 상황을 보고하고 이의 시정을 요구하였으나 관철되지 않았다. 물따뚤리는 이를 포기하지 않고 비교적 자유주의자로 알려진 트위스트(A.J. Duymaer van Twist) 총독에게 다시 시정을 요구하였다. 그러나 역시 시정되지 않고 오히려 물따뚤리에게 엄중한 경고를 했다. 이에 실망한 물따뚤리는 부감독관 직을 사임하고 본국으로 돌아갔다. 1859년 물따뚤리는 벨기에 브뤼셀의 한 여관에서 『막스 하뷜라르』를 탈고했다.

1860년에 출간된 이 책은 반 식민소설로 네덜란드는 물론 전 유럽에 센세이션을 불러일으켰다. 우선 네덜란드에서는 자국민이 인도네시아에서 부당한 방법으로 식민통치를 한다는 것에 대한 거부감이 일었다. 그러니까 그들은 『막스 하뷜라르』를 통하여 비로소 그들 정부 식민통치 방식의 진면목을 알게 된 것이었다. 여파는 여기에서 멈추지 않았다. 결과적으로 이 소설은 네덜란드 식민통치 정부가 인도네시아에서 1830년부터 시행하던 강제재배제도의 폐지에도 한몫했다.

네덜란드 식민통치 정부가 시행한 이 강제재배제도는 보쉬(Johannes van den Bosch) 총독이 주도한 것으로 각 마을의 경작지 20%에 식민통치 정부에서 지정한 커피, 사탕수수, 땅비싸리 등의

리이다. 부빠띠와 협조하는 직위이다. 대개 한 구역(Afdeling)을 관할하는데 이는 지금 행정구역상 군(kabupaten)에 해당한다. 3~5개의 구역을 관할하는 것이 감독관(Residen)이다.

수로소완 왕궁 터의 산대추나무

환금작물을 의무적으로 재배하며 그 수확물을 헐값에 식민통치 정부에 불하하는 것이다. 그리고 위에서 언급한 20%의 경작지를 확보하지 못한 마을은 일 년 365일의 20%인 75일을 식민통치 정부의 경작지에서 강제노역을 해야 했다. 이 제도는 네덜란드 식민통치 시대에 토착인들에게 가장 혹독한 조치였다. 물따뚤리의 한 권의 소설이 이렇게 불합리한 제도의 폐지에 영향을 끼쳤다는 것은 주목할 만하다. 우리나라에는 이 책을 네덜란드 라이든대학에서 네덜란드 문학을 전공한 지명숙 선생이 직접 우리말로 번역하여 출간하였다.

『막스 하뷜라르』에 수록된 이야기 중 <사이야와 아딘다>(Saiyah dan Adinda)라는 널리 알려진 애처로운 사랑 이야기가 있다. 주인공 사이야는 바두르(Badur) 지역에 사는 남자 아이로 어릴 때부터 키워온 물소가 있다. 오랜 시간을 함께 해 온 물소는 그의 친구라

물따뚤리

막스 하뷜라르 한국어판

막스 하뷜라르 표지

고 해도 될 정도로 소중한 존재였다. 그런데 세금을 못 냈다는 이유로 식민통치 정부에게 이 물소를 빼앗겨 가버렸다. 사이야의 어머니는 충격을 받아 사망했고 그의 아버지도 보고르로 도망쳤다가 그 곳에서 잡혀 감옥에 들어가고 말았다. 사이야는 자카르타에 가서 마부 노릇을 하여 돈을 벌기로 결심했다. 그 돈으로 물소도 사고 아딘다와 결혼도 할 요량이었다. 아딘다는 사이야와 헤어지기 싫었지만 어찌할 수 없었다. 그들은 3년 후에 다시 만나기로 하고 잠시 이별을 했다.

3년이 지난 후 사이야는 돈을 벌어 고향으로 돌아왔다. 그러나 아딘다는 그곳에 없었다. 아딘다와 그녀의 가족은 식민통치 당국의 억압에 못 이겨 람뿡(Lampung)으로 옮겨갔고 그곳에서 네덜란드에 저항하는 지하운동을 하고 있었다. 사이야는 슬픔에 빠져 거의 미칠 지경이었다. 그래서 무너진 아딘다의 집터에 가서 소리를 지르기도 하고 흐느끼기도 했다. 사이야는 람뿡으로 가기로 했다. 아딘다도 사이야가 온다는 소식을 듣고 기다렸다. 하지만 네덜란드 군이 아딘다를 먼저 발견하고 그녀를 사살했다. 뒤늦게 람뿡에 도착한 사이야는 아딘다가 죽은 것을 확인하고 네덜란드 군에 대항해 싸웠다. 그러나 사이야는 역부족이었다. 그의 힘으로 네덜란드 군에 대적할 수가 없었다. 결국 사이야도 총탄을 맞았다. 총탄을 맞고도 네덜란드 군을 향해 달려갔지만 그들의 대검이 그의 몸을 그냥두지 않았다. 아름다운 사랑이 식민통치 상황에서 꽃을 피우지 못한 슬픈 이야기이다.

자카르타의 위성 산업도시 땅어랑

땅어랑 1번국도

세랑을 뒤로 하고 우리는 우체부길이었던 발라라자(Balaraja)를 거쳐 땅어랑 쪽으로 기수를 돌렸다. 세랑에서 다소 동남쪽으로 가다가 이어 북동쪽 방량으로 50킬로미터쯤 달렸다. 차창 좌우로 보이는 풍광은 시원하게 탁 트였다. 산이나 구릉이 보이지 않고 평야지대이다. 우측 앞 쪽에 두 개의 쌍둥이 고층 아파트가 보인다. 한국 업체에서 건설한 것이다. 임페리얼 골프장 옆에 위치한 아파트로 입주자가 주로 한국 사람들이다. 한국 사람들이 이 지역에 많이 거주하고 있다는 말이 된다. 자카르타의 위성도시 중의 하나인 땅어랑은 산업도시로 변모했다.

이 지역에는 한국 업체가 투자한 공장을 비롯한 많은 생산시설이 들어서 있고 리뽀 까라와찌(Lippo Karawaci)라는 자립 신도시가 건설되었다. 땅어랑은 반뗀 주에서 가장 큰 도시이고 자보드따벡(Jabodetabek) 지역에서도 자카르타와 버까시에 이어 세 번째로 큰 도시이다. 자보드따벡은 자카르타, 보고르, 데뽁, 땅어랑, 버까시 등 자카르타의 위성도시를 말한다. 자카르타에서 출퇴근하는 경우도 있지만 교통난이 심하여 아예 이 지역에 거주하는 경우가 많아지는 추세이다. 이곳 한국 식당이 있는 단지에는 20여 개의 한국 식당이 성업중이다. 사실 자카르타는 물론이고 땅어랑만 해도 한국에서 향유할 수 있는 것을 거의 모두 할 수 있기 때문에 외국에 살고 있다는 느낌이 안 들 정도이다. 땅어랑에서는 자장면까지도 배달할 수 있는 상황이다.

땅어랑(Tangerang)의 표기는 네덜란드 식민통치 정부 때의 잘못된 표기이고 원래는 땅거란(Tanggeran)으로 표기하는 것이 옳다는 의견도 있다. 아울러 국제항공운송협회(IATA) 코드를 CGK로 쓰고 있기 때문에 지금의 수카르토-핫타 공항이 쪙까렝(Cengkareng)에 위치한 것으로 알고 있지만 정확히 말하면 땅어랑의 벤다(Benda) 지역에 위치한다. 인도네시아 정부는 1984년에 벤다 지역에 공항을 신설하고도 알 수 없는 이유로 그 이름은 행정구역상 자카르타 서부 지역의 한 지역 이름인 쪙까렝을 사용한 것이다.

땅어랑은 앞서 언급한 반뗀의 자이눌아리핀 술탄의 아랍 출신 왕비 파티마에 동조하는 세력을 제거하기 위한 반군의 근거지였다. 반군의 지도자 끼야이 따빠(Kyai Tapa)는 그들의 네덜란드 측에 대한 저항을 확대해 갔으며 결국은 강제재배제도에도 반기를 드는 셈이 되었다. 이곳 주민들은 이 지역을 요새(benteng)라고 부르는 것을 좋아한다. 어찌 보면 이 지역은 네덜란드 식민통치 군과 반뗀 사이에서 요새의 역할을 한 셈이다. 네덜란드 식민통치 정부는 땅어랑의 토지를 70명의 지주에게 불하했다. 이 땅을 불하받은 사람 중 대부분은 중국계였다. 토지와 함께 팔려가다시피 한 소작인들은 식민통치 시대보다 더 힘든 노동에 시달려야 했다. 힘이 없는 소작인들은 식민통치 정부와 지주 간의 결탁을 당해낼 힘이 없었다.

땅어랑의 기름진 땅에서는 쌀, 콩 등의 소출이 풍요로웠다. 특히 콩의 작황이 좋아 이 지역에서 생산된 간장은 인도네시아의 최고품으로 친다. 이와 함께 대나무 모자도 유명하다. 이 지역 여성들의 솜씨가 대단한 것으로 알려져 있었다. 1887년에는 1억 5천만 개의 대나무 모자를 프랑스 등으로 수출한 기록이 있을 정도이다. 땅어랑 산 대나무 모자는 유럽이나 미국의 항구 근로자들이 즐겨 착용했다. 그러나 일본 식민통치 시대 이후에 모자 산업은 사양길을 걸었다. 중국계들이 모자 공장을 경영하는 경우가 많았는데 네덜란드 식민통치 정부가 토착인들을 부추겨 중국계에 대한 반감을 키우고 반 중국계 소요를 일으킨 것도 그 이유 중의 하나이다.

I N D O N E S I A

3
혼종 문화의 도시 바타비아

혼종 문화의 도시 바타비아

순다 끌라빠에서 자카르타로

땅어랑에서 우체부길을 따라 다안 모곳(Daan Mogot)과 그로골(Grogol)을 거쳐 바타비아(자카르타)로 넘어오는 데는 그리 많은 시간이 걸리지 않았다. 25킬로미터 정도 밖에 안 되는 거리이다. 바타비아에서의 우체부길은 글로독(Glodok), 망가두아(Mangga Dua), 안쫄(Ancol), 구눙 사하리(Gunung Sahari), 끄마요란(Kemayoran), 빠사르 바루(Pasar Baru), 따나 아방(Tanah Abang), 벨터브레덴(Weltevreden, Gambir), 빠사르 스넨(Pasar Senen), 끄라맛(Kramat), 살렘바(Salemba), 마따람(Matraman), 망가라이(Manggarai)를 거쳐 미이스터 코르넬리스(Meester Cornelis, Jatinegara)로 이어진다.

혼선을 막기 위해 우선 그동안 자카르타가 어떻게 불려왔는지 알아 볼 필요가 있다. 이 항만 지역을 처음으로 경영한 것은 순다

자카르타

왕국으로 1397년에 찔리웅강(Sg. Ciliwung) 부근에 순다 끌라빠(Sunda Kelapa)라는 지명을 사용했다. 순다 끌라빠는 순다왕국이 가진 여러 항구 중에서 중요한 역할을 한 것으로 보인다. 순다 끌라빠는 당시 빠자자란왕국의 수도 다요(Dayo)에서 두 시간 정도 걸렸으며 빠자자란 이전 왕국인 따루마나라가(Tarumanagara)왕국의 수도였을 것으로 추정된다. 순다 끌라빠는 이 시기에 중국, 일본, 남 인도의 상인들이 교역하던 곳으로 그들의 도자기, 커피, 말, 포도주, 직물 등을 이 지역의 특산물인 향료와 직거래하였다.

이 곳에 처음 발은 들여놓은 세력은 포르투갈이다. 당시 수라위세사(Surawisesa) 순다(빠자자란) 왕은 순다에서 분리할 것으로 예상되는 찌레본의 공격을 피하기 위하여 말라카에 주둔하고 있던 포르투갈 군에게 순다 끌라빠에 요새를 구축해줄 것을 요청하였다. 수라위세사왕의 이러한 요청은 『문딩라야 디꾸수마』(Mundinglaya Dikusumah)라는 순다 지역의 민담에 나타난다. 문딩라야는 수라위세사왕의 아호이다.

문딩라야는 실리왕이(Siliwangi)왕의 서자이다. 그러니까 실리왕이왕과 둘째 왕비인 빠드마와띠(Padmawati) 사이에서 출생한 아들이다. 첫째 왕비 떼자만뜨리(Tejamantri)로부터는 구루 간땅안(Guru Gantangan)이라는 왕자가 있었는데 문딩라야왕자보다 나이가 훨씬 많았다. 구루 간땅안 왕자는 혼인을 하였으나 후사가 없어서 순떤 자야(Sunten Jaya)를 양자로 삼았다.

보고르 소재 실리왕이왕을 기리는 힌두 사원

구루 간땅안은 순떤 자야보다 문딩라야를 더 아꼈다. 이를 시기 질투한 순떤 자야는 모함을 하여 문딩라야를 제거하려 하였다. 구루 간땅안도 자신의 부인이 문딩 라야에게 더 관심을 가진다는 이유로 문딩라야를 투옥하였다. 어느 날 빠드마와띠왕비가 꿈을 꾸었는데 라양 살라까 도마스(Layang Salaka Domas)라는 부적을 구해오면 빠자자란왕국이 번영할 것이라는 내용이었다. 이 말을 들은 실리왕이왕은 이 부적을 구해올 사람을 찾게 되고 결국은 우여곡적 끝에 문딩라야왕자가 이 부적을 구해온다는 이야기이다.

하지만 문딩라야왕이 요새를 구축하기 전에 드막의 지원을 받은 찌레본의 파타힐라가 순다 끌라빠를 공격하였다. 1527년 파타힐라는 순다 끌라빠를 점령하였다. 이 당시 빠자자란과 포르투갈이 연합하였으므로 어지됐건 찌레본과 드막의 연합군이 빠자자란과 포르투갈 연합군을 물리친 셈이다. 찌레본의 수난 구눙 자띠(Suna Gunung Jati) 술탄은 순다 끌라빠의 이름을 자야까르따(Jayakarta)로 바꾸었다. 파타힐라와 수난 구능자띠를 동일시하는 의견도 있었으나 완전히 다른 인물로 판명되었다. 파타힐라는 빠사이 출신의 장군으로 빠사이와 말라카가 포르투갈에 점령되자 자바로 넘어가 이슬람 왕국 건설에 힘쓴 인물이고 수난 구능 자띠는 짬빠왕국의 후예로 왈리송오 중 한 명이며 찌레본왕국의 제2대 술탄이다. 아무튼 지금 자카르타의 역사는 자야까르따에서 시작되었다. 수난 구능 자띠는 그 후 자야까르따를 자신의 아들인 반뗀의 마울라나 하사누딘 술탄의 휘하에 두었다.

호트만의 초상

1596년 6월 27일 네덜란드의 호트만(Cornelis de Houtman)이 상선을 이끌고 반뗀에 도착하였다. 네덜란드 상선으로는 처음으로 인도네시아 땅에 발을 디딘 것이다. 반뗀의 자야까르따왕자가 통치하던 자야까르따는 네덜란드 동인도회사의 쿤(Jan Pieterszoon Coen) 총독에 의하여 1619년 합병되고 말았다. 쿤은 이 도시의 이름을 바타비아(Batavia)로 바꾸어버렸다. 바타비아는 원래 로마제국 시대에 독일 라인강변에 살던 게르만족의 하나인데 네덜란드와 독일의 일부 종족을 구성하고 있다. 네덜란드는 바타비아를 건설하기 위하여 발리, 술라웨시, 말루꾸, 중국, 인도 등지에서 인력을 징집했는데 이 집단이 지금의 버따위(Bertawi) 족을 구성하고 있는 것이다. 쿤 총독은 바타비아의 남부 지역에 네덜란드인 거주지역을 구축하여 네덜란드 여성들을 이주시키려 하였다. 현지에 와서 근무하는 네덜란드인들의 결혼 문제를 해결하는

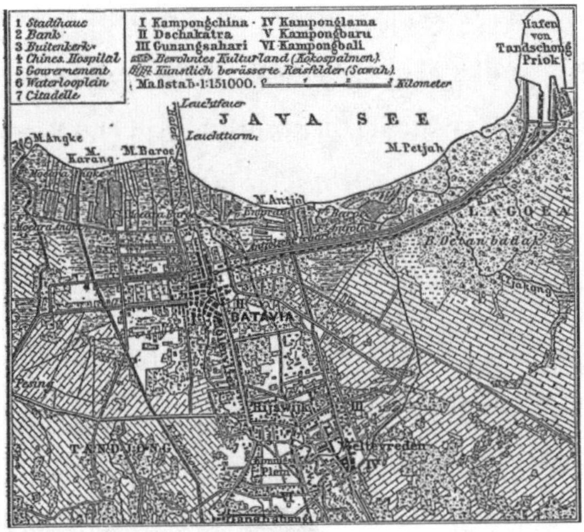

1888년의 바타비아

방편이었다. 그러나 이 계획은 반응이 좋지 않았고 오히려 중국계들이 이곳에 자리를 잡았다.

1740년 10월에는 중국계와 자바인들이 네덜란드 식민통치 당국에 저항하는 사건이 발생했다. 의견이 분분하기는 하지만 이 소요는 중국계의 약진을 못마땅해 하던 네덜란드 측이 설탕 가격을 인하했고 이에 반발하던 중국계들에 대한 숙청을 시작한 것이다. 이때 1만 명 정도의 중국인이 살해되었으며 자바인들이 중국계와 연합하여 네덜란드에 저항하였다. 1942년 3월 일본이 자바에 진주하면서 이 도시의 이름은 자카르타로 바뀌어 지금에 이른다.

쿤 총독이 외래인을 강제 동원하여 바타비아를 건설하고 다엔델스 총독이 자바 우체부길을 건설하여 식민통치를 원활하게 한 것은 서구세력이 피 식민통치국을 착취한 하나의 프로토타입이다. 물론 서구의 발전이 순전히 여기에서 온 것만은 아니다. 하지만 그들의 번영이 피 식민통치국가의 피와 땀으로 이루어진 것을 부인할 수 없을 것이다. 이 와중에 토착인들이 가만히 있지 않고 어떤 형태로든 저항과 투쟁을 시도했다는 것이 그나마 그들의 후손들에게 위안을 주고 있다.

이러한 저항을 시도한 것은 귀족이나 쁘리아이(priayi)[1] 계층이 아닌 이슬람 소시민 계층이었다. 귀족이나 쁘리아이 계층은 오히려 식민통치 정부의 하수인으로서 중간에서 자신들의 이익을 챙기기에 급급했다. 이에 대하여 일본학자 아키라 나가주미(Akira Nagazumi)는 인도네시아 민족운동을 주도한 것은 술탄이나 귀족 계층이 아닌 대부분 무슬림 소시민 계층이었다고 하였다. 당시 자바의 봉건 군주들은 자신들이 통치하는 사람들을 억압하고 부당한 방법으로 부를 축적하는 것을 하나의 권리로 생각할 정도였다.

알 미스리(Abdullah bin Muhammad Al-Misri)는 당시의 다엔델스에 대한 기억을 마레스깔렉전(Hikayat Mareskalek)에 남겼다.[2] 여기에는 당시 네덜란드 사람들이 자바에서 소출되는 모든 것을 본국으로 가져가려고 했다고 기록돼 있다. 오죽했으면 다엔델스 총독 이후 영국이 자바에 들어왔을 때 자바 사람들이 자신들이 수확한 양의 14분의 1만 소유하고 나머지, 그러니까 14분의 13은 네덜란드 식민통치 당국에 수탈당했다는 사실을 알고 놀랄 정도였다. 자바 사람들은 자신들의 몫 14분의 1에서 다시 소작료 등을 내야 했다.

---

1) 클로포드 기어츠(Clifford Geertz)는 자바의 사회계층을 쁘리아이 계층과 월찔릭(Wong Cilik) 계층으로 나누었는데 전자는 관료 계층, 후자는 소시민 계층을 의미한다. 쁘리아이 계층은 귀족계층과 구별되어야 한다.

2) 프랑스의 인도네시아학자 자이니 라주베르(Monique Zaini-Lajoubert)가 2008년 알 마스리의 작품을 모아 『Karya lengkap Abdullah bin Muhammad al-Misri : Bayan al-asma', Hikayat Mareskalek, 'Arsy al-muluk, Cerita Siam, Hikayat tanah Bali』라는 제목으로 출간했다.

결과적으로 자바 농민들이 피와 땀으로 생산한 수확물을 식민 통치 정부가 착취하고 결국에는 네덜란드 중앙 정부의 부를 축적하는데 기여한 것이다. 이러한 상황에서 자바 사람들이 그나마 버틸 수 있었던 것은 비옥한 농토 덕분이었다. 그렇지 않았더라면 소출도 시원치 않았을 것이고 수탈은 수탈대로 혹독했을 것이다. 이렇게 많은 부분을 수탈하기 위하여 식민통치 당국의 자바 사람들에 대한 폭력은 상상할 수 없을 정도로 가혹한 것이었다.

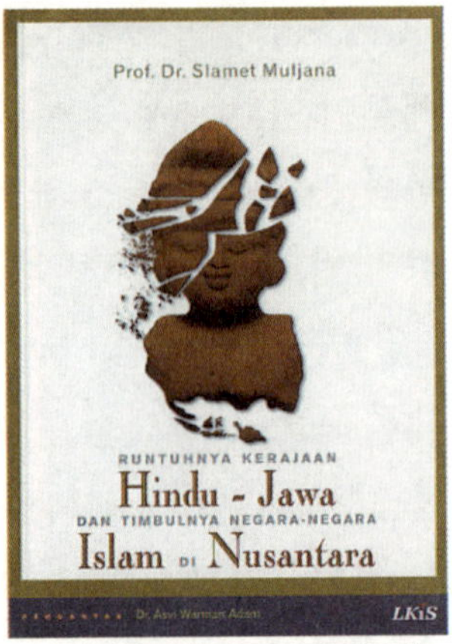

『누산따라의 힌두-자바왕국의 몰락과 이슬람국가 출현』표지

바타비아에는 다양한 인종이 거주했으며 따라서 그 문화도 혼종의 문화라고 할 수 있다. 바타비아에 깜뿡 발리, 깜뿡 멀라유, 깜뿡 빤단, 깜뿡 꼬자 등의 지역이 있는 것을 보아도 알 수 있다. 네덜란드 시대에 각 인종들을 수용한 수용소를 의미하는 '깜프'(kamp)가 자연스럽게 말레이어로 차용되면서 '깜뿡'(kampung, 마을)으로 변한 것이다. 각 인종들 간의 교류는 멀라유 버따위어(Melayu Betawi)라는 교통어(lingua-franca)를 만들어 냈으며 문화도 다양하게 변모할 수밖에 없었다. 여기에는 중국계들의 영향도 적지 않다. 버따위의 음악과 무용 부분에 끼친 중국의 영향은 더욱 그러하다.

동남아 국가에서 중국계들의 역할과 활약은 간과할 수 없다. 인도네시아의 경우만 보아도 인도네시아 인구의 3%밖에 안 되는 중국계들이 인도네시아 부의 70%를 소유하고 있다는 사실을 어떻게 보아야 할 것인가. 경제 분야에서의 그들의 역할에 밀려 문화 분야에서 그들의 역할이 다소 과소평가되는 경향이 있다. 세계 최대의 무슬림 국가 인도네시아에 이슬람을 전래하는데 기여한 아홉 명의 성인(왈리송오) 중에 중국인의 피를 받은 왈리가 있다는 사실을 인정하고 싶지 않은 인도네시아 사람도 있을 것이다. 하지만 인도네시아의 저명한 역사학자 슬라멧 물랴나(Slamet Muljana)[3]는 그의 책 『누산따라의 힌두-자바왕국의 몰락과 이슬람국가 출현』(1968)에서 상당수의 왈리송오가 중국계와 연관이 있다고 주장했다.

중국계 혼혈인 소설집

19세기말까지 인도네시아에 도래한 중국인들은 중국 남부의 복건(福建) 출신들이 많았다. 19세기 이전에 자바에 정착한 중국인들은 대개 상인, 수공업자, 혹은 장인들이었고 농업에 종사하는 사람들도 약간 있었다. 청조(淸朝)에 자바로 건너온 사람들은 본국으로의 귀국이 허락되지 않아 이들이 인도네시아에서 중국계 사회를 이루게 되었다. 19세기 이전에 중국에서 건너온 여성들의 수효가 매우 제한적이었으므로 중국계 남성들은 자연스럽게 토착인 여성들과 결혼을 하게 되었고 이들 사이에서 혼혈인 계층이 탄생하게 되었다. 그러나 이들 중국계 혼혈인들은 그들의 모국어인 중국어를 구사하지 못하여 그 대신에 말레이어(지금의 인도

3) 슬라멧 물랴나는 벨기에 루벵대학교에서 박사학위를 받고 국립인도네시아대학교 교수를 역임하였으며 프랑크푸르트 괴테대학교, 싱가포르 난양대학교 등에서도 강의했다. 『누산따라에서 힌두-자바왕국의 몰락과 이슬람국가의 출현』(Runtuhnja Keradjaan Hindu-Djawa dan Timbulnja Negara-negara Islam di Nusantara, 1968)을 펴낸 후 인도네시아 사계의 반발이 거셌으며 수하르토 정부는 이 책을 판매금지 조치하였다.

네시아어)를 사용하였다. 당시 많은 중국계 혼혈인들이 거주하던 자바의 북부 해안에서는 저급 말레이어가 중국계 혼혈인들 사이에서 교통어로 발전되었는데 훗날 이 언어에 복건 차용어가 혼합되어 중화 말레이어가 된다.

인도네시아 근대문학 발전사에서 중국계 혼혈인 문학의 영향도 적지 않다. 인도네시아 근대문학에서 중국계 혼혈인들이 말레이어로 쓴 작품이 3,005편에 달하며 이 중 단편소설과 장편소설이 1,398편이나 된다는 사실은 의미하는 바가 크다. 양적인 측면에서 풍요로운 문학으로 평가받음은 물론이고 인도네시아 근대문학의 시작을 중국계 혼혈인이 섰다고 추정되는 시를 포함시킬 때 그들의 문학 지평을 50년이나 더 늘릴 수 있는 이 문학유산이 중국계 혼혈인 작품이라는 이유만으로 홀대를 받아온 것이 사실이다.

인도네시아에서 중국계 혼혈인 문학이 등장하는 요인 중의 하나는 그들이 중국어를 구사하고 이해하지 못하였기 때문에 중국원어 고전을 읽어 낼 수 없었다는 점이다. 어느 정도의 교육과 읽을거리가 필요했던 이 계층은 자신들이 능숙하게 구사하는 언어인 말레이어로 번역된 중국 고전을 읽었으며 나아가 이 언어를 매재로 창작행위를 함으로써 문화적인 욕구를 충족시키려고 하였다. 중국계 혼혈인들이 창작활동을 하면서 매재로 사용한 언어가 바로 이 저급 말레이어이다.

중국계 혼혈인들이 말레이어로 문학 활동을 하게 된 이유를 다시 정리해 보면 다음과 같다. 첫째, 복건 출신 중국계들은 인도네시아 지역에 가장 먼저 도래한 사람들로서 토착인 여인들과 가정을 이루어 일찍부터 토착 문화를 수용하였고, 둘째, 자바에 도래한 중국계들 중 60% 이상이 도시 지역에 거주하여 그 당시 도시인들이 사용하던 저급 말레이어에 능통할 수 있었으며, 셋째, 16세기 이래 대부분 상업에 종사하여 부를 축적한 중국계들은 교육의 필요성을 절감하고 교육기관을 설립한 바 이들 교육기관에서 교육을 받은 사람들이 그들 사회에서 나름대로의 문학이 필요함을 인지하였기 때문이었다.

여기서 중요한 포인트는 중국계 혼혈인들이 쓴 작품을 인도네시아 토착인들도 읽었다는 점이다. 구체적인 예를 들 필요는 없지만 인도네시아 근현대 문학에서 많은 작품들이 그들 작품이 출간되기 전에 중국계 혼혈인들이 발표한 작품과 내용이 비슷하며 이를 영향과 수용의 관계로 분석할 수 있다. 앞서 말한 바와 같이 중국계 혼혈인들이 자신의 자녀들 교육을 위하여 중국의 고전을 말레이어로 번역하였는데 이러한 중요한 서지들을 인도네시아인들도 읽었을 것이고 여기에도 영향과 수용의 관계가 있을 수 있다.

인도네시아 근대문학의 시기인 1920년대는 사실 네덜란드 식민통치 시기이다. 인도네시아 공화국이 탄생하는 것은 일본으로부터 해방을 맞은 1945년이다. 따라서 그 이전에 지금의 인도네시아 땅에 살던 사람들은 모두 네덜란드 당국의 식민통치 상황에 있었고 같은 지위를 부여받은 것이다. 그런데 중국계 혼혈인이라는 이유만으로 인도네시아어로 발표한 그들의 작품이 인도네시아 문학의 범주에 들지 못하는 것은 이치에 맞지 않는 것이다. 인도네시아 국내에서도 외국 학자들의 연구와 일부 인도네시아 학자들의 주장으로 지금은 이들 문학유산에 대한 관심이 높아지고 있다. 아무튼 중국계들이 인도네시아에서 경제행위에만 종사하는 사람들이 아니라는 인식이 필요하다.

발레이 뿌스따까 발간 작품

잠시 인도네시아의 중국계에 대한 이야기를 하였는데 다시 우체부길로 돌아온다. 다엔델스는 우체부길을 완성한 사람으로 평가받고 있다. 사실 다엔델스가 총독으로 재직할 때 바타비아의 영역도 확대되었다. 당시 바타비아 주변 지역은 불결한 늪지였다. 쿤 총독이 집권할 때 바타비아 건설에 동원된 사람의 4분의 3이 말라리아에 걸려 사망했다. 다엔델스는 바타비아를 위생적인 도시로 만들기 위하여 인딴(Intan) 지역의 요새들을 철거했다. 그리고 남쪽으로 벨터브레덴(Weltevreden, 지금의 감비르) 지역을 새로 건설하고 반뗑(Banteng) 지역 동쪽에 새로운 관저를 건축했다. 이 관저 옆에 탈것을 보관하는 막사도 함께 지었는데 이 건물들은 후에 식민통치 정부의 출판국인 발레이 뿌스따까(Balai Pustaka)[4] 사무실로 사용되었다. 다엔델스는 벨터브레덴을 거주, 행정, 군사의 요충지로 만들었다.

다엔델스는 인딴의 요새를 철거한 후 영국군의 공격을 방어하기 위하여 벨터브레덴보다 더 남쪽인 미이스터 코르넬리스(Meester Cornelis, 지금의 자띠느가라)까지 방어선을 확대 구축하였다. 이것은 다엔델스 시대에 바타비아의 도로들이 순다 끌라빠 항구에서 미이스터 코르넬리스까지 병력 및 물자를 수송할 수 있는 정도로 정비되어 있었다는 것을 의미한다.

4) 1920년대 인도네시아 문학은 발레이 뿌스따까문학이라고 하는데 그것은 이 시기에 발레이 뿌스따까가 문학작품의 출판을 주도했기 때문이다.

전술한 바와 같이 다엔델스는 프랑스 나폴레옹 황제의 동생 루이 나폴레옹이 보낸 사람이다. 그럼에도 불구하고 다엔델스는 1789년 프랑스에서 자유, 평등, 박애의 정신으로 일어난 이 혁명의 기치와는 전혀 다른 통치행위를 했다. 그의 통치 행위에 자유, 평등, 박애정신은 없었던 것이다. 다소의 자유가 있었다면 그것은 가톨릭을 믿는 유럽인에게 국한된 것이기는 했지만 종교의 자유이다. 다엔델스가 부임하기 전에 네덜란드 식민통치 정부는 가톨릭에 대하여 호의적이지 못했다. 그것은 개신교를 신봉하는 네덜란드가 가톨릭을 믿는 스페인으로부터 독립하기 위하여 80년을 투쟁한 것과 관련이 있다. 쿤 총독이 말루꾸에서 왜 가톨릭을 학대했는지 이해할 수 있다. 당시 개신교로 개종한 가톨릭 신도에게만 쌀을 배급했다는 기록이 있다. 아무튼 다엔델스가 자바에서 가톨릭에 대해 관대했다는 것은 가톨릭을 인정했다고 보아야 한다.

1942년 일본이 자바에 진주하면서 일본 식민통치 정부는 바타비아라는 이름 대신 자카르타(Jakarta)를 사용하였다. 서구 세력이 사용하던 바타비아라는 이름을 무조건 바꾸어야 했다. 일본은 대동아공영권의 기치를 내걸고 인도네시아에 진주하였다. 동양의 세력이 대동단결하여 서구의 식민통치 세력을 몰아내야 한다는 논리이다. 이러한 기치는 어느 정도 호응을 받았다고 볼 수 있다. 일본이 인도네시아에 처음 진주했을 때 인도네시아 국민들의 환영을 받았기 때문이다. 인도네시아 측으로서는 350년 동안 자신들을 식민통치한 네덜란드를 일본이 물리친 데 대하여 의미를 부여하였다. 그러나 그것은 오해였다. 인도네시아가 일본의 진주에 대한 오해를 푸는 데에는 많은 시간이 걸리지 않았다. 일본은 인도네시아를 태평양 전쟁을 준비하기 위한 물자 조달 기지로 생각했다.

그리고 1942년 일본의 상황은 한국 등지에서 30년 이상 식민통치를 경험한 노하우가 있었기 때문에 이를 바탕으로 인도네시아를 효율적으로 통치할 수 있었다. 그들이 한국에서 시행한 강제노역, 정신대 등의 악랄하고 비인간적인 제도를 인도네시아에 그대로 적용하였다. 그래서 인도네시아 사람들이 350년 동안의 네덜란드 식민통치보다 3년 반의 일본 식민통치가 더 가혹했다고 이야기한다.

쁘라무디아 선생은 일본의 식민통치는 그야말로 충격이었다고 했다. 서양 세력은 적어도 종교를 앞세우거나 교역을 빌미로 이 지역에 들어왔지만 일본은 곧바로 착취를 위하여 들어왔다고 하면서 그들의 비문명적, 비인도적 통치는 서구 세력의 그것과 비교할 수조차 없다고 했다. 3년 반 동안의 일본 식민통치 기간 동안 자카르타는 방치되었다. 도로에는 잡초가 무성하고 여기저기 시체가 나뒹굴었다. 일본은 자카르타를 죽음의 도시로 만들었다.

일본군은 바타비아를 자카르타로 바꾸면서 미이스터 코르넬리스를 자띠느가라로 바꾸어 불렀다. 네덜란드 사람들은 이 지역을 코르넬리스로, 현지인들은 메스터로 줄여서 불렀는데 이것이 어떻게 자띠느가라가 되었는지는 불분명하다. 다엔델스가 총독으로 부임하기 이전에 이 지역은 사유지로 야자수와 사탕수수 밭이 대부분이었다. 다엔델스가 이 지역을 영국의 공격에 대비한 방어기지로 구축하면서 군부대 기지, 장교 양성소, 무기 제조학교 등 군사 관련 기관이 생겼다. 그리고 네덜란드 식민통치 정부는 이 지역에 찌삐낭과 부낏 두리 등의 교도소를 건축하였다. 전술한 바와 같이 다엔델스는 이 지역을 거주지 및 행정 도시로 발전시켰다.

자카르타 스망기 교차로 부근

우리 일행은 자카르타에서는 자띠느가라까지만 둘러본 후 각자 집으로 가서 1박하고 다음 날 다시 여행을 계속하기로 했다. 어제 자카르타에서 시작하여 자바섬의 서쪽 끝인 아냐르의 자바 우체부길 제로 포인트 지점에서 시작해서 다시 자카르타에 온 것이다. 사실 여기부터 동쪽으로의 여정이 며칠이 걸릴지 모르는 긴 여정이 남아 있다. 나는 스망기(Semanggi)의 아파트로, 안디까는 보고르의 집으로 각자 돌아갔다. 본격적인 여정을 위한 준비를 하고 내일 다시 만나기로 했다. 하루 만에 머나라 바타비아(Menara Batavia) 아파트 23층의 숙소로 가는 것인데 며칠이 지난 것 같다. 집에 가서 필요한 짐을 챙긴 후 여기저기 연락하여 필요한 사항을 점검해야 한다. 마음은 급한데 집으로 들어가는 길의 교통체증이 여간이 아니다.

자카르타에서 교통수단을 이용하여 이동하는 데에는 인내심과

국가 기념비 상단의 황금 조형물

오젝

다소간의 용기를 필요로 한다. 대중교통수단을 이용한다면 버스를 타기는 어렵고, 기껏해야 택시를 이용하는 것이다. 나도 몇 번 이용해 보았다. 교통체증이 심해서 약속시간이 늦는 경우에는 타고 가던 차에서 내려 오젝(Ojek, 퀵 오토바이)을 이용하는 경우가 있다. 그런데 이것이 생각보다 싼 편은 아니다. 예를 들어 플라자 스나얀에서 뻬르마따 히자우(Permata Hijau)까지 만 오천 루피아를 요구한다. 택시를 탄다면 1만 루피아 정도 나올 것이다. 인구 천만이 훨씬 넘는 도시에 지하철 없이 버스와 택시 등의 대중교통으로 이동수단을 해결해야 한다면 교통체증의 정도를 가히 짐작할 수 있을 것이다.

수디르만 길 등의 주요 간선도로를 통과하는 차량에 대하여 출퇴근 시간에 '쓰리 인 원'(three in one)제도를 시행하다가 최근 없어진 것은 그것도 그다지 효과가 없었기 때문일 것이다. 이 제도로 인하여 수디르만 진입로 입구에 차를 타주고 돈을 받는 조끼(joki)라 불리는 직업이 있었다. 지금은 이 제도가 폐지되고 차량번호를 기준으로 출퇴근 시간에 홀짝제를 실시하고 있다. 차량 2부제로 출퇴근 시간에는 이틀에 한 번 자신의 차량을 이용할 수 있다. 자카르타에서 인터넷이 느리다고, 교통의 체증이 심하다고 짜증을 낸다면 본인만 손해이다. 그곳에 있는 동안에는 '느림의 미학'을 실천한다고 생각하는 것이 마음 편할 것이다.

인도네시아는 수도 자카르타의 극심한 교통난을 해소하기 총 110여 km 노선의 경전철 건설 사업을 추진하고 있다. 최근 국내 민관 컨소시엄이 인도네시아 자카르타에서 1,000억 원대 규모의 경전철 1단계 건설사업을 최종 수주했다. 후속으로 이어질 5조 원대 규모의 2, 3단계 사업을 따내기 위한 발판을 마련했다는 평가가 나온다. 우리 기업이 자카르타 교통난 해소를 위한 프로젝트에 참여하게 되어 다행이다.

국립 박물관

깔리바따 영웅묘지 그리고 하비비 대통령의 망부가

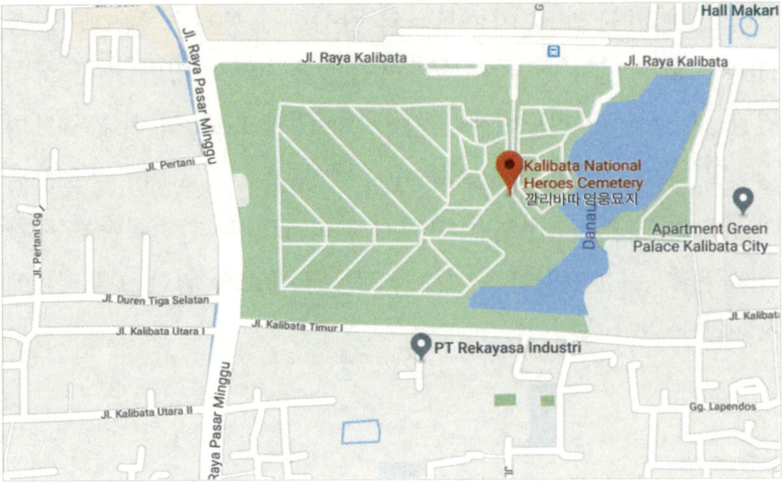

깔리바따 영웅묘지

다음 날 아침 일찍 안디까가 우리 집에 왔다. 전날 스망기에서 좀 늦게 헤어졌는데도 보고르 집에 가서 자고 이른 아침에 달려온 것이다. 운전기사 마르띤은 아마 한 시간 전에 와서 차를 점검하고 세차도 한 후 주차장에서 내 전화를 기다릴 것이다. 누가 인도네시아 사람들을 나태하다고 하는가? 얼마 전 일이 떠올랐다. 국가기관에서 공무원을 현지에 파견할 때 현지어 능력시험을 보는 경우가 있다. 인도네시아나 말레이시아로 파견되는 사람들은 대개 내가 근무하는 학교에 와서 필답고사, 현지어 인터뷰를 하며 현지어 인터뷰는 외국인 교수와 함께 한다.

그날도 나와 마만 교수가 인터뷰를 진행했다. 인터뷰 대상자가 앞에 앉고 우리가 이것저것 현지어로 물어본다. 나는 그에게 인도네시아 문화 아이콘이라고 할 수 있는 것 중에 하나를 골라 인도네시아어로 설명해보라고 했다. 그는 대뜸 인도네시아인들이 게으르다고 답했다. 문화 아이콘을 물어보는데 게으르다는 답을 한 것도 동문서답이지만 무슨 근거로 인도네시아 사람들이 게으르다는 식의 워딩이 나오게 되었는지 알 수 없었다. 나도 난감하고 옆에 있는 마만 교수도 얼굴이 불그스레해졌다. 그 이후 어색한 인터뷰가 이어졌다.

이 사람 말고도 우리나라 사람들 중에 인도네시아 사람들은 게으르다고 하는 사람들이 더러 있다. 그렇다면 그 근거는 무엇인가? 생산성을 따지면서 게으르다고 할 수는 없을 것이다. 열심히 해도 생산성이 다소 낮아질 수 있을 것이다. 그럼 하루의 근무시간을 따져보자. 우리나라에서 농업에 종사하는 분들이 하루에 여덟 시간 일을 한다고 치면 인도네시아 사람들은 그렇지 않다는 말인가. 아니다. 인도네시아 사람들도 하루에 그 정도의 노동을 한다. 다만 뙤약볕이 내리쬐는 한 낮을 피할 뿐이다.

호텔 인도네시아 앞 원형 교차로의 환영 조형물

아는 바와 같이 인도네시아는 건기와 우기 두 계절이 있으며 적도가 지나가는 나라이다. 자연환경 상 한 낮에 일을 할 수 없는 상황인 것이다. 세계 최대의 무슬림 국가인 인도네시아는 2억 6천만이 넘는 인구 중 90%가 무슬림이다. 무슬림들은 하루 다섯 번의 기도를 하며 첫 번째 기도인 새벽기도를 오전 4시 경에 한다. 새벽기도 후 다시 잠을 청하는 농부는 없을 것이다. 그들은 비교적 시원할 때 자신들이 할 일을 다 하는 것이다. 우리가 복날에 보양식을 하는 것은 삼복더위에 체력소모를 보강하기 위한 것인데 인도네시아는 하루하루가 복날이라고 보면 된다. 인도네시아를 이해하려고 할 때 우리의 눈이 아닌 그들의 눈으로 보려는 자세가 필요하다.

나는 마르띤에게 차를 현관에 대기시키라고 전화한 후 안디까와 아파트 문을 나섰다. 이제 우체부길은 뜨벗(Tebet), 끄라맛 자띠(Kramat Jati), 빤쪼란(Pancoran), 빠사르 밍구(Pasar Minggu), 끄바요란(Kebayoran)을 지나 데뽁(Depok)으로 이어진다. 벤힐 시장을 빠져나온 우리 차량은 수디르만 길에서 좌회전을 할 수 밖에 없었다. 마르띤은 조금 직진하다 좌회전, 그리고 유턴하여 꾸닝안 쪽 도로를 탈 생각이다. 잠시 후 꾸닝안의 빌딩 숲이 우측에 펼쳐진다. 우리나라에서 진출한 백화점이 보이고 이어서 폭탄 테러가 일어났던 미국계 호텔의 뒷모습이 보인다. 사실 자카르타, 발리 등지에서 여러 차례 폭탄 테러가 있었다. 우리의 주요 투자국 중의 하나인 인도네시아에서의 테러 문제는 그냥 지나칠 문제가 아니다.

세계 최대의 무슬림 국가인 인도네시아는 지금은 잔잔해 졌지만 아체, 파푸아 지역 등의 분리주의 운동, 부패, 비교적 느슨한 금융통제, 그리고 바다에 인접한 국경 등의 요소로 말미암아 상대적으로 테러 집단이 활동하기에 좋은 나라이다. 인도네시아는 비교적 온건 이슬람을 신봉하는 사회이므로 이슬람 급진주의자들에게 상대적인 모멘텀을 제공하고 있다.

미국 테러 전문가들은 알카에다(al-Qaeda)가 인도네시아를 유대인이나 미국 등 이교도들을 대상으로 하는 군사행동의 동남아 전진기지로 이용하고 있을 것이라고 여기고 있다. 2002년 10월 발리 나이트클럽 폭탄테러가 있기 전까지 인도네시아 정부는 알카에다로 의심되는 무장 세력을 제거해야 한다는 국제적 압력에 호의적인 반응을 보이지 않았다. 그러나 외국인 관광객 164명을 포함 202명의 희생자를 낸 발리 폭탄테러 이후 인도네시아 정부는 동남아에서 테러리스트 네트워크 분쇄를 위하여 미국 및 호주와 공조를 취하고 있다.

사실 2002년 10월 발리 폭탄테러 후에 알카에다가 인도네시아에서 암약하고 있는 것으로 알려져 있다. 전문가들은 2002년 10월의 발리 폭탄테러 이외에도 그 해 12월의 교회 폭탄테러, 2001년 8월의 말레이시아인에 의한 자카르타 쇼핑몰 폭탄테러, 2003년 8월 자카르타 소재 메리어트 호텔 폭탄테러, 2005년 10월 발리 자살 폭탄테러 등이 국제적인 테러 집단과 연관이 있는 것으로 보고 있다.

미국과 아시아의 테러 전문가들은 9·11사태 이후에 빈 라덴 조직이 인도네시아에 거점을 만들기 위한 노력을 경주하고 있다고 보고 있다. 2002년 8월 미국은 인도네시아 테러집단이 알카에다와 연계하여 공격음모 가담에 대한 경고로 자카르타 소재의 미국 대사관을 일시 폐쇄한 적이 있다. 당시 미국은 발리 테러와 관련하여 인도네시아 주재 미국대사관에서 필수인력을 제외한 모든

인도네시아 대 테러 부대 '88특공대'

인력을 철수시켰다.

인도네시아의 폭탄테러 이후 미국, 호주, 일본, 유럽연합 등에서는 인도네시아의 대테러 활동을 지원하기 위하여 막대한 지원을 아끼지 않고 있다. 인도네시아 경찰은 2002년 발리 폭탄테러 사건 이후 대테러 임무를 수행하는 '88특공대' (Densus 88)를 창설하였다. 그리고 이 부대에게 인도네시아의 대테러 임무를 부여하고 있다. 이 대테러 부대는 자금, 장비, 훈련 등 분야에서 미국과 호주의 전폭적인 지원을 받아 창설되었다. '88특공대'는 그 동안 성공적으로 임무를 수행하고 있으며 특히 중부 자바에 근거지를 두고 활동하는 제마 이슬람(JI)의 네트워크를 위축시키는데 상당한 성과를 얻고 있다는 평가를 받았다.

우리는 가뜻 수브로또 57번지 우리 대사관을 지나고 뜨벗을 지났다. 빠사르 밍구로 가는 길목의 빤쪼란은 항상 교통이 복잡하다. 양 방향이 다 그렇다. 사실 데뽁으로 곧장 가려면 고속화도로를 타면 훨씬 빠를 텐데 나는 우체부길을 타고 싶었다. 빤쪼란 도로 군데군데 빡 오가(Pak Ogah)들이 교통정리에 여념이 없다. 교통경찰을 대신하여 교통정리를 해주고 약간의 돈을 받는 사람들을 빡 오가라고 한다.

자카르타 꼬따 지역의 구 시가지

네덜란드 시대의 대포 위에 올라앉은 꼬마아이

하비비 대통령

원래 빡 오가는 1981년부터 1993년까지 국영 인도네시아 텔레비전방송국(TVRI)에서 방영한 <시 우닐>(Si Unyil)이라는 인형극 드라마에 등장하는 인물이다. 빡 오가는 빈둥빈둥 놀면서 길목에 검문소를 만들고 지나가는 사람들에게 통행세로 동전 한닢을 요구하는 인물이다. 자카르타의 빡 오가들은 주로 대로에서 진행하는 차를 막고 골목의 차가 대로로 진출하도록 도와주거나, 유턴을 하려는 차량을 위하여 반대편의 차를 막아주는 역할을 하고 동전을 받는다. 골목에서 나오는 차량이나 유턴을 원하는 차량들에게는 도움이 되지만 반대 입장에 있는 차량들에게는 오히려 교통 체증을 유발한다.

빤쪼란 길목 왼쪽에 자리잡은 깔리 바따(Kali Bata)영웅묘지를 지난다. 갑자기 인도네시아 제3대 대통령을 지낸 하비비(B. J. Habibie) 대통령이 생각났다. 오래 전에 이곳에 묻힌 부인을 못 잊어 거의 매일 부인 묘소에 찾아온다는 기사를 읽은 적이 있다. 하비비는 수하르토 레짐이 무너지고 1998년 5월부터 1년 반 동안 인도네시

아이눈 하비비 여사

하비비센터 로고

아를 통치한 대통령이다. 원래 이 분은 과학자였다. 1955년부터 10년간 독일에서 항공공학을 공부하고 독일 함부르크 항공회사에 근무하던 중 당시 수하르토 대통령에게 발탁되어 1978년부터 20년간 인도네시아 과학기술부 장관을 역임하였다. 이 기간 동안에 100인승 규모의 중형 항공기를 만든 분이다.

하비비 대통령은 재임 시 동띠모르를 독립시킨 장본인이다. 동띠모르는 16세기 이래 500년 동안 포르투갈의 식민통치를 받은 나라이다. 1975년 11월 28일 독립을 선언했으나 9일 후인 1975년 12월 7일 인도네시아가 강제로 합병하였다. 1999년 하비비 대통령이 독립을 약속하였고 절차를 거쳐 2002년 완전 독립하였다. 하비비 대통령은 1999년 대통령에 재선될 수 있었지만 선거 직전 포기하고 말았다. 본인에 대한 국민협의회(MPR)의 불만족스러운 투의 보고서에 기분이 상해 불출마를 선언해 버렸다. 정치에 능수능란한 분이었다면 그만한 것쯤이야 들은 체 만 체 했겠지만 기술관료, 학자 성향의 하비비는 그렇게 하지 못했다. 하비비는 정치모리배들과 타협하지 않았다. 예를 들어 하비비 집권 후 함께 일하기를 원하는 사람에게 "당신은 이러한 점 때문에 안 된다"라는 말을 당사자 면전에서 함으로써 아랫사람들의 지지를 잃기도 했다. 아무튼 이 분은 강직하고 올곧은 분이다.

은퇴 후에는 자신의 사재를 털어 하비비센터(The Habibie Center)를 세우고 사회봉사를 하고 있다. 하비비센터는 미국의 카터센터를 벤치마킹한 연구기관으로 민주주의와 인권, 미디어워치, 해양 관련 등 여러 분야를 심도있게 연구하는 연구기관이 되었다. 나는 2002년 연구년 기간 동안 이곳에서 펠로우로 보낸 적이 있다. 얼마 전 인도네시아를 방문했을 때 와띡냐(Watiknya) 하비비센터 소장이 빠라마디나(Paramadina) 대학에서 하비비 대통령의 연설이 있다고 해 달려가 뵈었다. 여전히 카랑카랑한 목소리에는 2억 6천만을 이끈 대통령의 위엄과 저력이 묻어났다.

이런 하비비 대통령이 한동안 깊은 수심에 차있었다. 2010년 5월 22일 부인 아이눈(Hasri Ainun) 여사가 타계한 것이다. 그 동안 지병을 치료하기 위해 독일에 체류했었는데 병을 이겨내지 못한 것이다. 국내로 시신을 운구해와 장례를 치루었고, 당시 유도요노 대통령은 해외 출장을 한 나절 미루고 장례식을 주관했다. 국민들도 아이눈 여사의 죽음에 모두 정중한 애도를 표했다. 눈물을 흘리는 하비비 대통령의 모습이 언론에 보도되었다. 하비비 대통령의 부인을 잃은 슬픔이 한동안 언론의 주목을 받았다. 하비비 대통령과 부인 아이눈 여사는 부부금실이 좋기로 유명했다. 하비비 대통령은 부인을 어머니, 누이처럼 따르고 사랑하였다. 심지어는 이발을 하러 갈 때도 부인과 함께 했다.

아이눈 여사는 온화한 성품으로 국민들의 사랑을 받았는데 전형적인 순종형의 부인이었다. 사택에서 참모들이 밤을 새워 대통령과 일할 때면 슬그머니 다가와 대통령과 참모들의 건강을 염려

하고 간식을 챙기기도 했다. 당시 하비비센터에서 만난 대통령의 측근은 대통령의 아내를 잃은 상심이 너무 커서 일상적인 일을 못 보실 정도라고 하며 염려했다. 매일 깔리 바따 부인 묘소에 가고, 부인의 유품을 하나도 버리지 못하게 하는 등 부인을 잃은 애절함이 깊게 묻어났다. 부패에 찌든 인상을 남긴 직전 대통령과는 달리 소박한 하비비 대통령의 모습과 부인에 대한 사랑이 아련하고 애잔하다.

빠사르 밍구 시장에서 잠시 차를 멈추게 하고 차에서 내렸다. 자카르타 남부 지역에서는 제법 큰 재래시장이다. 빤쪼란에서 데뽁 방면으로 난 도로의 양 쪽에 시장이 선다. 도로의 왼쪽보다는 오른쪽 지역이 더 큰 시장이다. 과일이며 옷가지, 생선, 심지어는 가구도 판다. 어디나 마찬가지이지만 시장은 활력이 넘친다. 물건 값을 흥정하고 먹거리가 있고 버스킹도 한다. 좌판을 벌려놓고 얼마 되지 않는 야채를 파는 아주머니도 꼬깃꼬깃한 지폐를 세면서 얼굴이 밝다. 한쪽에서 늦은 아침을 먹는 사람들도 눈에 띈다. 인도네시아에 빠사르(Pasar, 시장)와 요일 이름이 들어가는 지명이 많다. 빠사르 스넨(Pasar Senen), 빠사르 르보(Pasar Rebo), 빠사르 끄미스(Pasar Kemis), 빠사르 주맛(Pasar Jumat), 빠사르 밍구(Pasar Minggu) 등이다. 월요일, 수요일, 목요일, 금요일, 일요일 등 모두 해당 요일에 장이 섰음을 알 수 있다. 우리의 5일장과 비교된다. 지금은 매일 장이 서는 상설시장이 되었지만 어느 시점까지는 일주일에 한 번 장이 섰을 것으로 추정된다.

Indonesia

I N D O N E S I A

4

실이왕이왕의 후예 순다

실이왕이왕의 후예 순다

대학도시 데뽁

빠사르 밍구를 빠져나온 우리 자동차는 렌뗑아궁(Lentengagung)과 뽄독 찌나(Pondok Cina)를 거쳐 데뽁에 당도했다. 인도네시아 최고의 대학 국립 인도네시아대학이 있는 곳이다. 이 대학의 캠퍼스는 원래 자카르타의 살렘바(Salemba) 지역에 있었으나 1970년대 중반에 이곳으로 옮겨왔다. 한국의 경우를 벤치마킹했다고 한다. 인도네시아의 수재들이 모이는 곳이고 많은 인재를 배출한 대학이다. 특히 이 대학 경제학부 교수들이 장관으로 가는 사람이 많아 우스갯소리로 경제학부를 장관학부(Fakultas Menteri)라고 부르기도 한다. 렌뗑아궁과 뽄독 찌나는 그 이름으로 보아 중국계와 연관이 있다. 렌뗑(lenteng)이 '사당'이고 아궁(agung)이 '크다'는 뜻이니 '큰 사당'을 의미하고 뽄독 찌나는 '중국 마을'을 뜻한다.

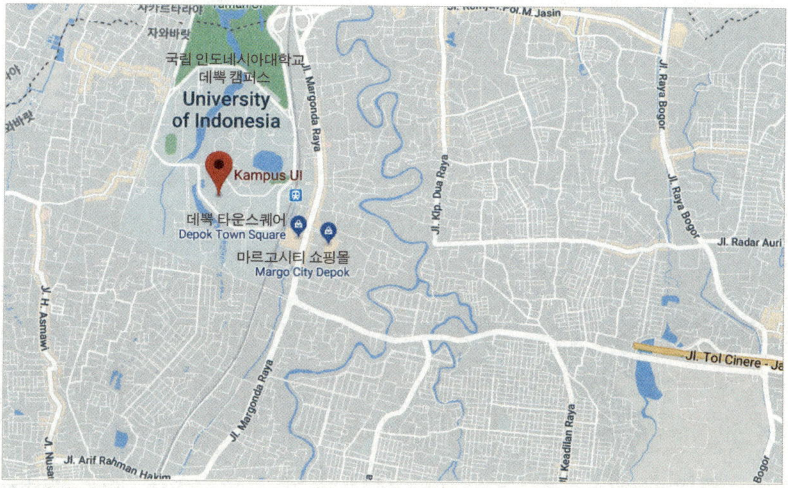

데뽁 지역

데뽁에 이르는 도로 양 옆 지역은 원래 유럽인과 중국인들의 사유지였다. 데뽁은 네덜란드 식민통치 시절에 정치가였던 코르넬리스 카스텔라인(Cornelis Chastelein)이 소유했던 땅이다. 1714년 3월 13일 카스텔라인은 이 땅을 기독교를 믿는 자신의 하인들에게 공동명의로 넘겨주었다. 하인들에게 넘겨줄 때의 조건은 이 땅을 저당 잡히지 말 것과 중국계들이 이 지역에 사는 것을 금지, 그리고 아편과 도박을 하지 않는 것이었다.

당시 이 땅을 공동 소유한 사람은 발리, 술라웨시, 띠모르 등지에서 온 200명 정도였다. 그들은 주변의 이슬람 사회 안에 이슬람과는 다른 새로운 기독교 공동체를 세웠으며 1879년에는 신학교를 설립하기도 했다. 그리고 그들은 유럽인들과 같은 지위를 누리게 되었다. 그러나 1942년 일본이 진주하고 그 이후 독립 후 인도네시아공화국 정부가 들어서면서 그들의 독특한 지위는 유지될 수 없었다. 기독교인이 아닌 사람들이 이 지역에 들어와서 터를 잡

국립 인도네시아대학교 본관 건물

기 시작했으며 그 이후 1970년대 중반 국립 인도네시아대학이 이곳으로 이전하면서 완전히 일반적인 주거지로 변했다.

나는 데뽁에서 단기 어학연수든 교환학생 자격이든 국립 인도네시아대학에 유학중인 우리 학생들은 불렀다. 이곳에는 많은 한국 학생 및 일반인들이 유학을 하고 있다. 대개 인도네시아어를 배우는 사람들인데 이 대학 어학연수생의 70% 이상이 한국인이다. 그 만큼 인도네시아에 대한 관심이 많고 그것은 한국과 인도네시아의 관계가 밀접하다는 것을 반증하는 현상이다.

우리 학생들과 간단히 점심 식사를 한 후 나는 그들의 배웅을 받으며 다시 장도에 올랐다. 우체부길은 이제 기수를 더욱 남으로 돌려 르박 불루스(Lebak Bulus), 찌뿌땃(Ciputat), 찌부부르(Cibubur), 빠룽(Parung), 찔레웅시(Cileungsi), 종골(Jonggol), 찌비농(Cibinong)을 거쳐 보고르(Bogor)로 향한다. 순다 지역의 마을 이름에 찌(Ci)가 앞에 붙는 경우가 많다. 순다어로 '물'이라는 의미이니 마을을 세울 때 물이 중요하다는 것을 보여주는 지명이다.

인도네시아는 다 종족 국가이다. 400개의 종족이 아직도 자신들의 문화적인 배경을 유지하면서 자신들의 고유한 언어를 사용하고 있다. 그러니까 자바 사람들은 자바어, 발리 사람들은 발리어를 모국어(mother tongue)로 사용하고 있다. 그리고 국어는 표준어인 인도네시아어(Bahasa Indonesia)이다. 이렇게 보면 인도네시아 사람들은 적어도 두 개의 언어를 구사한다고 볼 수 있다.

인도네시아 정부 측의 입장에서 보자면 이들 종족어, 즉 지방어와 표준 인도네시아어에 대한 관심을 균형 있게 배분하는 것이 중요하다. 국가의 통합을 위하여 표준 인도네시아어의 사용만을 강조할 수 없는 입장이다. 훌륭한 문화유산인 지방어의 유지도 중요하기 때문이다. 이에 대한 조치로 지방의 유수한 국립대학에 해당 종족의 어문학 관련 학과를 설립하여 이에 대한 연구를 게을리 하지 않고 있다. 자바 지역 대학의 자바 어문학 관련 학과, 메단의 북수 마트라대학(Universitas Sumatra Utara)의 바딱(Batak) 어문학 관련 학과, 발리 우다야나대학(Universitas Uayana)의 발리 어문학 관련 학과, 빠당의 안달라스대학(Universits Andalas)에서 미낭까바우 어문학 관련 학과를 유지하고 있는 것이 그 증거이다.

표준 인도네시아어는 원래 말레이어이다. 말레이 반도에서 사용하는 말레이어를 인도네시아인들이 그들의 국어로 채택했다. 1928년 <청년의 맹세>에서 인도네시아의 민족, 영토, 국어를 규정하는데 이 때 국어로 채택하였다. 우선 현재의 말레이시아와 인도네시아가 구분되는 계기는 다음과 같다. 말레이반도와 인도네시아 군도에서 여러 부족국가들이 흥망성쇠를 거듭하면서 세력 범위를 수차례 재편하던 중 서구의 식민 통치세력이 도래하여 영향력을 끼치게 되었다. 1819년에는 싱가포르를 점령한 영국과 이를 반대하는 네덜란드 사이에 분쟁을 해결하기 위한 외교교섭이 진행되었다.

이를 계기로 양국 식민지 전체에 대한 조정 작업이 시작되었는데 이 조정의 결과 영국과 네덜란드는 1824년 영화협약(英和協約)으로 동남아에서 그들의 세력 범위를 확정지었다. 이 조약의 골자는 말라카해협과 보르네오 북부를 지나는 선을 설정하고 이 이북은 영국, 이남은 네덜란드가 통치하기로 한 것이다. 이 때부터 영국의 세력 범위는 영국령 말레이로 되어 오늘날의 말레이시아로 되었고 네덜란드의 세력 범위는 네덜란드령 동인도로 되어 현재의 인도네시아 공화국으로 계승되었다.

인도네시아가 말레이어를 국어로 채택한 이유는 첫째, 자바어가 중부 자바와 동부 자바에서 제한적으로 사용된 반면에 말레이어는 말라카 상인들의 무역활동으로 인하여 인도네시아 군도의 해안 전역에서 골고루 통용되었고, 둘째, 자바어는 경어법이 지나치게 복잡하여 자바 이외의 지역 사람들에게는 습득하기 어려웠으나 말레이어는 상대적으로 습득이 용이하였으며, 셋째, 언어에 카스트가 있다는 것은 결국 그 사회가 카스트가 있는 봉건사회라는 인식이 당대의 젊은 지식층으로 하여금 이 언어를 부정적으로 보게 하였기 때문이다.

현재 이 언어는 말레이시아와 인도네시아 외에도 싱가포르, 브루나이의 국어로 사용되고 있으며, 태국 남부 5개 현(縣), 필리핀 남부군도, 인도양의 크리스마스섬과 코코스 제도 등에서도 통용되어 사용인구수가 3억이 넘는 세계 5위의 언어이다.

인도네시아라는 민족국가를 형성하고 국가의 통합을 유지하는데 있어서 중요한 요소가 되는 것 중의 하나는 그들의 국어인 인도네시아어이다. 당시 이 지역 통용어 역할을 하던 말레이어는 동남아 지역 진출의 교두보였던 말라카를 통하여 들어온 이슬람 선교사 등 외래인들이 사용하고 발전시켰다. 따라서 자바의 북부 해안 지역에서 사용된 이슬람 경전들이 자바어가 아닌 말레이어 번역본이거나 드막왕조의 술탄 라덴 파타가 말레이어를 사용한 것은 자연스러운 일이다.

포르투갈 사람들도 말라카를 중심으로 한 지역에서 영향력을 넓히기 위하여 행정어로서 말레이어를 사용하였으며 네덜란드인과 영국인들도 마찬가지였다. 특히 이 지역에서 350년 동안 영향력을 행사했던 네덜란드 식민통치 정부는 말레이어를 '난잡한 말레이어'로 비하한 적도 있지만 원활한 식민통치를 위하여 1942년 그들이 철수할 때까지 말레이어의 중요성을 강조하였다.

솔로(Solo)의 부디 우또모 기념비

인도네시아군도 지역에서 통용어의 역할을 한 말레이어는 저급 말레이어였다. 이에 반하여 고급 말레이어는 말레이 반도와 싱가포르는 영국에 의해서, 그리고 인도네시아군도는 네덜란드에 의하여 학교에서 사용하는 표준 말레이어로 발전되었다. 이 과정에서 고급 말레이어는 주로 아랍어와 유럽어 그리고 비 말레이계 인도네시아군도 지방어에서 단어를 차용하였고 통용어 역할을 한 저급 말레이어는 언어 사용자의 필요에 따라서 모든 방언으로부터 단어를 차용하였다.

한편 네덜란드 식민통치 정부는 고급 말레이어의 확산을 위하여 1908년 국민독서위원회를 설립하였다. 발레이 뿌스따까(Balai Pustaka)로 더 잘 알려진 이 위원회는 식민통치 당국이 운영하는 출판사로서 학교에서 교육하는 말레이어를 발전시키고 각종 교재 및 소설을 발간하는 역할을 하였다. 이 당시의 말레이어를 인도네시아어라고 말하기는 어렵다.

20세기 초에 자바어나 순다어 및 다른 지방어는 이 지역에서 매우 제한적으로 사용되었다. 하지만 말레이어는 언어 사용인구 수는 적지만 말라카와 말루꾸를 잇는 향료무역 상인들로 인하여 여러 지역에서 널리 통용되었다. 또한 1908년부터 시작된 부디 우또모(Boedi Oetomo) 등의 조직을 통한 민족주의 운동이 확산되면서 인도네시아의 지식인들은 극히 일부 계층에서 사용되는 네덜란드어로 발행되는 언론매체를 통해서는 일반 국민들과 밀접하게 교류하는데 한계가 있음을 인식하였다. 따라서 이들은 여러 계층에서 사용되는 말레이어를 통하여 인도네시아의 통합을 이룰 수 있고 이러한 길이 식민통치 세력에 저항할 수 있는 발판이라는 데에 뜻을 같이 하였다.

호프만(John Hoffman)은 말레이어가 15세기 중엽부터 암본 지역에서 말라카 상인들에 의하여 보급되기 시작하여 17세기 초에는 이 지역에서 널리 사용되었다고 하였다. 그리고 1620년부터 말레이어가 바타비아 지역에서 개혁종교 언어의 역할을 하였다고 주장하였다. 한편 18세기 초에 네덜란드의 동인도회사는 교역과 행정 분야에서 말레이어의 사용을 권장하였다. 언어학자들의 주장에 의하면 사실 이보다 훨씬 이전인 8세기경부터 말레이어가 이 지역사회에서 의사소통의 기능을 할 수 있었으며 이것이 이 지역 통합의 중요한 역할을 하였다. 맥카힌(George Mac Kahin)은 네덜란드령 인도네시아를 통합하는 요소로서 말레이어가 중요한 요소 중의 하나라고 하였다.

덴젤 카(Denzel Carr)도 말레이어가 자바어보다 실용적이고 민주적인 언어라고 하였다. 언어의 속성이 인간의 감정과 사상을 전하는 기능을 갖는다는 것을 상기할 때 동일 문화와 민족언어가 그 민족을 구성하는 요소가 된다는 앤더슨의 주장과 부합한다. 이는 네이언(Tom Nairn)이 "민족주의의 새로운 중산층 인텔리겐챠들은 대중을 역사의 현장으로 초대해야 한다. 그리고 초청장은 그들이 이해하는 언어로 작성돼야 한다."라고 주장한 바와 일치한다. 민족 통합에서 언어가 그만큼 중요하다는 말이다. 네이언의 비유가 탁월하다는 생각이 든다.

역설적이지만 다행스러운 것은 네덜란드 식민통치 정부가 인도네시아를 통치하면서 네덜란드어 사용을 강요하지 않았다는 것이다. 그 이유 중 하나는 네덜란드어와 같은 고급 언어를 피 식민통치국의 토착인들이 사용하는 것을 꺼렸다는 것이다. 이해하기 어렵겠지만 사실이다. 호프만 등 여러 학자들의 견해이다. 당시 신분체계가 유럽인-혼혈인-토착인이라는 구별이 있었고 제도적으로 차별이 있었다. 그 다음 이유는 토착인이 네덜란드어를 구사함으로써 자신들이 취하던 경제적 이익을 토착인들에게 빼앗길 것을 우려하였기 때문이었다. 스페인이나 포르투갈이 중남미에서 식민통치를 하면서 취한 언어정책과 구별되는 대목이다. 만약 그 당시 네덜란드가 인도네시아에서 네덜란드어의 사용을 강요했다면 인도네시아는 지금 네덜란드어를 사용하고 있을 가능성이 많다. 브라질이나 중남미 국가들이 포르투갈어나 스페인어를 사용하는 것과 마찬가지이다. 그랬더라면 우리나라 대학의 인도네시아 관련 학과는 아마도 존재하지 않았을 것이다.

아무튼 말레이어가 인도네시아의 국어가 된 것이다. 같은 언어를 사용하는 것은 중요한 부분을 공유하는 것이기 때문에 이들 두 나라는 상당한 동질성을 느끼고 있다. 이 두 나라는 서로 '같은 뿌리에서 나온 민족' (Bangsa Serumpun)이라고 생각한다. 하지만 실제로 언어 사용적인 측면에서는 어휘나 발음이 다른 경우가 있어서 재미 있는 일도 일어난다. 예를 들어 '반찌'(banci)라는 단어는 인도네시아어로 '게이'를 뜻하는데 말레이시아어로는 '인구조사'를 의미한다.

필자가 직접 겪은 일이다. 인도네시아에 있다가 말레이시아에 갔을 때의 일이다. 어느 날 텔레비전에 '8월 31일 반찌 말레이시아'

(Banci Malaysia)라는 공고가 있었다. 필자는 그날 말레이시아의 게이들의 행사가 있는 것으로 알았다. 그런데 8월 31일 아침 젊은이가 우리 집에 찾아왔다. 가슴에는 'Banci Malaysia'라는 명찰을 달고 있었다. 나는 겁이 덜컥 나서 "우리 집에는 반찌가 없어요."라고 말했다. 그런데도 그 젊은이는 자꾸 집으로 들어오려고 하였다. 나는 이 친구가 자시들 행사에 필요한 기금을 원하는지 알고 집에 들어오게 하였다. 집에 들어온 그 친구는 우리집의 식구가 몇 명인지 그리고 직업이 무엇인지를 물었다. '반찌'는 인도네시아어로는 '게이'이지만 말레이어로는 '인구조사'였던 것이다. 어휘의 의미가 다름으로 하여 일어날 수 있는 해프닝이었다.

같은 의미를 가지되 어휘가 다를 수 있다. 하지만 접미사의 쓰임이 다른 것에 대하여는 현지 학자들도 시원한 답을 내놓지 못하고 있다. '속도를 줄이시오'를 인도네시아에서는 '꾸랑이 끄쯔빠딴'(Kurangi kecepatan)이라고 표현하는데 반하여 말레이시아에서는 '꾸랑깐 라주'(Kurangkan laju)라고 하는 것이 그 경우에 해당한다. '속도'를 의미하는 '끄쯔빠딴'을 '라주'로 바꾸는 것은 이해하나 접미사 '이'(i)와 '깐'(kan)을 서로 달리 쓰는 것은 이해하기 어렵다.

결과적으로 인도네시아어와 말레이어는 한국어와 북한어, 혹은 영국 영어와 미국 영어 정도의 차이가 있다고 보면 된다. 원래 같은 언어이었지만 국가가 다르다보니 사용하는 어휘, 발음이 다소 다를 뿐이다. 인도네시아에서는 외국인들이 인도네시아어를 구사하는 것이 일반적이며 말레이시아에서는 외국인들이 대개 영어로 소통한다. 그래서 인도네시이아에서 외국인이 인도네시아어를 구사하는 것은 당연한 일로 받아들여진다. 앞서 말한 바와 같이 현지에서 외국어 구사 능력은 자신의 사업 성패와 직결된다 해도 과언이 아니다. 생각해 보자. 본인이 가지고 있는 상품이나 프로젝트를 속 시원히 잘 표현하고 상대방을 설득해야 하는데 현지어의 구사 능력이 이를 좌우하기 때문이다.

같은 언어의 문제인데 생각해 볼 필요가 있는 일이 있다. 얼마 전 우리의 한글을 인도네시아 중부 술라웨시 주 바우바우(Bau-bau) 시의 찌아찌아(Cia-cia) 족에게 수출하게 됐다고 신문 지상을 떠들썩하게 했던 일이 있다. 이 사업은 그 후 흐지부지 돼 버렸고 바우바우 시 측에서 한국에서 약속한 경제 원조를 하지 않는다고 불만을 제기하며 이 사업에 관여했던 한국의 관련 학회와 단절을 선언했다. 관련 학회는 지원을 하기로 했다는 지자체에 잘못을 떠넘겼다. 결과적으로 경제 원조를 조건으로 한글 사용을 종용한 것이었다. 언론에서는 한글 수출의 기회를 놓친 것에 대한 아쉬움을 함께 보도했다.

생각해 보자. 만약 우리나라 특정 지역의 언어가 있는데 이를 한글이 아닌 일본 문자로 기록한다고 생각해 보자. 어림도 없는 이야기이다. 찌아찌아족에게 한글 문자 보급은 공식적으로 로마자를 쓰는 인도네시아의 입장에서 보면 문자 침탈이다. 실제로 내가 아는 많은 인도네시아 외교관이나 학자들이 우려와 실망을 표했다. 외교적 문제로 비화될 수 있다고 했다. 인도네시아 정부에서 공식적으로 사용하는 문자가 있는데 왜 한글인가. 그들이 외국어로 한국어를 배우는 것은 적극 장려할 일이다. 그러나 경제 원조를 담보로 한 문자 수출은 아니다. 이에 대하여 영산대학교의 이경찬 교수는 <한겨레>에 다음과 같이 기고했다. 전적으로 동감하는 내용이다.

…… 혹시라도 우리 정부나 관련 기관·단체들이 찌아찌아족의 한글 채택을 또 다른 측면에서의 한류 열풍으로 기대하고 있다면 다시 한 번 신중하게 고려해볼 것을 권하고 싶다. 나아가 이것이 과연 국가 간 관계에서 바람직한 정책방향인지 진지하게 고민해야 할 것이다. 우리는 이미 상대국의 정서를 도외시한 채 우리의 문화콘텐츠를 일방적으로 알리려는 무리한 접근방식으로 동남아 국가들의 견제와 반감을 불러일으키고 그것이 반(反)한류, 항(抗)한류, 혐(嫌) 한류로 이어졌던 경험을 갖고 있다.

…… 인도네시아가 '다양성 속의 통일'을 국가 프레이즈로 정하고 '하나의 국어, 하나의 국가'를 금과옥조와 같이 강조하는 이유가 바로 여기에 있다. 인도네시아에서 국어는 곧 다양한 종족을 하나로 묶어주는 매개체이다. 인도네시아는 자국어인 바하사 인도네시아와 이를 표기하기 위한 알파벳 로마자를 공식 채택하고 있으며, 찌아찌아족은 엄연한 인도네시아의 국민이라는 사실을 간과해서는 안 될 것이다.

…… 한글 세계화를 반대하고 싶은 생각은 없다. 다만, 그것이 우리가 의도하는 바와 달리 국가 간 내정간섭 문제로 비화하거나 문화적 침탈로 오해받을 소지가 다분하다는 것을 지적하고자 한 것이다. 그런 의미에서 한글과 한국어의 우수성을 대외적으로 알리는 노력은 지속하되 상대국의 주권을 침해하지 않는 범위에서 신중하게 접근할 것을 제안한다.

저항의 아이콘 렌드라(W. S Rendra) 시인

렌드라 시인

우리는 데뽁 시가지를 빠져나와 남쪽으로 향했다. 빠룽(Parung)을 지나면서 그 왼쪽에 있는 찌빠융(Cipayung)에 거주하며 작품활동을 하다 얼마 전에 작고한 렌드라(W. S. Rendra) 시인을 떠올렸다. 인도네시아의 대표적인 시인으로 그의 작품은 여러 외국어로 번역되었다. 뉴욕에서 연극을 공부하고 돌아와 극단 <미니 까따>(Mini Kata)를 창단하고 연극 작업에도 힘을 쏟았다. 1990년대 초반에 그가 대본을 쓰고, 연출에 출연까지 한 연극 <솔로몬 후예들의 잔치>를 자카르타 찌끼니 길의 이스마일 마르주끼 극장에서 관람한 적이 있다. 극단 이름이 암시하는 바와 같이 그의 연극은 대사를 최소화 하는 것이 특징이다.[1)]

렌드라 선생은 저항시인으로도 유명하다. 렌드라 선생은 1978년에 <마스또돈임을 증명함>이라는 담시를 이스마일 마르주끼 공원에서 낭송한 적이 있는데 이것이 국가에 대한 증오심을 유포했다고 하여 약 3개월 동안 투옥되기도 했다. 그러나 국내외의 거센 압력으로 석방되었다. 그 이후 7년 동안 모든 창작활동이 금지되는 수난을 겪었고 1985년에야 당국의 규제에서 풀려나기도 했다. 1972년 발표한 장시 <소매치기가 그의 애인에게 당부하는 말

1) 인도네시아어로 '까따'(kata)는 '말'이라는 의미이다. 그러니까 렌드라의 극단 <Mini Kata>는 대사를 최소화하고 동작을 중시하는 연극을 지향하는 극단이다.

> 일부를 들어보자.

높은 지위를 찾아보도록 그대 아이를 훈도하되
그가 교사나 교수가 되는 것은 금지시키도록
그것은 따분한 노릇이다, 많은 돈을 벌수도 없으므로.
그로 하여금 경찰이나 군인이 되게 하라.
그리 되면 그는 돈을 주고 쌀을 살 필요도 없게 된다.
국가로부터 얻어 낼 수가 있으니
거기에 근사한 제복도 입는다.
근무 중이건 아니건 간에
그의 권리는 우선적으로 보장된다.
(시집『두 개의 신발』에서 발췌)

렌드라 선생의 시 낭송은 매우 인기가 있어 극장에서 영화를 관람하는 것처럼 입장료를 내고 시낭송을 보는 경우도 있다. 렌드라 선생이 연극을 공부한 영향으로 그는 시 낭송에서 동작을 많이 사용하는 것으로 유명하다. 렌드라 선생은 2008년 5월 포항에서 개최된 <아시아문학포럼>에 참석하여 문학에 대한 자신의 견해를 발표하고 <한겨레>와 인터뷰도 한 적이 있다. 그 때 렌드라 선생을 모시고 다니면서 차 안에서 문학과 삶에 대한 이런저런 이야기를 하던 생각이 났다. 그러고 보니 기라성 같던 인도네시아 문학의 대가들이 이제 거의 모두 작고하였다. 쁘라무디아, 목타르 루비스를 비롯하여, 렌드라 등등. 내 판단으로는 그 자리를 메울 인물들이 아직 눈에 안 들어온다.

문학 이야기가 나왔으니 유학 시절에 겪은 이야기를 하지 않을 수 없다. 박사논문을 위하여 인도네시아에서 쁘라무디아 선생과 관련된 자료를 수집하고 있을 때였다. 한국에서 모 대학 교수가 학생들을 인솔하고 자카르타에 와서 대사관 공보관 부탁으로 그를 안내하게 되었는데 그가 나에게 무엇을 공부하느냐고 물었다. 내가 문학을 공부한다고 했더니 그는 다짜고짜 인도네시아에도 문학이 있느냐고 물었다. 나는 그 때 교수 중에도 무식한 사람이 있다는 것을 알았다.

고유한 언어가 있는 나라인데 그 나라에 그들의 언어를 매재로 하는 문학이 없을 수 있다고 생각하는 교만은 도대체 어디서 나오는 것인가. 소설집을 낸 적이 있고 한국문학에도 관심이 있었던 나로서는 어처구니가 없었다. 누가 한국 사람에게 한국에도 문학이 있느냐고 묻는다면 그 질문을 받는 사람의 심정을 어떠했을까. 내가 전공한 작가 쁘라무디아 선생만 해도 그의 작품이 50여 개의 외국어로 번역 출간되었고 노벨문학상의 최종 후보에 올랐던 작가이다. 메이저 출판사인 펭귄출판사에서 그의 작품을 여러 권 번역 출간하였다. 내가 판단하기에 인도네시아 문학이 우리 문학보다 떨어진다고 주장할 아무런 근거도 없다.

세계 최대 규모 식물원의 도시 보고르

이런 저런 생각을 하며 차창 밖의 싱그러운 풍광을 구경하는 사이 우리 차는 보고르 시내로 들어서고 있다. 보고르는 5세기에 발흥했던 힌두왕국 따루마나가라(Tarumanagara)의 중심지였으며 순다왕국 시대에는 수도로서 빠꾸안(Pakuan) 혹은 빠자자란

보고르 식물원

(Padjadjaran)이라고 불렀다. 순다왕국은 서부 자바는 물론이고 수마트라 남부 람뿡까지 영향력을 미쳤으나 반뗀왕국이 들어서면서 몰락했다. 식민통치 시대에는 바이텐조르그(Buitenzorg)라고 불렀는데 그 의미는 '걱정이 없는', '한가로운'(sans souci)을 뜻한다. 바타비아에서 보고르 구간의 우체부길은 비교적 순탄하게 진행됐다고 하는데 그게 그렇게 순탄했을 리는 없다. 강제노역에다가 식민통치 정부 및 토착인 관리들의 부패는 이 도로 건설에 참여한 사람들을 매우 힘들게 했을 것이다.

보고르를 상징하는 아이콘 중의 하나는 뭐니 뭐니 해도 보고르식물원이다. 87헥타르의 면적에 15,000종의 다양한 식물을 볼 수 있는 곳이다. 영국이 인도네시아를 통치할 당시 래플스(Thomas Stamford Raffles) 총독은 보고르 관저에 거주했는데 전문가들의 도움을 받아 관저에 영국 풍의 정원을 조성했다. 이것이 지금 보고르식물원이 탄생하게 되는 단초가 되었다. 그 후 독일 출신의 식

보고르식물원

물학자 칼 라인바르트(Caspar Georg Karl Reinwardt)가 주축이 되어 식물원을 만들었다.

1816년 영국이 물러가고 그 이듬해 부임한 카펠란 총독이 1817년 5월 18일 공식적으로 보고르식물원을 완공하였고 칼 라인바르트는 1822년까지 이 식물원의 책임자로 일했다. 보고르 지역은 1년 365일 중 70%가 비가 오는 지역이다. 보고르는 '비의 도시'라는 별명을 가지고 있다. 자바해에서 불어오는 수증기를 품은 해풍이 내륙으로 들어오면서 이 부근의 살락산, 그데산과 만나 수직 상승하면서 비를 뿌리게 된다. 워낙 비가 많이 오기 때문에 이 부근의 골프코스는 아예 오후에는 비가 올 것으로 보고 그린피를 할인해서 받는다.

기사 마르띤에게도 같이 식물원이 들어가자고 하니 마다한다. 뙤약볕에 걸어서 식물원을 관람하는 것도 그에게는 별 매력이 없었을 것이다. 나와 안디까는 입장권을 구입하여 정문으로 향했다. 식물원 주변에는 여러 장사치들이 물건을 팔고 있다. 그 중에서도 이 지역의 대표 음식 중의 하나인 아신안(asinan)을 파는 아주머니들도 눈에 뜨인다. 아신안은 야채와 과일을 절여 국물을 잘잘하게 넣은 음식물인데 루작(rujak)과도 비슷하다. 다른 점이 있다면

보고르식물원을 조성한 독일 식물학자 칼 라인바르트

루작은 신선한 야채를 아신안은 절인 야채를 사용한다는 것이다. 약간 출출하기도 하여 안디까와 나는 아신안 하나를 시켜 둘이 맛보았다.

식물원 입구에 들어서면 래플스 총독의 부인 올리비아 래플스(Olivia Marianne Raffles)의 백색 기념비가 눈에 들어온다. 그녀는 1814년 바타비아에서 병사했는데 그의 기념비를 보고르식물원에 세웠다. 조금 더 들어가면 식물원의 설립자 칼 라인바르트의 동상이 보인다. 워낙 큰 식물원이기 때문에 일부만을 볼 수밖에 없다. 처음 보는 식물들도 많았다.

한참을 가다보니 중년의 현지인이 조그마한 무덤을 지키고 있다. 다가가 물어보니 자기 조상의 묘소라고 한다. 지방의 유지였던 것 같았다. 호기심이 일어 좀 더 자세히 살펴보려고 하니 약간의 기부금을 내야한다고 한다. 오만 루피아를 기부하고 묘소를 살펴보았다. 묘소에는 참배객들이 뿌린 형형색색의 꽃송이가 흩어져

보고르식물원의 수목

올리비아 래플스 기념비

보고르식물원 뒤편의 네덜란드인 묘지

보고르식물원 안의 지방 유지 묘소

있었다. 식물원 뒤쪽으로는 네덜란드 사람들의 묘지가 형성돼 있다. 이끼가 낀 묘비가 여럿 보였다. 식물원 한 쪽에 죄지은 사람들이 웅크리고 숨어있는 듯하다. 식민통치 정부의 관리나 상인으로 먼 곳에 와서 뼈를 묻은 사람들이다.

나는 이 보고르식물원을 만든 독일 출신의 식물학자 라인바르트의 흉상이 식물원 입구에 자리 잡고 있는 것이 신기했다. 독일은 인도네시아를 통치한 나라도 아닌데 독일 학자가 여기까지 와서 세계 최대의 식물원을 만들었으니 말이다. 그리고 80년 전에 인도네시아 세람(Seram) 섬에서 1년간 체류하면서 <하이누웰레 신화>를 채록하여 농경신화 이론의 한 축을 제공한 옌젠(Adolf Ellegard Jensen) 등의 학문적 발자취는 나로 하여금 독일 학자들의 학문에 접근하는 자세에 경의를 표하게 했다.

하이누웰레

<하이누웰레 신화>는 인도네시아 말루꾸 제도의 작은 섬인 세람의 농경 기원 신화다. 독일 인류학자 아돌프 엘레가르트 옌젠과 헤르만 니게마이어가 발견해 외부에 알렸다. 저자들은 1937년 2월부터 1938년 3월까지 직접 탐사대를 이끌고 세람 섬을 답사했다. 그들은 1년 동안 그곳에 머물면서 하이누웰레 신화를 채록한 것이다. 귀국 후 이들은 수집한 자료를 토대로 1939년 책으로 냈다.

이 신화에 따르면, 아메타라는 한 '데마'인이 멧돼지의 송곳니에 코코넛이 꽂혀 있는 것을 발견하고 꿈속에서 그 코코넛을 땅에 심으라는 가르침을 받았다. 6일 만에 코코넛에서 야자수가 자라나 꽃이 피었고, 아메타는 자기 손가락을 잘라 그 피를 꽃에 떨어

하이누웰레신화 한국어판 표지

프랑크푸르트 괴테대학의 프로베니우스연구소

뜨렸다. 9일 뒤에 한 소녀가 꽃에서 자라나 3일 만에 완전히 성숙한 여인이 되었다. 아메타는 이 소녀에게 '하이누웰레'(Hainuwele)라는 이름을 붙여주었으며 '코코야자 가지'라는 뜻이다. 하이누웰레는 변을 볼 때마다 제 몸에서 보물이 나오는 기이한 능력을 갖고 있었다.

어느 날 마을의 축제가 벌어지는 동안 하이누웰레는 춤추는 사람들 한가운데 서서 값진 물건들을 몸 밖으로 쏟아냈다. 사람들은 소녀가 나눠주는 보물을 신기해했지만 차츰 소녀를 시기했고 결국 구덩이에 밀어 넣어 죽였다. 소녀의 시신은 여러 조각으로 절단돼 묻혔고 그 자리에서는 소녀의 몸을 닮은 여러 종류의 뿌리식물이 생겨났다.

저자들은 이 신화를 근거로 세계의 농경신화를 '하이누엘레 유형'과 '프로메테우스 유형'으로 분류했다. 신이나 거인 또는 인간의 사체나 배설물 등에서 식용작물이 생겼다는 작물 기원 신화는 하이누웰레 유형에 포함했다. 즉, 작물 기원이 이 땅이라는 것이다. 이에 반하여 하늘 또는 외부 세계에서 곡식 난알을 훔쳐오거

보고르 시청

보고르 시내의 마차

보고르 대통령궁 정원

보고르 대통령궁

바뚜 뚤리스 비문

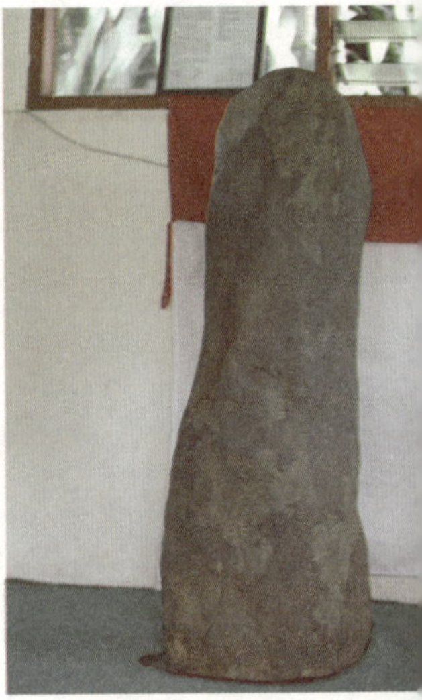

바뚜 뚤리스 비문 앞의 남근 상징

나 선물로 받아오는 신화는 프로메테우스 유형으로 나눴다.

나는 몇 년 전에 성균관대학 이혜정 교수가 연락을 해와 이 신화의 존재를 알았다. 이 교수가 번역을 마친 후 아무래도 인도네시아 지역의 신화이니까 발음 등 몇 가지를 내게 문의해 왔었다. 책이 출간된 후 우리는 이 교수를 초청하여 이 신화에 대한 자세한내용을 들을 수 있었다. 내가 <자바 우체부길> 원고를 마무리하면서 3개월간 체류한 괴테대학 내에 프로베니우스연구소(Frobenius-Institut)가 있다. 프로베니우스는 옌젠의 스승으로 이 연구소를 창설한 사람이다. 나는 프로베니우스 연구소를 방문하여 연구소를 둘러보고 이 신화가 한국에서 번역 출간되었다는 사실도 말해 주었다. 연구소의 소피아 박사는 이 신화가 한국에서 번역 출간되었다는 사실에 놀랐다.

보고르 시내에는 나무가 많다. 세계적인 식물원을 가진 도시라는 이름에 걸맞게 가로수도 울창하고 주변에 보이는 것이 온통 화초며 수목이다. 식물원을 빠져나온 나와 안디까는 바로 옆에 있는 보고르 대통령궁으로 향했다. 보고르 대통령궁은 인도네시아 대통령궁 여섯 개 중 하나이다. 보고르 대통령궁은 식물원과 인접해 있다. 아까 언급한 바와 같이 래플스가 총독의 관저를 위한 공원으로 시작한 것이 보고르식물원이 되었으니 보고르 대통령궁의 정원이 식물원인 셈이다.

보고르 대통령궁은 1870년부터 네덜란드 식민통치 정부 총독의 공식 관저로 사용되었다. 원래건물은 2층 건물이었는데 1834년 10월 11일 지진으로 파손되어 1층으로 재건축한 것이다. 1994년 11월 15일 아시아태평양경제협력체(APEC) 제2차 정상회담이 여기에서 열렸으며 이때 보고르선언[2)]이 채택되었다. 보고르 대통령궁 안으로는 들어갈 수 없었다. 철재 울타리 안으로 백색의 대통령궁 건물과 그 앞 정원에서 사슴 무리들이 노니는 것이 보였다. 대통령궁 옆의 도로에는 마차꾼이 델만이라고 부르는 마차를 세워두고 꼬마아이와 한가롭게 이야기를 나누고 있다. 나는 그들의 모습을 카메라에 담았다.

보고르에서 한 군데 더 들린다면 그곳은 바로 바뚜뚤리스(Batutulis) 비문이다. 이 비문은 순다왕국의 수라위세사왕이 자신의 선왕인 실리왕이왕을 기리기 위하여 세웠으며 고 순다어로 기록되어 있다. 이 비문으로 인하여 행정구역 상 이 지역 이름이 바뚜뚤리스 면이다. 도로 옆에 위치한 삼각형 모양의 이 비문은 조그

---

2) 주요내용은 공동의 이익 추구, 개방적 지역주의 실현, 아시아 태평양 지역에서 무역·투자의 자유화 추진, 개발 및 협력 강화 등이며, 특히 역내 선진국은 2010년까지, 역내 개발도상국은 2020년까지 무역·투자 자유화를 완료한다는 내용을 포함하고 있는데, 한국은 개발도상국으로 분류되었다.

마한 건물 안에 모셔져 있고 그 앞에 사람 발자국이 뚜렷하게 드러나는 받침돌이 있다. 신기할 정도로 발자국이 깊게 드러나 있다. 오랜 기간 동안 사람들이 밟아서 그렇다는데 그것을 증명할 길은 없어보였다. 바뚜뚤리스를 나와 이제 기수를 완만하게 남동쪽으로 틀어 반둥으로 향해야 한다. 쁘리앙안(Priangan)으로 불리우는 서부 자바의 산악 지역들, 그러니까 찌아위, 찌사루아, 뿐짝, 찌마히를 거쳐 반둥에 도착하고 오늘은 그곳에서 여장을 풀 예정이다.

순다의 산악 지역 찌아위

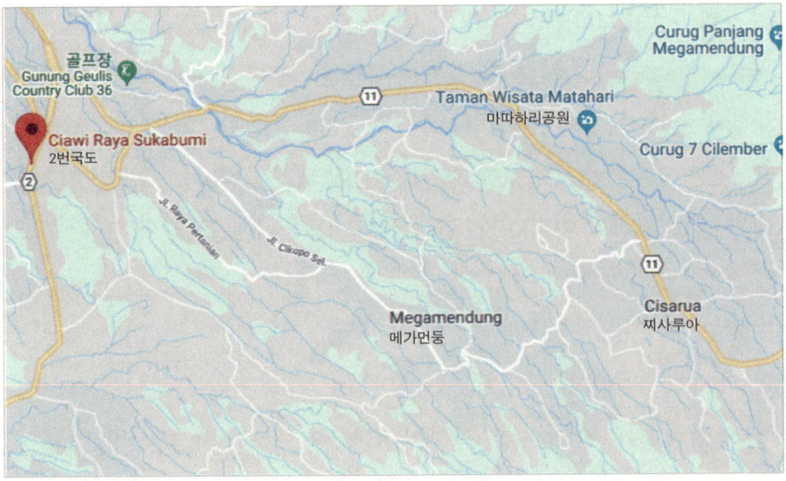

찌아위 지역

보고르 도심을 벗어나 찌아위(Ciawi)로 향한다. 도로변에 감람나무 가로수가 울창하다. 원래 이 지역의 가로수는 우체부길과 고무농장의 경계목으로 사용된 것인데 지금 고무농장은 빛을 잃었다. 정부 측의 토지개혁 정책에 따라 넓은 지역을 차지하던 고무 농장이 주거지 또는 공장지대로 바뀌었다. 이 부근에 외국계 타이어공장이 있는데 아이러니하게도 주원료인 고무는 말레이시아에서 수입한다. 토지개혁의 목적이 농장의 일부를 국가소유로 하는 것이었는데 정작 지금은 사유지로 변하여 부동산 투기의 대상이 돼버렸다. 이러한 상황은 인도네시아에 횡행했던 부패, 결탁, 족벌주의의 원인이 되기도 했다. 외국인이 운영하던 농장을 정부에서 인수하여 국영기업으로 육성하려했지만 인도네시아 독자적으로 운영할 능력이 아직 부족했다. 이러한 상황에서 책임자의 가족이나 측근을 주요 자리에 앉히는 등의 부패가 발생하게 된 것이다.

순다 지역을 칭하는 말로 쁘리앙안(Priangan) 지역이라고도 한다. 쁘리앙안은 원래 '빠라향안'(Parahyangan)에서 유래한 말로 '향'(hyang, 신)에 복수형을 만드는 '빠라'(para)와 장소를 의미하는 접미사 '안'(an)이 결합한 합성어이다. 그러니까 어의적으로는 '신들이 거처하는 곳'이다. 주로 서부 자바의 산악지역을 칭하는 말이며 서부 자바, 그러니까 순다 문화의 중심지를 모두 포괄한다. 이 지역이 산악 지역이다 보니 우체부길을 건설하는 데에도 갑절의 힘이 들었고 자연히 더 많은 토착인의 희생이 있었다.

우체부길 전체를 놓고 보면 보고르에서 반둥을 거쳐 찌레본까지가 가장 어려웠던 구역이었을 것이다. 이 구역 중에서 우선 찌사루아와 찌빠나스를 잇는 메가먼둥(Megamendung) 산악지역이 힘든 구간이었다. 메가먼둥산은 이 구간에서 가장 해발이 높은 곳이다. 자료에 의하면 보고르에서 찌레본 구간의 우체부길을 건설하는데 동원된 연 인원 중 절반 이상의 인원이 찌사르아-찌안주르 구간에 동원되었다고 한다. 지금의 자바 북부 해안 관통도로가 이 구간을 피하여 자카르타에서 곧바로 버까시, 찌깜뻭으로 이어지는 이유를 여기서 알 수 있다.

순다는 자바섬 서쪽의 끄라까따우(Krakatau)에서 동쪽으로 찌레본(Cirebon)까지 넓은 대지, 아름다운 자연을 배경으로 한 고무, 차, 쌀 농사 등의 풍부한 자연자원으로 전 인도네시아에서 가장 산업화된 지역이다. 순다족 중에는 바두이(Baduy) 족과 같이 은둔생활을 하는 종족이 있는데 이들은 16세기 이슬람 세력을 피해서 산속으로 숨은 종족으로서, 힌두 빠자자란왕조의 후손으로 여겨진다. 이들은 외부와 단절하고 살아가며 이들 지역에 들어가려면 담당부서의 사전 허가를 얻어야 한다.

순다인들의 종교는 대체로 이슬람이지만 이들의 종교 생활 속에서 순다 사회의 전통적인 요소가 발견되기도 한다. 이들은 대체로 이슬람교도가 행해야 할 5대 의무를 충실히 따르고 있으며 성지순례에 대한 갈망이 매우 높다. 이 외에도 특히 많은 농촌지역의 사람들은 조문, 축제, 또는 새로운 일을 하기 전에 소원성취를 위하여 이슬람 사회가 신성시하는 조상의 묘소를 참배한다. 종교의 가르침과 미신에 대한 믿음은 모두 불가사의한 힘에 의하여 지배되는 것으로 믿고 있다. 순다인의 친족제도는 이슬람 종교와 대대로 내려오는 전통에 의해 영향을 받아왔다. 순다 지역에서의 결혼식은 전통적인 방식뿐만 아니라 이슬람 종교 방식으로도 행해진다.

쁘라무디아 선생은 순다 사람들이 비교적 온순하고 폭력 사용을 싫어한다고 했다. 순다의 왕들은 권력을 찬탈하려 들지 않았다. 그들은 화합하고 대화와 합의를 통하여 문제를 해결하려고 했다. 자바의 봉건사회가 싸움으로 점철된 것에 반하여 순다는 그렇지 않았다. 반면 이슬람 왕국이 빠자자란 힌두왕국을 비교적 쉽

찌사루아 도로변의 가게들

식당 안의 키보드 연주자

게 공략할 수 있었던 것도 순다인들의 이러한 철학과 무관하지 않다. 네덜란드 식민통치 정부도 이 지역에서 강제재배제도에 의한 커피재배를 손쉽게 행했다.

우리 자동차는 보고르를 출발하여 10킬로미터 정도를 달려 빵랑오산(Gn. Pangrango) 자락의 찌아위에 도착했다. 다시 산 비탈길을 피하여 동쪽으로 돌아 찔리웅강을 따라서 12킬로미터 정도를 가니 찌사루아가 나왔다. 우리는 찌사루아에서 점심을 해결하기로 하고 적당한 식당을 찾았다. 이 지역에 와서 식사해 본 적이 없기 때문에 간판을 보고 식당을 고를 수밖에 없다. 순다 음식점 '사웅 꾸링'(Saung Kuring)이라는 식당을 골랐다. 도로 왼쪽에 간판이 제법 큰 식당 앞에 차를 세우고 식당 안으로 들어갔다. 마르떤은 나와 함께 식사하는 것을 피하려고 한다. 현지 기사들이 차 주인과 식사하는 것이 익숙하지 않아서이다. 대개는 따로 식사하고 기사에게 점심 값을 주는 것이 일반적이다.

어찌 보면 기사 입장에서는 받은 점심 값에서 허기만 때울 정도로 간단히 식사하고 나머지 돈을 모아서 집에 가져가는 것이 좋을 수 있다. 그러나 나는 어차피 이번 여행 기간 동안에 일정한 금액의 사례를 하기로 했기 때문에 함께 식사하는 것이 좋다고 생각했다. 그리고 안디까도 함께 있기 때문에 더욱 설득력이 있었다. 마르떤도 내가 몇 번 더 권유하자 따라 들어왔다. 우리는 생선구이와 닭튀김 등으로 점심 식사를 했다. 식당 안의 무대에서는 중년의 악사가 낡은 전자 오르간을 연주하고 있다. 이마에 패인 주름이 그의 연륜을 말해준다. 나는 슬그머니 약간의 팁을 전자 오르간 앞에 놓고 나왔다. 밖에 나오니 젊은 청년이 전통 주전부리를 팔고 있다. 검블롱 끄딴(Gemblong Ketan)이다. 도넛같은 것인데 달달하다. 한 봉지 사들고 차에 올랐다. 식당 옆으로 도자기며 전등을 파는 가게가 즐비하다.

빵랑오산 북쪽 비탈 여기저기에 보이는 계단식 차밭이 장관이다. 원래 식민통치 정부의 정책에 의하여 커피를 재배했었지만 국제시장에서의 커피값 인하로 차를 심었다. 지금의 11번 국도에 해당하는 찌사루아에서 뿐짝을 거쳐 쭈거낭(Cugenang)에 이르는 22킬로미터 구간은 빵랑오 산등성이의 북쪽을 지나간다. 우체부길이 건설될 때만 해도 찌사루아는 네덜란드 사람 림스데익(Riemsdijk)의 사유지였다. 아무튼 여기부터 가파른 길이 시작된다.

이 구간에서 얼마나 많은 사람들이 부상과 기근에 시달리고 희생을 당했는지 짐작이 간다. 자바 우체부길의 대부분은 기존의 좁은 도로를 폭 7.5미터로 확장한 것이지만 이 구역은 온전히 새로운 도로를 건설한 것이었다. 당시만 해도 다이나마이트가 없었

주전부리 검블롱 끄딴

기 때문에 인력으로 가파른 산 비탈길을 내야했다. 우리 자동차도 속력을 제대로 못 낸다. 가파른 길도 그것이지만 도로가 워낙 구불구불하기 때문이다.

천혜의 휴양지 뿐짝

뿐짝

뿐짝(Puncak)에 다다르기 전에 우리는 휴게소 린두 알람(Rindu Alam)에서 차를 한 잔 마시기로 했다. 이름도 멋지다. 린두 알람...... 자연을 그리워하다. 휴게소 위치만 해도 해발이 높아 덥다는 생각이 안 든다. 주말에 자카르타에서 보고르, 뿐짝으로 향하는 도로가 붐비는 이유가 여기에 있다. 시원한 곳으로 휴식을 취하러 가기 때문이다. 차에서 내리면 오른쪽에 휴게소가 있다. 사람들이 많이 붐빈다. 음식을 주문하여 점심을 먹는 사람도 있고 커피나 차를 마시는 사람도 있다. 나는 커피를 한 잔 시켰다. 꼬삐 히땀(kopi hitam)이다. 커피 가루를 거르지 않고 더운 물에 탄 것이며 시간이 조금만 지나면 용해되지 않은 커피 찌꺼기가 찻잔에 침전된다. 이 나라 사람들은 대개 설탕을 듬뿍 넣어 달게 마신다. 커피 애호가 마만 교수는 돈 주고 산 생수가 아닌 우물물 혹은 수돗물을 끓여 만든 꼬삐 히땀이 일품이라고 한 적이 있다. 생수와 우물물의 차이를 알 정도이니 문득 그의 커피에 대한 애정이 대단하다고 느껴진다. 커피 하니까 루왁(Luwak) 커피가 생각난다.

모건 프리먼과 잭 니콜슨이 출연한 영화 <버킷 리스트>(The Bucket List, 2007)에 루왁 커피가 등장한다. 자동차 정비사 카터(모건 프리먼 분)와 제벌 사업가 에드워드(잭 니콜슨 분)는 우연히 같은 병실을 쓰게 되었다. 죽음이 얼마 남지 않은 상황에서 그들이 죽기 전에 하고 싶은 일의 목록을 함께 만들었는데 그 중 하나가 세계 최고의 커피 루왁 커피를 마시는 일이었다. 루왁은 인도네시아의 사향고양이를 뜻하고 이 사향고양이가 커피 열매를 먹고 배설한 배설물과 함께 나온 원두를 세척하여 커피로 만든 것이다. 커피 열매가 사향고양이의 소화 기관을 거치는 과정에서 외피와 과육이 제거되고 커피 원두만 남는데, 위 속의 효소가 단백질을 분해함으로써 커피의 향미를 더해주는 역할을 하는 것으로 알려졌다.

사향고양이

네덜란드 식민통치 정부는 18세기에 자바와 수마트라 지역의 농장에 환금작물을 재배했는데 그 중의 하나가 커피이다. 그 당시 네덜란드는 예멘에서 들여온 아라비카 커피를 재배했다. 강제재배제도 시기에 식민통치 정부는 커피의 토착인 소비를 금했다. 전량 수거하여 유럽 시장에 팔고자했던 것이다. 그러나 토착인들은 이 아라비카 커피 맛을 보고 싶었다. 우연히 커피농장에서 일하는 인부들이 사향고양이가 특정한 커피 열매를 좋아하는 것을 발견하였다. 사향고양이가 커피 열매를 먹으면 원두가 그대로 배설물과 함께 배설됐다. 인부들은 이를 수거하여 세척하고 볶아서 커피 맛을 보게 된 것이었다. 사향고양이는 완전히 잘 익은 커피 열매만을 골라서 먹는 특징이 있었고 여기에서 세계적으로 알려진 루왁 커피가 탄생하게 된 것이다. 인도네시아와 한국을 운항하는 국적기 기내에서 루왁 커피를 판매할 정도가 됐으니 이 커피가 제법 호응을 받고 있는 셈이다. 지금 자연산 루왁 커피를 얻기는 어렵고 사육장에서 사향고양이에게 커피를 먹여 수확한 커피가 대부분이다.

차를 마시고 우리는 빵랑오 산비탈의 차밭을 배경으로 사진을 몇 장 찍었다. 저 멀리에 차밭이 양탄자처럼 펼쳐져 있다. 산꼭대기까지 온통 차밭이다. 차밭 사이로 격자모양의 고랑들이 희미한 실루엣처럼 보인다. 안디까는 자연스럽게 포즈를 취하는데 마르띤은 어색하다. 카메라로 사진을 찍는 것이 아직 마르띤에게는 익숙한 일이 아닌 듯싶다. 40 중반을 넘긴 친구가 부끄러워한다. 자동차는 다시 꼬불꼬불 산길을 따라 뿐짝을 향해 달린다. 피니시 라인을 얼마 남겨 놓지 않고 사력을 다해 달리는 마라톤 주자처럼...... 도로 오른쪽의 빵랑오산과 왼쪽의 끈쪼노산 사이에 난 도로를 주파하여 드디어 뿐짝 정상에 도착했다. 정확히 말하면 찌사루아-쭈거낭 구간 도로에서 해발이 가장 높은 지점의 도로를 이르는 것이다.

도로변 여기저기에서 노점상들이 먹을 것이며 기념품을 팔고

뿐짝으로 향하는 길의 린두 알람 휴게소

뿐짝 인근의 차밭

린두 알람 휴게소에서 보이는 차밭

있다. 먹을 것은 옥수수, 고구마, 바나나…… 기념품은 간단한 공예품…… 그런 것들이다. 사람들이 제법 두툼한 옷을 입고 있다. 나에게는 시원한 기온이지만 이들에게는 춥게 느껴지는 게 분명하다. 시내에서 오토바이를 타고 가는 청년들이 두터운 가죽점퍼를 입는 것을 보면 짐작이 갈 것이다. 학교 다닐 때 빠울루스(Paulus J. Mitang) 교수님이 계셨다. 우리에게 인도네시아어를 가르쳐주신 분이다. 겨울 방학이 다가올 무렵 아무 연락 없이 수업시간에 안 나오셨다. 그 다음에 여쭈어보니 영하 5도의 날씨에 밖에 나가는 것은 상상할 수 없는 일이라고 하셨다. 체감 온도는 사람마다 다른 것이다.

자바 우체부길이 찌바닥(Cibadak)에서 수까부미를 통과한다는 의견도 있었다. 스마랑에서 발간된 로코모티프(Le Locomotief) 기자가 쓴 기사에 바이텐조르그-찌바닥-수까부미-찌안주르 노선을 거명한 적이 있다. 그러니까 빵랑오산의 북쪽 비탈이 아니고 남쪽 비탈을 지난다는 것이다. 그러나 국립 인도네시아대학 역사학자 조꼬 마리한도노(Djoko Marihandono) 교수 의견에 따르면 베이텐조르그-수까부미 구간의 도로는 1813년 래플스가 부총독으로 재직할 시 건설되었으므로 이와 관련이 없다고 하였다. 아무튼 다엔델스가 메가먼둥 산악지대를 관통하는 도로를 건설하겠다고 마음먹은 것은 당시로서는 나름 경제적인 측면을 고려한 결정이었다. 수까부미를 통과하는 구간은 경사는 다소 완만하겠지만 메가먼둥 산악지대를 통과하는 것보다 훨씬 긴 도로를 건설해야했기 때문이다.

온천의 도시 찌빠나스

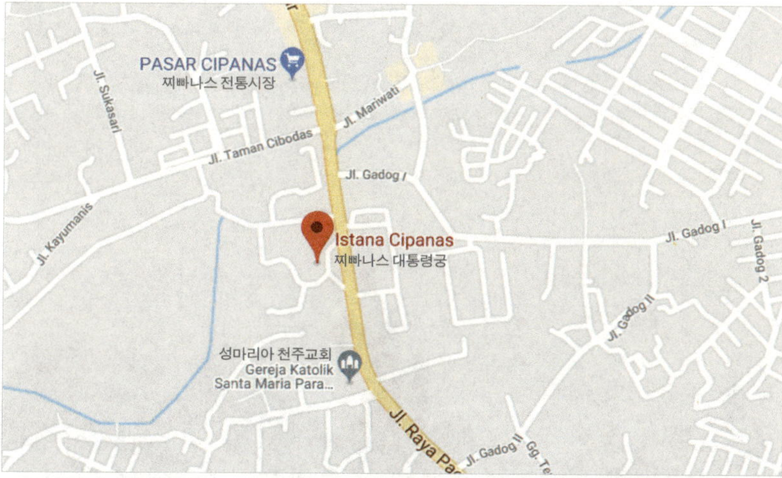

찌빠나스 대통령궁

우체부길 여정은 아직 3분의 2 정도나 남아있지만 뿐짝에서 찌안주르로 내려가는 길은 마음이 가벼웠다. 여기서 반둥까지, 아니 남은 여정도 이제 전반적으로 평야지대이기 때문이다. 얼마 가지 않아서 찌빠나스를 지난다. 지명에 나타난 바와 같이 온천 지역이고 수온이 43도까지 이른다. 도로 우측으로 대통령궁이라는 표지판이 보인다. 여섯 개 대통령궁 중 하나이다. 규모는 그리 크지 않아 큰 부잣집 정도라는 생각이 든다. 식민통치 시대인 1740년에 네덜란드 지주가 지은 건물인데 임호프 총독 때 그의 별장으로 사용되었던 것을 독립 이후에 대통령궁으로 지정한 것이다. 찌빠나스 대통령궁은 1965년 12월 13일 수카르노 대통령이 주재한 각료회의에서 당시 루피아화를 교환비율 1000:1로의 화폐개혁을 결정한 곳이다.

찌빠나스 대통령궁

쌀의 고장 찌안주르

그리고 또 얼마 가지 않아서 찌안주르에 도착했다. 찌안주르의 특산물 중의 하나는 쌀이다. 독특한 향이 있고 맛이 좋아 인도네시아 다른 지역의 쌀보다 값이 더 나간다. 쌀 이외에도 콩으로 만든 발효 소스인 따우초, 토종닭 아얌 뻴룽(Ayam Pelung) 등도 이 지역을 대표하는 상품이다. 찌안주르에서 빼놓을 수 없는 것은 마마오스(mamaos)라고 하는 이 지역에서 발전한 전통 음악이다. 인도네시아 전통문학 장르 중의 하나인 빤뚠(4행시)에 곡조를 붙인 것으로 이 지역의 이름을 붙여 찌안주란(Cianjuran, 찌안주르 류)이라고도 부른다.

상 꾸리앙 이야기의 배경 찌따룸강

찌안주르에서 조금 더 내려가면 평원이 펼쳐진다. 얼마 안 가서 저 낭떠러지 아래로 누런 흙탕물의 강이 보인다. 찌따룸강(Sg. Citarum)이다. 순다 지방에서는 가장 긴 강이다. 여러 지류가 모여 찌따룸강을 이루었고 북으로 흘러 자바해에, 남으로 흘러 인도양에 다다른다. 라자만달라(Rajamandala) 다리를 건너기 전 허름한 간이 찻집 앞에 차를 세웠다. 비도 오고 커피 생각이 났다. 그리고 수업 시간에 학생들에게 가르치는 상 꾸리앙(Sang Kuriang)의 전설에 등장하는 강이므로 그냥 지나칠 수 없었다. 블랙커피를 한 잔 시키고 상 꾸리앙(Sang Kuriang)과 다양 숨비(Dayang Sumbi)를 떠올린다.

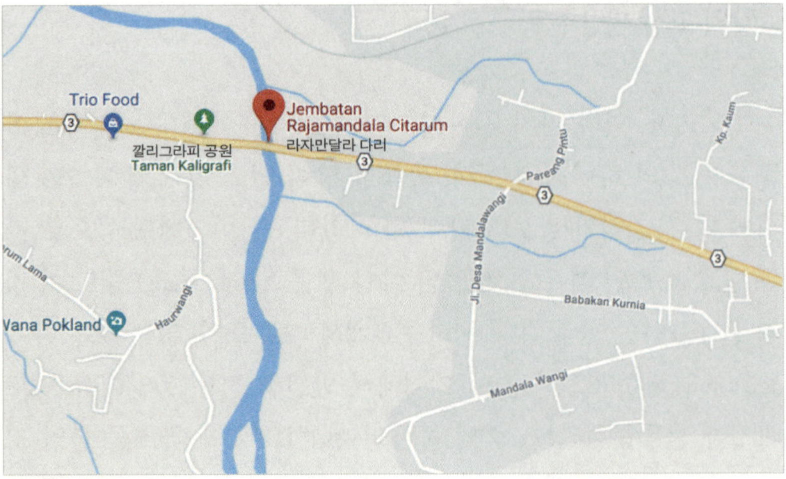

찌따룸강

특정 지역의 민담은 단지 이야기의 자료에 그치지 않고 청중의 즉각적 흥미를 유발할 수 있는 소박한 예술적 기교도 가진다. 민담 속에는 신화, 우화, 영웅담, 그리고 요정이야기 등이 포함되어 있다. 구전되어 내려오는 똑같거나 아주 비슷한 이야기는 세계 여러 지역에서 발견된다. 예를 들어 <선녀와 나무꾼> 이야기는 인도네시아만 해도 여러 버전이 존재할 정도이다. 자바 버전 다르고 술라웨시 버전이 다르다. 인도네시아 아쩨지방에는 우리의 단군신화와 유사한 이야기가 있다. 순다족에게는 <상 꾸리앙>이라는 탄생 신화가 있는데 그 이야기는 다음과 같다.

서부 자바의 빠자자란왕국에 숭깅 빠르방까라(Sungging Perbangkara)라는 왕자가 있었다. 어느 날 숭깅 빠르방까라왕자는 부하들과 함께 사냥을 나갔고 사냥이 끝난 후 시원한 야자수로 갈증을 풀었다. 숭깅 빠르방까라왕자 일행이 휴식을 취하던 야자

짜따룸강

수 덤불에 쩰렝와융양(Celengwayungyang)이라는 암 멧돼지 한 마리가 숨어 있었다. 쩰렝와융양은 인간이 되기를 소망하여 수도를 하는 중이었다. 쩰렝와융양은 아침 내내 숭깅 빠르방까라왕자와 그 부하들이 사냥을 하는 바람에 덤불 밖으로 나올 수 없었다. 목이 마르고 배가 고팠던 쩰렝와융양은 숭깅 빠르방까라왕자 일행이 돌아가자마자 밖으로 나왔다. 쩰렝와융양은 야자껍질에 고인 물을 마셨다.

그런데 며칠이 지난 후 쩰렝와융양의 배가 불러오기 시작하였다. 야자 껍질에 고여 있던 물이 숭깅 빠르방까라왕자의 소변이었는데 그것을 마시고 새끼를 밴 것이다. 몇 달이 지나고 쩰렝와융양은 새끼를 낳았는데 그것은 멧돼지가 아닌 어여쁜 여자 아기였다. 그 다음 사냥철에 숲에서 아기 울음소리가 나서 숭깅 빠르방까라왕자 일행은 그 아기를 대궐로 데리고 왔다. 당시 왕비는 그 아기에게 다양 숨비라는 이름을 지어주었다.

다양 숨비는 베짜기에 재질을 보였다. 하루는 베를 짜는 도구의 하나인 북이 땅에 떨어져 혼잣말로 "저 북을 누가 집어다 주면 좋으련만. 저 북을 가져오는 사람이 여자이면 우리 언니로 삼고, 남자이면 남편으로 삼을텐데......"라고 하였다. 그런데 북을 물고 온 것은 다름 아닌 뚜망이라는 개였다. 그 후 다양 숨비는 뚜망의 아이를 갖게 되었다. 왕위를 물려받은 숭깅 빠르방까라왕은 결혼도 하지 않은 공주가 아이를 갖게 된 것은 왕가의 명예를 더럽혔다고 생각하여 다양 숨비와 뚜망을 내쫓았다.

다양 숨비는 산속에 뚜망과 아들 상 꾸리앙과 함께 살게 되었다. 어느덧 소년이 된 상 꾸리앙은 뚜망과 함께 사냥을 하는 것이 일과였다. 어느 날 다양 숨비가 사슴의 간이 먹고 싶다고 하여 뚜망과 함께 사냥을 나가게 되었다. 그런데 상 꾸리앙이 쏜 화살이 뚜망의 몸에 맞아 뚜망이 죽고 말았다. 이 사실을 알게 된 다양 숨비는 몹시 화가 나서 주걱으로 상 꾸리앙을 때리고 집에서 쫓아냈다.

십 수 년이 흘러 상 꾸리앙은 건장한 청년이 되어 다시 마을로 돌아왔다. 다양 숨비는 오랜 세월이 지났지만 수련을 열심히 하고 약초를 다룰 수 있었기 때문에 예의 젊음과 아름다움을 유지하고 있었다. 상 꾸리앙은 다양 숨비에게 사랑에 빠져 청혼을 하게 되었다. 다양 숨비도 상 꾸리앙과 결혼을 할 요량이었으나 어느 날 상 꾸리앙의 머리에 난 상처 자국을 보고 자신의 아들이라는 확신이 들어 청혼을 거부하였다. 영문을 모르는 상 꾸리앙이 혼인을 재촉하자 다양 숨비는 조건을 내세웠다. 즉 하루 안에 찌따룸강을 막아 호수를 만들고 그 호수를 건너갈 배를 만들면 기꺼이 혼인하겠다는 것이었다.

상 꾸리앙이 두 가지 조건을 이루어가고 있을 무렵 다양 숨비는 신들의 계시를 받았다. 자신이 짠 흰 천을 펄럭이게 하였고 이것을 보고 새벽이 온 줄 안 닭들이 울기 시작하였다. 이때 다양 숨비는 상 꾸리앙에게 다가가 정해진 시간 안에 조건을 충족시키지 못했으므로 혼인할 수 없다고 하였다. 그러나 상 꾸리앙이 이를 무시하고 다양 숨비를 쫓아가 붙잡으려는 순간 다양 숨비는 한 송이 꽃으로 변하고 말았다. 이에 화가 난 상 꾸리앙은 만들고 있던 배를 발로 찼고 그 배가 날아가 엎어져 땅꾸반빠라후(Tangkubanparahu)라는 산이 되었으며 그 의미는 '뒤집어진 배'라는 뜻이다.

이 이야기는 반둥 북쪽으로 보이는 땅꾸반빠라후산과 연관된 신화이며 순다인들과 밀접한 관계가 있다. 영화로도 제작되어 쉽게 접할 수 있는 이야기이며 일종의 오이디푸스 콤플렉스적인 이야기이다. 영화에서는 다양 숨비의 출생이 원전과 다소 다르게 각색되어 있다. 우선 쩰렝 와융양의 이야기는 빠져있다. 다양 숨비가 멧돼지 몸에서 출생하였다는 사실을 돼지를 금기시하는 무슬림 사회에서 받아들이기 어려웠을 것이다. 그리고 다양 숨비가 상 꾸리앙을 갖게 되는 부분이 원전에서는 뚜망이라는 개가 북을 가지고 올라오고, 결국 뚜망이 다양 숨비를 범한다. 하지만 영화에서는 숭깅 빠르방까라의 신하가 북을 가지고 올라오고 그래서 다양 숨비가 약조한대로 그의 아내가 되는 것이며, 그 후 다만 숭깅 빠르방까라왕이 그것이 못마땅하여 신하에게 벌을 내려 개로 변하게 하였다.

라자만달라 지역 역시 식민통치 정부의 강제재배제도 시기에 커피와 차 재배를 강요당했다. 조꼬 마리한도노 교수에 따르면 이렇게 소출된 수확물의 50%는 지역의 고위 관리가 가져가고 30%는 식민통치 정부가 회수해갔다고 한다. 그러니까 이것을 제외한 나머지 20%만 경작자 몫으로 간 것이다. 앞에서 이야기한 알 미스리가 언급한 바 소출의 14분의 1만을 경작자가 소유할 수 있었다는 주장과는 좀 차이가 있지만 아무튼 이 시기에 경작자들이 누구를 위하여 피와 땀을 흘린 것인지 쉽게 알 수 있다.

군사 도시 찌마히

찌마히

5킬로미터 정도를 더 달리니 찌마히(Cimahi)에 당도했다. 1913년 이전에 이 지역의 이름은 찌꼴로꼿(Cikolokot)이었다. 호이츠

(Yohannes Benedictus van Heutsz) 총독이 부임하면서 반둥을 군사 중심지로 육성하고 이 지역에 군사시설을 건축하면서 찌마히로 부르게 되었다. 군사도시라는 이름에 걸맞게 찌마히에는 야전포병학교, 군사정보학교, 보병훈련소, 정신교육센터, 헌병학교 등의 교육기관과 군 병원이 포진하고 있다. 이 도시를 '초록색의 도시'(Kota Hijau)라고 부르는데 그것은 초록색의 군복을 상징한다. 인도네시아가 1945년 일본으로부터 독립을 맞이한 후 다시 네덜란드가 들어왔고 1949년까지 그야말로 완전 독리을 위하여 투쟁하는 혁명의 시기가 도래한다. 이 때 찌마히 지역에 가롱(garong)이 득실거렸다고 하는데 가롱은 무엇인가? 가롱은 '도적', '강도'의 의미인데 'gabungan'(무리, 떼) + 'romhsha'(노무자) + 'ngamuk'(난동부리다)의 축약형이다. 장난기가 섞인 조어법이다.

최근 군사 분야에서 우리나라와 인도네시아가 좋은 관계를 유지하고 있다. 두 나라가 이 분야에서 협력관계를 유지하려는 것은 서로에게 이익이 되기 때문인 것은 당연하다. 인도네시아 측으로서는 좀 더 실질적인 이유가 있다. 예를 들어 우리의 잠수함과 고등 훈련기 T-50을 수입하는 인도네시아는 단순히 이러한 무기나 장비를 수입하는 차원 이외에 이를 토대로 자기들도 기술을 전수받아 이러한 무기와 장비를 인접 동남아 국가에 생산·수출하려는 목표가 있기 때문이다.

얼마 전 인도네시아 대사관에서 인도네시아 국방 차관과 식사를 할 기회가 있었다. 그는 한국과의 군사협력이 중요함을 이야기했다. 실제로 우리나라에서 전수받은 노하우로 일부 군사 장비를 생산하여 인접 국가로 수출하고 있다고 했다. 인도네시아의 가상적이 어느 나라이겠는가? 인도네시아를 침략할 나라는 없을 것이다. 이러한 상황에서 인도네시아가 무리하게 군비를 확장할 필요는 없을 것이다. 다만 인도네시아는 동남아국가의 맹주로서 군사장비를 수출하는 나라로 발돋움하고 싶은 것이며 이러한 맥락에서 한국은 그들의 중요한 파트너이다.

'할로 할로 반둥'의 도시 반둥

그둥 사떼 주변

날이 어둑어둑해서야 반둥에 입성했다. 4천 5백만의 인구를 가진 서부 자바 주의 주도이며 순다 최대의 도시, 순다 문화의 중심지에 도착한 것이다. 예약한 호텔을 찾아 다소 헤맸다. 길을 모르면 물어보는 것이 쉬울 텐데 우리의 기사 마르띤은 남에게 물어보는 것을 싫어한다. 일단 가보고 아니면 다시 가는 축에 속한다. 내가 여러 차례 목적지에 대한 확신이 없으면 몇 번이고 물어보라고 했는데 그 때 뿐이다.

짐을 푼 뒤 우리는 식사를 하러 나갔다. 호텔 직원에게 물어 근처의 순다 음식점에 갔다. 자카르타에도 물론 와룽 나시 암뻬라(Warug Nasi Ampera), 다뿌르 순다(Dapur Sunda), 삼바라(Sambara), 망 엥낑(Mang Engking) 등 유명한 순다 음식점이 있지만 반둥에서의 순다 음식은 무엇인가 다를 것 같았다. 대개는 식탁에 음식을 차려놓고 의자에 앉아서 식사를 하지만 여기도 우리와 마찬가지로 앉은뱅이 밥상에 음식을 차려놓고 바닥에 앉아서 식사를 하는 곳이다. 식당 앞을 지나다보면 '레세한'(lesehan)이라고 써놓은 곳이 이런 식이다. 우리는 바나나 잎에 밥을 싼 나시 띰벌(nasi timbel), 야채 모음인 랄랍(lalap), 생선구이, 새우 등을 넣은 양념장 삼발 뜨라시(sambal terasi), 공심채 볶음(tumis kangkung) 등을 주문했다. 시장이 반찬이라고 우리는 밥 한 공기를 뚝딱 해치웠다.

다음 날 아침 일찍 우리는 서부 자바의 주청사인 그둥 사떼(Gedung Sate) 앞으로 향했다. 건물 중앙부의 탑이 꼬치(sate) 모양을 하고 있다고 해서 붙여진 이름이다. 1920년 7월에 완공된 이 건축물은 인도네시아에서 가장 아름다운 건축물 중위 하나로 평가받고 있다. 그 날은 건물 안으로 들어가 볼 수는 없었지만 다음 해에 들어가 볼 기회가 생겼다. 인도네시아 대통령이 외국 학자를 초청하는 '인도네시아 대통령의 친구'(Presidential Friends of Indonesia)라는 프로그램을 통해서였다.

독립기념일인 8월 17일 일주일 전쯤 인도네시아에 도착하여 주요 기관을 둘러본 후 8월 17일 독립기념일 행사에 참여하고 대통령과 저녁 만찬을 함께 하는 프로그램이다. 그 때 방문한 기관 중 하나가 서부 자바 주 청사였다. 주지사와 환담을 한 후 청사 이곳저곳을 불러볼 기회가 있었고 밖에서만 보던 꼬치 모영의 탑으로 올라가 본 적이 있다. 계단을 따라 올라가니 전망대가 있고 거기에서 반둥 시내가 모두 보였다. 우리를 수행하던 직원 한 명이 한국의 지자체와 활발하게 교류하고 있다고 했다.

그 날 주청사 앞 광장(alun-alun)에는 운동하는 사람들로 북적였다. 마침 일요일이어서 그런지 많은 사람들이 잔디밭 광장을 뛰거나 가족들과 함께 산책을 하고 있었다. 인도네시아 어느 도시를 가든 주 행정관청 앞에 크건 작건 간에 광장이 있다. 이 광장은 전통적으로 통치자와 피통치자가 만나는 장소, 그러니까 왕이 신하나 백성들에게 명령을 하달하거나 대규모 행사를 하는 소통의 공

서부 자바의 주청사 그둥 사떼 건물

간이었다. 이슬람이 들어오면서 광장은 많은 회중이 함께 모이는 사원의 연장선상으로 보기도 했다. 그래서 그런지 행정관청, 대사원 그리고 광장이 같은 공간에 위치해 있다. 어찌 보면 이 광장의 규모가 그 지자체의 위용을 말해주는 듯하다.

최근 인도네시아 지자체장의 권한이 강해지는 느낌이다. 신 광업법에 따르면 원칙적으로 광업권(IUP)은 이 법의 시행령에 따라 입찰을 거쳐 중앙 정부에서 발급할 수 있게 되어 있지만, 실제로는 지방 정부에서 광업권을 발급을 하고 있는 실정이다. 이에 따라 지방 정부의 권한이 강화되고 재정형편도 좋아지게 된 것이다. 지자체장들이 중앙 정부의 지시에 따르지 않는다고 볼멘소리를 하는 중앙정부 고위관리들이 많다.

포장마차에서 국수로 아침을 때우고 아시아-아프리카 길에 있는 머르데까 건물(Gedung Merdeka)로 향했다. 1955년 4월 18일 <반둥회의>가 개최된 곳이다. <아시아-아프리카회의>(AA Conference)라고도 한다. 이곳에서 인도네시아의 수카르노 대통령, 인도의 네루 총리, 중화인민공화국의 주언라이 총리, 이집트의 나세르 대통령을 중심으로 29개국의 정상들이 모여 회원국 간 협력을 결의했다. <반둥회의>는 결국 비동맹운동의 시초가 되었다.[3)]

일요일이어서 건물 외관만 볼 수밖에 없었다. 그 후 아까 이야기한 '인도네시아 대통령의 친구' 프로젝트로 다시 이곳을 방문하여 안내자의 설명과 함께 내부를 자세히 둘러볼 기회가 있었다. 1955

3) 이 회의에서 i) 아시아 아프리카 간의 협력, 상호 이익, 우호의 추진; ii) 대표 각국 관계 및 사회 정치 문화 문제의 검토; iii) 국가의 주권, 민족 문제, 식민주의 등 아시아 아프리카 국가에 특히 중요한 여러 문제의 검토; iv) 현대의 세계, 특히 아시아 아프리카 국가들의 지위와 세계 평화의 추진을 위해 가능한 공헌 검토 등의 문제를 다루었다.

아시아-아프리카회의가 열린 머르데까 건물

그둥 사떼 앞의 노점상

밀랍 인형으로 제작한 아시아-아프리카회의 참석 지도자들

아시아-아프리카회의 50주년 기념 엠블렘

년 반둥회의 당시의 사진 등 자료들이 잘 전시되어 있었다. 마침 미얀마에서 온 학자와 함께 전시물을 둘러보는데 그 분이 갑자기 흥분하여 소리를 질렀다. 당시 미얀마 대표로 참석한 일행 중에 자신의 부친이 있다는 것이다. 그는 매우 자랑스러워했다.

당시 한국과 북한은 초청되지 않았다. 1955년 제1차 회의 이후 원래는 1961년에 제2차 회의를 개최하려고 했지만 몇몇 회원국 간의 불화로 개최되지 못하였다. 그러나 1961년 9월에 개최된 비동맹회의가 반둥회의의 연장선상에 있다고 보아야 하며 그러한 측면에서 보면 1955년 반둥회의가 국제사회에 기여한 바는 크다. 2005년 반둥회의 50주년 기념회의가 있었고 여기에서 정례화를 결정하였으며 2015년에 60주년 기념회의가 개최되었다.

반둥하면 이 지역 주민들이 '반둥 불바다' 사건과 관련하여 그들의 투쟁을 노래한 <할로, 할로 반둥>을 떠올릴 수밖에 없다. 1945년 일본이 패망하여 독립은 얻은 인도네시아에 다시 연합군과 네덜란드 군이 진주하였다. 물론 인도네시아는 진정한 독립을 위하여 네덜란드 군에 대한 투쟁과 협상을 하였다. 연합군의 일원으로 맥도널드(MacDonald) 장군이 이끄는 영국군은 1945년 10월 12일 반둥에 진주했다. 연합군과 네덜란드 측은 반둥을 인도네시아 독립군을 저지하는 전진기지 사령부로 삼으려했다.

이에 반하여 1945년 11월 21일 인도네시아 측은 영국군이 사령부로 사용하던 반둥의 북부에 호만(Homann) 호텔과 쁘레앙안(Preangan) 호텔을 공격하였다. 연합군은 인도네시아 군에게 반둥에서 철수하도록 하는 최후통첩을 보냈고 나수띠온(A. H. Nasution) 대령이 이끄는 인도네시아 군은 이에 굴하지 않고 1946년 3월 23일 '방화작전'(operasi bumihangus)을 개시하였다. 반둥을 연합군이 사용하게 하는 것보다 차라리 자신들이 불태워버리겠다는 것이었다.

주민들은 자신의 집을 불 지르고 산으로 피신했다. 당시 이를 취재한 <독립의 소리>(Suara Merdeka) 아쩨 바스따만(Atje Bastaman) 기자는 르우떡산(Gn. Leutik)에서 반둥이 불타는 것을 보고 '반둥 불바다'(Bandung Lautan Api) 제하의 기사를 쓰게 되었고 이 때부터 '불바다'라는 용어가 생기게 되었다. <할로, 할로 반둥>은 인도네시아인들이 선배들의 투쟁을 자랑스러워하는 노래이다. 이 노래를 인도네시아의 저명한 작곡가 이스마일 마르주끼(Ismail Marzuki)가 만들었다는 의견도 있으나 의견이 분분하다. 그 가사는 다음과 같다.

할로 할로 반둥
쁘리앙안의 수도
할로 할로 반둥
추억의 도시
나는 오랫동안
너를 보지 못했는데
지금 불바다가 되었네.
동지여, 다시 이를 쟁취하자.

머르데카 건물에서 우리는 반둥역으로 차를 몰았다. 반둥역사는 4천 5백만 인구를 가진 서부 자바주의 역사치고는 좀 초라했다. 역 앞에는 포장마차가 즐비했다. 우리는 포장마차에 들어가 반둥이 자랑하는 음식중의 하나인 시오마이(Siomay)를 시켰다. 시오마이는 중국 음식 딤섬과 같은 것으로 인도네시아에서는 반둥

반둥역

포장마차에서 식사하는 사람들

바따고르

시오마이

시오마이를 만드는 양념들

시오마이와 바따고르를 파는 포장마차

의 시오마이가 제일 유명하다. 어묵 딤섬 정도로 이해하면 된다.

그런데 이와 비슷한 음식으로 바따고르(Batagor)가 있는데 일단 바따고르는 '바소'(bakso, 어묵) + '따후'(tahu, 두부) + '고렝'(goreng, 튀김)의 합성어이다. 시오마이와 바따고르의 차이점은 용어에서도 알 수 있는 바와 같이 전자는 뜨거운 김에 찌는 것이고 바따고르는 기름에 튀긴다는 점이다. 얼핏 보아서는 구분이 잘 안 간다.

20대 초반의 청년이 열심히 좁은 공간에서 음식을 만들고 있고 그 옆에는 서너 명이 앉아 식사를 하고 있다. 나는 조리하는 청년과 이야기를 나누었다. 이야기를 듣고 보니 이 포장마차의 주인은 본인이 아니고 따로 있다고 한다. 그러니까 자기는 고용된 직원인 것이다. 일정 액수의 일급을 받고 매상이 정해진 금액을 넘으면 인센티브를 받는 방식이다. 그 청년이 쉬지 않고 바삐 움직여야 하는 이유가 거기에 있었다. 그의 목표는 자신이 직접 포장마차를 운영하는 것이라고 했다. 나는 대형 포장마차도 아니고 리어카 한 대를 개조해 만든 포장마차에 사장이 있고 종업원이 고용되어 운영되는 시스템이 다소 신기해 보였다.

반둥은 교육도시이기도 하다. 인도네시아의 MIT라고 하는 반둥공과대학(ITB)과 빠자자란대학(UNPAD)이 이곳에 있다. 반둥공과대학은 인도네시아 수재들이 공부하는 곳으로 졸업 후 각계각층에서 자신들의 능력을 발휘하고 있다. 인도네시아의 테크노크랏들을 배출하는 곳이라 해도 과언이 아닐 것이다. 반둥공과대학 마피아라는 이름을 달고 다닐 정도로 위세가 등등하다. 빠자자란대학 역시 인도네시아의 명문대학이다. 사실 우리는 국립대학과 사립대학의 수준 차이가 없지만 인도네시아의 경우 국립대학과 사립대학의 수준 차이는 매우 심하다. 일반적으로 사립대학이 국립대학을 따라갈 수 없다. 그러니까 인도네시아에서는 국립대학이라고 하면 우수한 대학으로 생각하면 된다. 사립대학 중에는 건물 하나 지어놓고 대학 이름을 붙인 곳도 많다.

우리 자동차는 반둥의 북동쪽에 위치한 빠자자란대학을 지나 수머당(Sumedang)으로 향했다. 여기서부터 5번 국도를 따라 40킬로미터 정도 북동쪽으로 가면 수머당에 도착한다. 도로는 구불구불하지만 전체적으로 보면 시계 방향으로 두 시 정도의 방향으로 달려야 한다. 도로 양 옆에 과일가게들이 줄을 서있다. 어느 곳은 주인이 보이는 곳도 있고 또 그렇지 않은 곳도 있다. 손님이 와서 부르면 나올 요량이다.

저항의 아이콘 짜다스 빵에란

반둥을 나서자마자 가장 눈에 띄는 먹거리는 뻐염(peyeum)이다. 길다란 고구마에 흰 분칠을 한 것과 같은 모습으로 주렁주렁 매달려있다. 뻐염은 카사바를 숙성시켜 만든 것으로 단맛과 신맛이 난다. 뻐염 중에서도 반둥 근처의 뻐염이 유명하다. 나는 친구인 토미 교수에게 반둥을 지나 수머당으로 향하고 있으며 주변이 뻐염 천지라고 문자를 보냈다. 수까부미 출신의 토미 교수로부터 답 문자가 왔다. “뻐름뿌안(여성)에는 관심 두지 말고 뻐염에게만 관심 둘 것.....” 재미있는 언어의 유희이다. 사실 아재 개그인 셈이다.

반둥을 출발하여 20킬로미터 정도를 달리면 짜다스 빵에란(Cadas Pangeran)에 도착한다. 이곳은 자바 우체부길을 건설할 때 빵에란 꼬르넬(Pangeran Kornel) 군수가 저항의 의미로 다엔델스 총독

짜다스 빵에란

과 왼 손으로 악수를 했다는 이야기가 전해지는 곳이다. 과일가게를 지나 길이 휘어지는 곳 왼쪽으로 빵에란 꼬르넬과 다엔델스 총독이 악수하는 모습의 동상이 보인다. 전해지는 이야기처럼 빵에란 꼬르넬은 왼손으로 악수를 하고 그의 오른손은 허리춤의 끄리스(단도)에 가 있다. 여차하면 상대방을 공격을 하겠다는 표시이다.

저항의 상징 빵에란 꼬르넬의 원래 이름은 빵에란 꾸수마디나따(Pangeran Kusumadinata XI)이며 1791년부터 1828년까지 수머당 군수 직에 있었던 인물이다. 자바 우체부길을 무리하게 건설하려는 다엔델스 총독의 압박에 주민들이 희생되는 것을 보고 그의 불편한 심기를 왼손 악수로 표했다는 것이다. 하지만 이것은 전해져 내려오는 이야기일 뿐 이것이 사실인지 확인할 길은 없다. 빵에란 꼬르넬과 다엔델스 총독이 만났음을 증명하는 문건이 발견되지 않았기 때문이다.

조꼬 마리한도노 교수도 이에 대하여 이견을 제시한 바 있다. 그

빵에란 짜다스 부근의 뻐염 가게

의 주장은 짜다스 빵에란에 관한 비석이 1812년 3월 12일 자로 기록되어 있는데 실제로 다엔델스 총독은 1811년 6월 29일에 자바를 떠났다. 그러니까 자바 우체부길 현장을 시찰나와서 빵에란 꼬르넬을 만난 사람은 다엔델스가 아니고 다른 사람이었을 것이라는 것이다. 빵에란 꼬르넬이 만난 사람이 누구이건 이 지역 사람들에게는 네덜란드 식민통치 정부의 부당한 강제노역에 대하여 어떤 형태로든 저항했다는 것이 중요한 것이다. 실제로 이 지역은 이름 짜다스(cadas, 자갈밭)가 말해주는 것처럼 자갈밭의 비탈 지역이다. 따라서 작업이 더 힘들었을 것이고 그에 따라 더 많은 희생이 뒤따랐을 것이다. 이것은 단순히 희생을 넘어 주민에 대한 식민통치 정부의 학살이다.

인도네시아 역사에서 수많은 직간접 학살이 일어났다. 인도네시아 땅에서 네덜란드 식민통치 정부가 자행한 첫 번째 학살은 1621년 3월 8일에 말루꾸의 반다섬에서 일어난 학살이다. 향료를 구하

빵에란 꼬르넬이 네덜란드 총독과 왼손으로 악수하는 모습

는 데에 혈안이 된 당시 쿤(Jan Pieterszoon Coen) 총독은 말루꾸의 향료 밀반입 문제를 해결한다는 미명 아래 반다섬의 주민을 살해하고 일부는 바타비아로 데려와 종으로 삼았다. 이 학살을 피하여 섬의 많은 주민들이 다른 섬으로 이주하였으며 네덜란드 측은 반다 지역의 정향 농장을 유지하기 위하여 다른 지역 주민들을 이곳으로 강제 이주시켰다. 반다는 마다가스카르와 함께 정향의 주산지였다. 네덜란드 식민통치의 주요 목표 중의 하나가 인도네시아 군도에서 향료를 구하는 것이었기 때문에 무리한 조치가 취해진 것이다.

반다 지역에서 희생된 사람이 얼마나 되는지에 대한 기록은 없다. 식민통치 정부가 그 기록을 가지고 있을 이유가 없었을 것이다. 그 이외에도 일본 식민통치 정부 시대의 서부 깔리만딴 학살, 1947년 네덜란드 군의 남부 술라웨시 학살 등으로 많은 인도네시아 사람들이 희생됐다. 이와 함께 1965년 9월 30일 발생한 공산쿠데타를 진압하면서 희생된 사람들이 공식적으로 50만 명 비공식적으로 100만 명이라는 것은 그 수효도 수효이지만 같은 인도네시아 사람들 사이에 발생한 학살이라는데 의미가 색다르다.

영화 '액트 오브 킬링' 포스터

아시아 국가 중에서 공산당이 처음 창당된 것이 인도네시아공산당(PKI)이다. 인도네시아공산당은 중국공산당보다 1년 먼저인 1920년에 창당되었다. 수카르노의 나사콤(NASAKOM)체제[4] 에 힘입어 성장한 인도네시아 공산당은 1965년 9월 30일 대통령경호실장 운뚱(Untung) 중령을 앞세워 쿠데타를 일으켰다. 이른바 <9·30사태>이다. 당시 수하르토 장군이 이를 진압하면서 많은 사람들이 희생됐다는 것이다. 문제는 이 과정에서 쿠데타와 연관이 없는 사람들이 희생된 있다고 보는 시각이다. 요수아(Joshua Oppenhermer) 감독이 신변에 위협을 느껴가며 제작한 기록영화 <액트 오브 킬링>(The Act of Killing, 2012)[5]과 <침묵의 시선>(The Look of Silence, 2014)은 당시 얼마나 잔인하게 사람들이 죽어갔는지 증언하고 있다.

4) 수카르노 대통령이 민족주의 진영(Nasionalisme), 이슬람진영(Agama), 공산진영(Komunisme)를 같이 비호한 체제를 말한다.

5) 이 영화는 2013년 베를린국제영화제 2관왕, 아카데미시상식 다큐멘터리상 등 전 세계 70개 이상의 영화상을 휩쓸었다.

1965년 9월 30일의 공산 쿠데타와 관련한 희생을 목격한 사람들과의 인터뷰를 위주로 제작한 이 기록영화에서 시사하는 바는 이 <9·30사태>의 진압에 대한 서로 다른 견해 차이인 것이다. 요수아 감독은 가해자 편에 있는 사람과 피해자 편에 있는 사름들을 함께 인터뷰했다. 가해자 편에 있는 사람들은 공산당으로부터 국가를 구하기 위한 당연한 조치이고 애국적인 시각으로 보아야 한다는 것이다. 희생자 편에 있는 사람들은 이 사태를 진압하는 과정에서 무고한 사람들이 너무 많이 살해됐다는 것이다.

그런데 뜻밖에도 2015년 제주4·3평화재단에서 수여한 제1회 <제주4·3평화상> 특별 수상자로 인도네시아 <9·30사태> 관련 활동가인 이맘 아지즈(Imam Aziz)가 지명되었다. 나는 이 재단의 부탁으로 이맘 아지즈와 인터뷰할 기회를 가졌다. 우선 제주4·3평화재단에서 이 분을 수상자로 결정한 이유는 이맘 아지즈가 <9·30사태>와 관련한 학살과 관련하여 진실 규명과 화해 활동에 기여한 바가 크다는 것이다. 이맘 아지즈 자신은 <9·30사태>와는 무관하지만 진상규명을 위해 노력하였다. 이맘 아지즈는 가해자 측을 설득해 피해자 측과 화해에 나서게 하였으며 <9·30사태>로 인해 철저히 유린된 인간 존엄성의 회복과 화해·상생의 공동체 복구를 위해 헌신했다. 이러한 사실이 평화와 인권 존중의 제주4.3평화상의 취지에 온전히 부합한 것이다.

이맘 아지즈

이맘 아지즈는 인도네시아 최대의 이슬람 단체인 나흐들라뚤 울라마(Nahdlatul Ulama, NU)의 문화 분과 위원장이다. 이맘 아지즈와의 인터뷰 결과 그 핵심 내용은 당시 NU가 주축이 되어 공산당과 연관된 사람들을 학살한 것으로 알려져 있는데 사실은 그렇지 않다고 했다. 오히려 군부 측에서 이들을 사주하였다는 것이다. 2016년 4월 19일 자카르타에서 개최된 한 세미나에서[6] 이맘 아지즈는 당시 군부에서 NU를 협박 회유하여 공산당과 연관된 사람들의 살해를 교사하였다고 주장했다. 군부에서는 이 단체를 이용하여 많은 사람들을 죽인 것으로 드러났다. 이 과정에서 많은 무고한 사람들이 희생된 것이다.

이러한 사실에 자신을 얻은 이맘 아지즈는 우선 피해자들에게 다가가 자신들의 잘못을 인정하고 용서를 빌었으며 이 학살에 대한 진상규명을 시작하였다. 그는 2000년부터 인권단체 <샤리깟>(Syarikat)을 창설해 운영하고 있으며 학살이 집중적으로 발생한 자바와 발리를 중심으로 <9·30사태>의 진상규명을 위해 노력하였다. 그리고 풀뿌리 커뮤니티 차원의 화해 사업을 수행하고, 학살 희생자들에 대한 국가 정책의 변화 등을 추진하고 있다.

이맘 아지즈는 인터뷰 말미에 한국의 상황을 부러워했다. <제주4·3사건>에 대하여 한국 정부 차원의 사과와 관련 평화재단이 설립된 것은 인도네시아에서는 아직 생각하기조차 힘든 일이라고 했다. 그는 우선 인도네시아 정부 차원의 관심과 유감 표명을 유도하는 것이 일차적인 목표라고 했다. 인도네시아 현대사에서 중요한 사건으로 기록되는 이 <9·30사태>에 대한 정리가 인도네시아에 화해와 평화를 가져오는 초석이 될지도 모른다.

쁘라무디아 선생의 소설 『역류』(Arus Balik, 1995)는 인도네시아군도를 통합했던 힌두왕조 마자빠힛을 지나 자바 최초의 이슬람 왕

6) Simposium Nasional Membedah Tragedi 1965

인도네시아가 낳은 세계적인 작가 쁘라무디아 아난따 뚜르

국 드막이 세워지는 시대를 배경으로 하는 역사소설이다. 아위스 끄람빌(Awis Krambil) 출신의 주인공 위랑갈렝(Wiranggaleng)은 빠띠 우누스가 말라카의 포르투갈 군을 공격할 때 함께 참여하기도 한다. 쁘라무디아 선생이 '역류'라는 용어로 이 소설의 제목을 삼은 것은 시사하는 바가 크다. '역류'는 물의 흐름이 바뀌는 것을 의미한다.

자바의 왕국들은 대개 해상왕국(maritime kingdom)이다. 육지보다는 바다를 지배하여 왕국을 경영하는 진취적인 왕국인 것이다. 비록 실패로 돌아갔지만 빠띠 우누스가 말라카에 진주한 포르투갈을 공격한 것만 보아도 그 기상을 짐작할 수 있다. 배를 제작할 때 평형을 유지하기 위하여 선체의 양 측면에 연장된 두 개의 지주를 아우트리거(outrigger, 인도네시아어로는 짜딕 cadik)라고 하는데 이것을 인도네시아군도 지역 사람들이 처음으로 사용하기 시작하였다. 이러한 장치를 사용하게 됨으로써 더 멀리 더 안정적인 항해를 할 수 있게 된 것이다.

해양 세계의 발전이라는 측면에서 살펴보면 세계의 여러 지역은 15세기 이후 외부로의 팽창을 시도했고 이 때 항해술의 발전이 중요한 요소였다. 자바의 입장에서 보면 중국의 해상에서의 후퇴와 유럽 세력의 팽창이 그들에게 직접적인 영향을 끼쳤다고 보아야 한다. 포르투갈, 영국, 네덜란드의 팽창으로 그동안 활발히 왕래하던 중국의 왕래는 자연히 쇠퇴하였다. 그럼에도 불구하고 민간 분야에서는 중국과의 교류활동이 계속되어 중국계들이 이 지역에 뿌리를 내리는 계기가 되었다.

페르난데스-아르메스토는『세계화의 기회』에서 15세기 시점에서 보았을 때 전 지구적 헤게모니 쟁탈전의 우승 후보를 꼽는다면 차라리 자바라고 하였다. 자바는 인도양 한 가운데 자리집고 있어서 우선 지정학적으로 유리한데다가 아주 넓은 지역에서 조공관계를 유지하면서 언제든지 군사적으로 공격할 태세를 갖추고 있었다. 그리고 조선지도항해와 같은 기술적 요소도 매우 발달해 있었다. 따라서 장래 가능성을 본다면 모든 면에서 스페인이나 포르투갈보다는 자바가 더 유리했다고 하였다.[7)]

인도네시아는 만 오천 개 이상의 섬으로 이루어진 나라이고 섬과 섬을 연결하는 바다는 이들의 매우 중요한 자산이다. 따라서 이러한 바다를 지배하고 경영하는 것은 무엇보다도 중요한 것이었다. 이러한 관점에서 볼 때 적어도 마자빠힛 시대까지는 자바를 기준으로 할 때 이의 흐름이 북쪽의 바다로 힘차게 뻗어나갔다. 그러나 유럽 세력이 들어오면서 더 이상 뻗어나가지 못하고 이

---

7) 주경철. 2009.『대항해 시대: 해상 팽창과 근대 세계의 형성』에서 재인용.

흐름이 바뀌어 반대 방향으로, 그러니까 자바 내륙으로 들어오게 된 것이다. 역류현상이 생긴 것이다. 그 이후부터는 바다를 경영하는 대신 자국민을 착취하여 왕조를 유지할 수밖에 없었고 이러한 상황은 자바의 봉건주의와 밀접한 관계가 있다. 사실 세계적으로 해상 팽창이 본격화 될 무렵 중국도 바다에서 후퇴하여 내륙으로 들어갔다.

700쪽이 넘는 『역류』의 시놉시스를 자세히 설명하기는 어렵지만 소설의 말미에 백성들이 모든 임무를 마친 위랑갈렝을 향해 자신들이 지도자가 되어줄 것을 요청한다. 그러나 위랑갈렝은 이를 뿌리치고 원래의 자리로 돌아가겠다며 낙향한다. 쁘라무디아 선생은 단순히 소설의 주인공 위랑갈렝의 낙향을 묘사하는 것이 아니다. 무엇이겠는가. 위에서 언급한 대로 『역류』는 역사소설이다. 역사소설은 지나간 시대의 역사를 현재로 끄집어내서 특정한 인물이나 사건이 주는 교훈을 말하고자 하는 것이며 이러한 과정에서 작가의 메시지가 드러나게 마련이다. 역사소설이 지나간 시대의 인물이나 사건을 그대로 묘사한다면 그것은 소설이 아니고 특정 인물의 전기일 뿐이다. 쁘라무디아 선생은 위랑갈렝의 이야기를 하면서 그동안 인도네시아를 통치했던 지도자의 이야기를 하고 싶은 것이다.

소설 『역류』의 표지

이 소설의 주인공 위랑갈렝은 수하르토와 대비된다. 단적으로 말하여 수하르토는 <9·30사태>를 진압하고 난 뒤 다시 군으로 돌아갔어야 한다는 것이 쁘라무디아 선생의 생각이다. 결과론적이지만 30년 이상을 통치하고도 인도네시아를 한 단계 업그레이드 시키지 못했다는 사실을 떠나서 수하르토가 인도네시아의 지도자가 되는 과정도 적법하지 못했다고 보는 견해도 있다. 이른바 1966년 3월 11일 수카르노 대통령이 당시의 혼란한 상황을 수습하기 위하여 수하르토 장군에게 전권을 부여했다는 <3월 11일 대통령 명령서한>(Supersemar)의 진위가 불분명하다. 그러니까 수카르노 정부의 적법한 절차를 밟은 것이 아니고 수하르토 군부 측에서 조작했을 가능성이 있다는 것이다.

그렇다면 수하르토의 집권이 위법하다는 이야기가 된다. 지금까지 여러 가지 버전의 명령서한이 발견되고 있고 수카르노 대통령 이름도 구 철자(Soekarno)와 신 철자(Sukarno) 등으로 기록되어 있어 더욱 진위가 의심된다. 저명한 동남아학자 앤더슨(Benedict Anderson)은 당시 대통령궁에 근무했던 군인의 증언을 빌어 원래 이 대통령 명령서한은 육군이 사용하는 문서양식에 작성되었는데 그 뒤 발견된 것은 대통령 문서양식에 작성되어 있어 수하르토 측이 제시한 명령서가 위조라고 말한 바 있다.

앤더슨은 1966년 1월 10일 맥베이(Ruth McVey)와 함께 이른바 '1965년 10월 1일 쿠데타 사전 분석'(A Preliminary Analysis of the October 1, 1965, Coup in Indonesia)이라는 백서를 썼다. 이른바 '코넬 백서'(Cornell Paper)로 알려진 이 백서의 주요 내용은 <9·30사태>의 핵

코넬 백서

심은 미국 CIA에 협조한 군 장성을 제거하기 위한 군 내부 알력의 문제였으며 인도네시아공산당과 수카르노 대통령은 이 사태와 아무 연관이 없는 희생자라는 것이다. 이 백서는 1971년에 출간되었는데 그 이후 앤더슨은 인도네시아 정부의 블랙리스트에 올라 인도네시아 입국이 안 됐다. 수하르토가 물러난 1999년에야 입국할 수 있었다.

『언어와 권력』 표지

수하르토를 어떻게 평가하는지는 관점에 따라 다를 수 있다. 앞서 말한 바와 같이 30년 이상 인도네시아를 통치하면서 그가 남긴 것은 무엇인가. 다시 말하여 수하르토 하면 무엇이 떠오르는가. 언론에 오르내렸던 그의 자식들의 부패…… 그리고 또 무엇이 있는가. 흡사 식민통치 정부의 지시에 따라 그들의 명령을 수행하고 대신 자신 개인들만의 이익을 챙긴 네덜란드 시대의 고위 관료들과 다른 점을 찾아보기 어렵다. 어찌 보면 자바 출신의 수하르토가 자바인들의 삶에서 가장 중요시하는 두 가지 덕목인 '자신의 이익을 구하지 않기'와 '자신의 책무를 다하기'를 지키지 않았다고 말할 수밖에 없다. 앤더슨이 자신의 저서 『언어와 권력』(Language and Power, 1990)에서 인도네시아 전통사회에서 권력을 가진 자를 위협할 수 있는 것은 그의 가시적인 적이 아닌 '사적인 이익'(pamrih)이라고 했다.

인도네시아인들이 중요시하는 가치 중의 하나는 개인의 이익보다는 사회 국가 등 공동체의 이익을 더 중요시하는 것이다. 그들이 사회를 지탱하는 가치로써 '자신의 이익을 구하지 않기'(sepi ing pamrih)를 중요시하는 것은 이것을 지키지 않을 경우 융화가 깨져 사회 혼란을 야기 시킬 수 있는 여지가 있고, 동시에 자신을 내적으로 약하게 만드는 속성이 있다고 믿기 때문이다. '빰리'란 사회의 질서에 대한 고려를 무시하고 자신을 무리하게 정당화시키려는 속성이 있다.

'빰리'의 근원은 '항상 일인자가 되려는 욕구', '자신만이 항상 옳다는 생각', 그리고 '자신이 필요한 것에만 관심 표명'인데 이들은 상호 연관성이 있는 인간의 개인적 욕구이다. 사회 내에서 갈등이란 대개 이러한 자신의 이익을 서로 다투어 앞세우기 때문에 발생한다. 따라서 인도네시아인들은 이것을 방지하는 방법으로써 항상 자신의 이익을 앞세우지 아니 하며 필요하다면 공동체의 융화와 이익을 위하여 자신의 이익을 포기하는 것이 옳다고 믿는다.

공동체의 융화의를 깨뜨리지 않기 위하여 인도네시아인들이 중요시하는 또 하나의 가치는 '자신의 책무를 다하기'(reme ing gawe)이다. 이를 어의적으로 해석하면 '공동으로 활동적임'이지만 이것이 함축하는 바는 크고 작은 공동체에서 자신의 책무를 다해야 함을 말한다. 수뜨리스노(Soetrisno)는 이것을 자신뿐만 아니라 가정, 사회, 인류공영을 위하여 책무를 다하는 것으로 설명하였다.

한편, 멀더(Niels Mulder)는 이를 설명하면서 농부, 종, 관료, 통치자를 각각자신의 업(karma)으로 알고 맡은 바 임무를 충실하게 수행하되 창의력(initiative)의 발휘를 금기시하는 것이라고 하였다. 이것은 특별한 재능과 개성이 있는 일을 하거나 남달리 포부가 원대한 사람의 등장을 꺼려하는 성향을 낳았다. 이러한 책무 의식은 인도네시아인들에게 공동체(사회)의 변화를 기대하기보다는 기존의 공동체 내에서 융화를 지키는 것을 더 중요하게 인식하였다.

따라서 인도네시아인들은 좋은 사회로 의 변혁조차도 별로 중요시하지 않는 경향이 있는데 그것은 그 과정에서 사회의 융화를 깨뜨릴 여지가 있다고 여기기 때문이다.

이러한 측면에서 볼 때 수하르토는 실패한 대통령이다. 그는 인도네시아 사람들이 공동체의 융화를 위하여 중요시하는 두 가지 원칙을 지키지 않았다. 자신이 인도네시아 번영을 견인한 당사자라는 착각에 빠져 현실에 안주했다. 상대적인 평가를 할 때 수하르토 시대에 인도네시아에는 번영이 없었다. 오히려 후퇴했다고 보아야 한다. 수하르토 정권의 상징적인 개발계획으로 1969년부터 시행했던 다섯 번의 5개년 경제개발 계획은 결실이 별로 없었다.

실제로 경제학자로서 인도네시아 부통령을 지낸 함자 하스(Hamzah Haz)는 2004년 그의 관저에서 나에게 그동안 인도네시아의 경제개발 5개년 계획은 실패했다라고 말했다. 이렇게 본다면 수하르토가 이룬 실적은 손으로 꼽기 힘들 정도이다. 1998년 5월 21일 그는 하야성명을 발표하고 권좌에서 물러났다. 그의 부패와 관련하여 1년 이상 계속된 하야 요구 시위가 있었기 때문이었다.

유도요노 대통령 시절 집권 민주당의 재무위원장 나자루딘의 5,500억 루피아(한화 500억원) 정도의 수뢰 사건에 대한 판결이 작년에 있었는데 자카르타 법원은 그에게 징역 6년을 선고했다. 나자루딘은 당시 동남아국가체육대회(SEA Games)를 준비하면서 체육관련 시설 건축과 관련하여 수뢰하였다. 당시 법원은 나자루딘이 싱가포르로 출국한 후에야 출국금지 조치를 내리는 해프닝이 발생하였다. 언론에서는 싱가포르와 공조하여 나자루딘을 강제 귀국시켜야하며 이에 대한 책임을 지고 유도요노 대통령이 물러나야한다는 주장을 하기도 했다.

그 즈음에 자카르타 찌끼니 길에 위치한 식당 <붐부 데사>(Bumbu Desa)에서 국립 인도네시아대학 법과대학 조꼬수또노연구소가 주최한 부패근절과 문화에 대한 긴급 토론회가 있었다. 나는 그들의 요청으로 패널로 참석하였다. 그들은 한국의 사례를 듣고 싶었던 것이다. 나는 전직 한국 대통령들의 퇴임 후의 불행한 운명, 명예와 부의 추구, 이와 관련한 교육의 문제 등에 대하여 이야기 하였다. 나는 언론에 보도된 대로의 노무현 대통령의 자살에 대하여도 이야기했다. 그들은 고개를 갸우뚱했다. 이해가 잘 안 된다는 것이다. 이어 질문이 이어졌다. 본인이 돈을 받은 것도 아니고 액수도 비교적 적었는데 왜 자살했냐는 것이다. 나는 명예에 대하여 한참을 이야기하였다. 그리고 부패에 대한 전 국민적인 인식이 필요한 것 아니겠냐고 말했다. 아무튼 참석자들은 한국의 사례에 많은 관심을 보였다. 패널로 참석한 뜨리삭티대학의 밤방 교수는 부패와 관련한 각 지방의 유행어, 문화 등을 이야기하였다.

인도네시아의 군인이나 경찰 등의 유력자들은 자신의 아이가 미국 등 외국에서 유학을 해야 체면이 선다는 이상한 조류가 있다는 밤방 교수의 말을 듣고 웃어야할지 고민했다. 나는 기어이 참석자들의 속을 긁어놓고 말았다. 연구년을 맞아 국립 인도네시아대학 교환교수로 있을 때 한 동료교수가 자신의 부를 설명하면서 부친이 군인이었기 때문에 가능하다고 해서 나는 인도네시아 군인은 봉급이 많은 모양이라고 응수했다고 하니 참석자들의 얼굴이 붉어졌다.

취임 당시 부패와의 전쟁을 선포한 유도요노 대통령의 정책은 그다지 성공하지 못했다. 그 이전에도 가유스 땀분안(Gayus Tambunan)이라는 하위직 세무공무원 수뢰사건이 있었고 여기에 수많은 경찰 및 법조계 인사가 연루되어 물의를 일으킨 적이 있다. 가유스 땀분안이 수뢰한 금액은 740억 루피아였다. 가유스 땀분안은 수감자 신분인데도 변장을 하고 발리의 고급 호텔에서 열린 국제 테니스대회를 관람하다가 신문기자에게 꼬리를 잡혔다. 심지어 그는 수감자 신분으로 싱가포르나 홍콩 등으로 해외여행도 했다. 부패에 대한 국민적 컨센서스가 아쉽다. 자본주의사회에서 돈을 싫어하는 사람은 없을 것이다. 그러나 부정한 돈은 독이 된다는 사실을 인식하고 인도네시아가 맑고 밝은 나라로 변신하기를 바라는 것이 과연 무리인가.

세계 최대의 불교 유적지 보로부두르(Borobudur) 사원을 건축할 정도라면 인도네시아는 찬란한 문화유산을 가진 민족이라고 해도 과언이 아니다. 캄보디아의 앙코르 왓트 사원보다 300년 정도 먼저 건축되었다. 보로부두르 사원이 앙코르 왓트 사원 건축에 영향을 끼쳤을 수도 있다. 마자빠힛 하얌 우룩(Hayam Wuruk)왕 시대인 14세기의 문사 음뿌 딴뚤라르(Mpu Tantular)는 『수따소마 이야기』(Kakawin Sutasoma)라는 위대한 문집을 냈으며 인도네시아의 국가적 모토인 '다양성 속의 통일'(Bhinneka Tunggal Ika)도 여기에 나오는 한 구절이다. 역시 하얌 우룩 시대인 1365년에 쁘라빤짜(Prapanca)[8]는 마자빠힛왕조의 이야기를 내용으로 하는 『나가라꺼르따가마 이야기』(Kakawin Nagarakertagama)라는 역사책을 펴냈다. 이러한 문화유산을 가진 민족의 현재 상황은 아쉬운 감이 없지 않다. 30년 동안 인도네시아를 통치한 수하르토에게도 일부 책임이 없다면 거짓말일 것이다.

---

8) 쁘라빤짜는 필명이며 원래 이름은 당 아짜르야 나덴드라(Dang Acarya Nadendra)이다. 그는 마자빠힛 시대에 왕궁에서 불교 관련 업무를 본 관리로 알려져 있다.

두부로 유명한 수머당

수머당

빵에란 꼬르넬의 저항정신을 떠올리고 또 인도네시아의 미래를 생각하면서 나는 짜다스 빵에란 지역을 빠져나왔다. 20 킬로미터를 더 달리면 두부의 고장 수머당(Sumedang)에 당도한다. 우체부길 북쪽은 부랑랑산(Gn. Burangrang)이고 남쪽은 짤란짱산(Gn. Calancang)이다. 그러니까 우체부길은 두 산 사이에 난 계곡을 따라 올라가는 셈이다. 도로변의 시골 마을과 논밭이 정겹다. 조그만 꼬마 아이가 수줍은 듯 창문 커튼 뒤에 몸을 숨기고 지나가는 우리 차를 바라본다. 도로변에는 좌판대를 펼쳐놓고 과일을 파는 사람들이 눈에 뜨인다. 도로 왼쪽으로 민둥산이 보인다. 털이 다 뽑힌 닭과 같은 모습이다. 산을 송두리째 개발하는 모양이다. 건축용 석재를 채취하는 듯하다.

한참을 달려 수머당에 도착했다. 도시는 아담하고 정결했다. 두

수머당 두부

수머당 두부 가게

수머당 이슬람 대사원

수머당 거리악사

수머당 화랑

부의 고향답게 곳곳에 두부를 파는 가게들이 즐비하다. 수머당 두부는 원래 중국계 옹키노(Ong Kino)라는 사람이 1917년 즈음에 만들기 시작하였는데 주변에 인기를 얻어 판매를 시작하였고 그 후 수머당은 물론 인도네시아 각지로 팔려나갔다. 자카르타에서도 수머당 두부를 맛볼 수 있다. 우리는 근처 두부 가게로 갔다. 가게 안쪽에서 두부를 만들고 밖으로 내다파는 구조였다. 두부 만드는 법이야 비슷한데 우선 두부의 크기가 우리의 두부와는 비교할 수 없을 정도로 작다. 4센티미터 정도이다. 그러니까 두부콩을 삶아서 간수를 넣어 부풀리는 등의 공정을 거친 후 마지막에 두부를 자르는 틀에 넣게 되는데 이 틀이 4센티미터의 정사각형 격자로 이루어진 것이다.

두부콩 1킬로그램에서 80모 정도의 두부가 나온다. 그들은 두부를 기름에 튀겨서 팔았다. 더운 나라이기 때문에 쉽게 부패되는 것을 방지하기 위한 것이다. 두부 맛이 신맛이 나는 것은 두부를 만들 때 식초를 타기 때문이다. 두부를 만드는 공정을 직접 눈으로 보니 신뢰가 더 갔다. 두부 가격을 자세히 적은 가격표를 밖에 붙여두었다. 언제 다 먹을지 모르지만 우리는 두부를 한 봉지 사가지고 나왔다. 가게 옆에서 잘생긴 거리의 악사가 노래를 한다. 거리를 잠시 걸었다. 미장원이며 화랑이 눈에 들어온다. 조그만 도시에 화랑이라니 다소 의외였다. 화랑 안으로 들어가 보았다. 깔끔한 그림 몇 점이 전시돼 있다. 집에 장식용으로 걸 수 있는 간단한 그림들이었다. 이제 다음 목적지를 향해 출발해야한다.

I N D O N E S I A

5
독자적인 문화를 추구하는 찌레본

독자적인 문화를 추구하는 찌레본

찌레본의 대표 왕조 까노만과 가스뿌한

수머당을 출발한 우리 차는 자띠왕이(Jatiwangi)를 거쳐 다음 목적지인 찌레본(Cirebon)에 도착했다. 100 킬로미터 정도를 단숨에 달려왔다. 마르뗀이 좀 더 서두른 듯하다. 오늘 여기서 숙박을 해야 하기 때문이다. 찌레본은 앞에서도 언급했지만 서부 자바의 일부라기보다 자신들의 독자적인 영역으로 인식되기를 바라는 지역이다. 고유한 언어와 문화를 가지고 있고 반뗀왕국에 영향을 끼쳤기 때문이다. 우리는 찌레본 역 부근에 숙소를 잡았다.

숙소를 정하고 여장을 푼 뒤 우리는 바로 저녁 식사를 하러 나갔다. 찌레본은 순다어로는 '새우(rebon)의 물(ci)'이라는 의미를 가진 도시이다. 그만큼 새우로 유명한 도시이다. 곳곳에서 새우 가공제품을 만날 수 있다. 우리는 이 도시의 대표 음식 중의 하나인

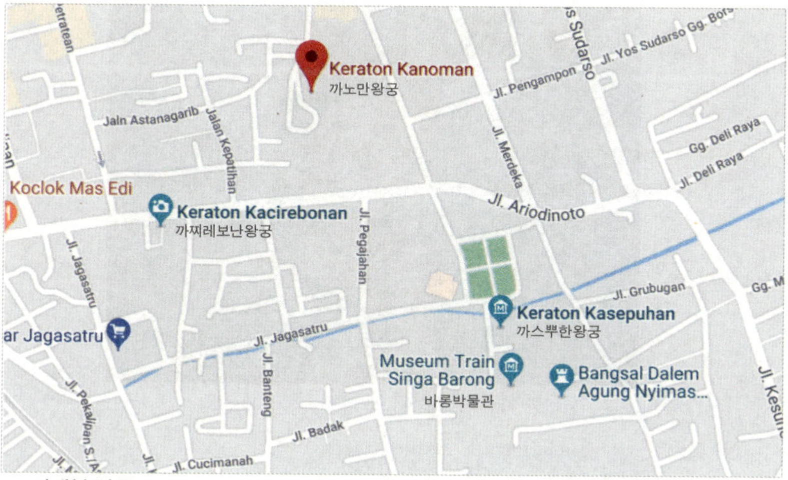

찌레본 왕궁

엄빨 근똥(empal gentong)을 잘 한다는 집을 소개받아 갔다. '엄빨'(empal)이 '튀긴 고기'이고 '근똥'(gentong)이 '항아리'이니 대충 이 음식이 어떤 것인지 짐작할 수 있다.

식당은 식탁 서너 개가 덩그러니 놓여있는 아담한 규모였다. 입구 왼쪽에 항아리가 놓여있고 그 밑에는 불을 지펴놓았다. 이 항아리에 살코기와 내장 등을 삶아서 국물을 부어 내놓는다. 고기 한 점 한 점을 정성스레 써는 주인 아주머니의 손길이 손님에게 신뢰를 준다. 맛은 우리의 내장탕 비슷하다. 안디까와 마르띤이 나에게 먹을 수 있겠냐고 물어보는 것으로 보아 독특한 음식향이 있는 것이 분명했다. 하지만 마까사르(Makasar)에서 그 지역의 내장탕 쪼또(coto)를 먹어본 내가 마다할 이유가 없었다. 예상대로 진한 야자유 내음이 입속에 감돌았다. 쪼또 마까사르가 좀 담백하다면 찌레본의 엄빨 다깅은 다소 기름기가 있는 점이 다르다.

안디까와 이런 저런 음식에 관한 이야기를 하다가 무슬림들이

엄빨 근똥 식당 주인 얀띠 아주머니

엄빨 근똥

엄빨 근똥 식당

돼지고기를 먹지 않는 이유에 대하여 이야기를 나누게 되었다. 안디까는 무슬림으로서 사실 돼지고기라는 말을 꺼내는 것도 불경스러운 눈치다. 내가 주로 이야기를 하였다. 인도네시아 사회에서는 밥이 가장 기본적이고 중요시되는 먹거리이다. 그래서 전통적인 의미로 '식사한다'(makan)는 것은 '밥을 먹는다'(makan nasi)를 의미한다. 예를 들어 국수나 이와 비슷한 먹거리를 먹었다면 간식을 먹은 것으로 보며 아직 식사를 하지 않은 것으로 볼 수 있다. 따라서 인도네시아인들은 아무리 많은 부식을 먹었다고 해도 밥을 아직 먹지 않았다면 식사했다고 느끼지 않을 것이다. 예를 들어 생선을 먹었다면 그것은 부차적 에너지를 얻는 부식(lauk)일 뿐이다. 야채는 밥을 먹는데 입맛을 돋구어주는 단순한 먹거리의 역할을 할 뿐이고 과일은 입술을 씻어주는 후식일 뿐이다.

생물학적인 측면에 볼 때 사람이 먹고 마시는 일은 가장 기본적인 일이 되며 먹거리가 문화적인 차원에서 조명되어야 한다는 사실을 나타낸다. 다시 말하면 특정 집단의 먹거리가 영양분 섭취 이외에도 미학적이고 상징적인 측면과도 관련된다는 말이다. 또한 인간이 먹을 수 있는 먹거리를 누구나 먹는 것은 아니라는 사실이며 단지 그 사회가 먹거리로 정해 놓은 자연의 일부만을 취한다는 것이다. 말리노프스키(Malinowski)가 지적한 대로 인간은 주변에 있는 것만을 먹는 것은 아니다. 인간은 필요한 것은 선택하고, 거부하며, 생산해 내기도한다.

무슬림들이 돼지고기를 먹지 않은 이유에 대하여 여러 가지 견해가 있다. 돼지고기는 모든 무슬림들이 금기시하는 것으로 보아 종교적인 측면에서 그 이유를 찾아야 할 것이다. 돼지는 알곡이나 쭉정이를 먹어 고농도 지방과 단백질로 된 고기를 제공하는 동물이지만 수백만의 유태인들과 수억의 무슬림들은 돼지를 금기시하고 있다. 유태인들은 자신들의 돼지에 대한 금기가 타 민족과 구별되는 민족적 일체감을 갖게 하는 징표로 생각한다.

무슬림들이 돼지가 불결하다는 이유로 금기시한다는 견해를 가진 사람도 많다. 그러나 따지고 보면 위생적인 측면에서 돼지보다 불결한 동물이 많다. 좁은 우리 속에서 소를 키운다면 소도 역시 자기의 오물과 배설 속에서 뒹굴 것이다. 따라서 돼지가 무슬림들에게 금기시 당하는 이유는 외관이 불결한 것 이외에 또 다른 측면에서 설명되어야 할 것이다. 이슬람교가 발흥한 지역이 중동의 사막 지역임을 감안해 볼 때 돼지 사육과 이 지역의 자연 환경과의 관계를 살펴보아야 한다.

실제로 해리스(Marvin Harris)는 돼지 사육이 중동지방의 기본적인 문화와 자연 생태계의 조합된 통합성을 깨뜨릴 위협이 되었기 때문에 성서와 코란이 돼지를 정죄시킨 것으로 보았다. 해리스의 설명에 의하면 13세기 팔레스타인의 요르단 계곡을 정복하고 있던 시기에 히브리인들은 거의가 소, 양, 염소를 기르며 살아가는 유목민 생활을 했다. 그들은 오아시스와 큰 강을 소유하고 있던 정착 농경인들과 친분관계를 유지하였다. 이러한 친분관계가 성숙되어 정착적인 문화에 적응하는 생활양식을 갖게 되었고 소, 양, 염소 등을 치는 목축업이 중요한 경제활동이 되었다.

농업과 목축이 혼합된 경제형태에서 돼지고기를 금기시하라는 명령은 일종의 생태학적 전략이었다. 돼지는 원래 숲지대와 그늘진 강둑에서 사는 동물이다. 잡식동물이기는 하지만 주식물은 섬유소 형성도가 낮은 나무열매 과일 식물뿌리, 특히 곡식을 먹기 때문에 인간과 직접 경쟁하는 경쟁자일 수밖에 없다. 다시말하면 인간과 먹이경쟁 관계에 있는 동물이다. 따라서 먹거리가 부족한 유목 유랑민들이 풀만 먹고는 살 수 없는 돼지를 기르기가 어려웠을 것이다. 게다가 돼지가 가지고 있는 더 큰 약점은 실용될 수 있는 젖이 없고 원거리를 몰고 다니기가 무척 어려웠을 것이라는 점이다.

그리고 돼지는 중동의 덥고 건조한 기후 에는 신체 구조적으로 잘 견뎌내지 못한다. 소, 양, 염소 등과 비교해볼 때, 돼지는 체온조절 능력이 떨어진다. 다른 동물과 비교해볼 때 돼지는 보호막 역할을 하는 털도 없고, 땀 을 흘려 체온조절도 할 수 없는 까닭에 외부의 습기를 이용하여 피부를 습하게 하여야 한다. 그래서 돼지는 진흙 속에서 뒹굴어 체온을 조절하며 진흙이 없을 경우에는 자기 배설물에 뒹굴어 피부를 습하게 하여야 한다. 결과적으로 기온이 올라갈수록 돼지는 더러워지게 된다. 그러므로 돼지가 종교적으로 불결하게 여겨지는 이유가 실제 몸이 더럽기 때문이라는 견해에도 일리는 있다. 그러나 이것은 돼지의 본성이 원래 그렇다는 것이 아니라 오히려 돼지가 자기 오물을 뒤집어쓰고 더럽게 하는 것은 중동지방의 덥고 열악한 서식지의 특성 때문이다.

중동지역의 목축 농경 혼합 경제체제의 고대사회에서 염소, 양, 소 등의 가축들은 젖, 치즈, 피혁, 분뇨, 단백질 등을 공급하는 주원천으로, 그리고 농사일을 돕는 가축으로서의 근본 가치를 인정받았다. 이에 반하여 돼지는 사실 즙이 많고 부드러우며, 기름기가 많은 귀한 식품이었으나, 한편으로는 사람이 먹을 곡물을 축내면서도 이러한 용도를 충족시키지 못하는 동물로서 일종의 사치스러운 식품이었다. 기원전 7천년에서 2천년에 걸쳐 중동의 인구가 60배로 증가하였는데 산의 나무 및 초원은 양, 염소 떼들로 말미암아 치명적인 손실을 입었다. 이로 말미암아 그늘, 물 등 돼지 사육에 필요한 자연조건이 점점 사라졌다. 따라서 돼지고기는 생태학적 경제학적으로 더욱 사치품으로 변했다. 돼지고기를 먹고 싶어 하는 유혹이 커 갈수록 종교적으로 금기의 필요성도 더욱 커갔을 것이다. 다시 말하면 중동지방은 식용에 충당할 만큼의 돼지를 사육하기에는 생태학적으로 적절하지 못한 지역이었다. 그러므로 차라리 돼지고기를 전면 금지하고 다른 가축을 기르는 것이 더 유리했을 것이다.

찌레본은 원래 중국과 인도 등 외부 상선들의 정박지였다. 도시는 찌레본만의 가장 움푹 들어간 곳에 자리 잡고 있다. 북으로는 따나곶, 남동쪽으로는 방까데레스곶, 그리고 서쪽으로 멀리 해발 3,078미터의 찌레마이산이 버티고 있다. 찌레마이산은 휴화산이지만 간혹 연기를 배출할 때도 있다고 한다. 네덜란드 식민통치 정부는 찌레본에 중요 군사시설을 구축했고 유럽인들의 거주 지역이 따로 있었다. 그리고 다엔델스가 인도네시아에서 떠난 후 이 지역에 페스트가 창궐하여 많은 인명피해를 보았다는 기록이 있다.

찌레본은 자바의 북부 해안에 위치하고 있으며 서부 자바(순다)와 중부 자바의 경계에 위치하고 있다. 이러한 지리적인 상황이 찌레본을 순다 문화와 자바 문화를 연결하는 교량적인 역할을 하게 하였고 나아가 그들의 독자적인 문화를 형성하게 되었다. 앞서 말한 바와 같이 찌레본이 행정 구역 상으로 서부 자바 지역에 위치한다고 해서 그들을 순다 문화의 영향력 아래에 있다고 말하면 그들은 별로 동의하지 않는다. 순다와 자바 문화의 혼종이 아니라 찌레본의 독자적인 문화가 있다는 것이다. 언어 자체도 순다어가 아닌 찌레본어를 사용하니 설득력이 있는 주장이다.

찌레본 시가지

찌레본 인력거꾼

찌레본이 역사에 등장하는 것은 이 지역에 이슬람이 들어온 이후이다. 찌레본은 서부 자바 최초의 이슬람 왕국이다. 찌레본을 세운 인물은 짜끄라부아나(Cakrabuana)인데 그는 빠자자란왕국의 실리왕이(Siliwangi)왕과 수방라랑(Subanglarang)왕비 사이에서 태어난 첫째 왕자이다. 짜끄라부아나왕자는 첫째 아들임에도 불구하고 왕세자의 지위에 오르지 못했는데 그것은 어머니인 수방라랑 왕비를 따라 이슬람을 믿었기 때문이다. 당시 빠자자란왕국은 애니미즘에 가까운 순다 위위딴(Sunda Wiwitan)을 신봉했다.[1)]

자연스럽게 왕세자의 지위는 실리왕이왕과 둘째 왕비 냐이 짠뜨링 마닉마양(Nyai Cantring Manikmayang) 사이에서 태어난 쁘라부 수라위세사(Prabu Surawisesa)에게로 넘어갔다. 짜끄라부아나는 1430년 찌레본에 지금의 까세뿌한(Kasepuhan) 왕궁의 모태인 달렘 아궁 빠꿍와띠(Dalem Agung Pakungwati)라는 통치 지역을 세우고 찌레본의 왕이 되었다. 메카 성지순례를 다녀온 뒤 짜끄라부아나는 하지 압둘라 이만(Haji Abdullah Iman)으로 불리웠으며 찌레본에 이슬람을 전파하기 위하여 노력하였다.

1479년 짜끄라부아나왕은 자신의 지위를 조카인 샤립 히다야뚤라(Syarif Hidayatullah)에게 넘겨주었다. 샤립 히다야뚤라는 짜그라부아나의 여동생 냐이 라라산땅과 이집트 출신 샤립 압둘라 사이에서 태어났다. 짜그라부아나왕은 1529년에 사망하는데 본인이 죽기 훨씬 전에, 그것도 자신의 조카에게 왕위를 이양하는 것은 여러 가지 이유가 있었을 것이다. 그 중에서도 가장 신빙성이 있는 것은 샤립 히다야뚤라가 이슬람에서 중요한 위치를 차

1) 이에 대하여 순다 위위딴이 애니미즘이라기보다 힌두교와 불교가 혼합한 형태의 종교라고 주장하는 사람도 있다.

지했기 때문이었을 것이다. 샤립 하다야뚤라가 바로 왈리송오 중의 한 명인 수난 구중 자띠(Sunan Gunung Jati)이며 수난 암뻴(Sunan Ampel)의 후계자가 된 인물이다.

샤립 히디야뚤라가 왈리 송오의 지도자가 되면서 이슬람의 중심지가 찌레본의 구능 자띠 지역의 슴붕산(Gn. Sembung)으로 바뀌었다. 샤립 히다야뚤라는 자신의 할아버지인 빠자자란의 실리왕이왕에게 이슬람을 신봉할 것을 권면하기도 하였으나 받아들여지지 않자 1482년부터 빠자자란에 공물 바치는 것을 중단하였다. 샤립 히다야뚤라는 당시 반뗀 부빠띠의 동생 냐이 까웅안뗀(Nyai Kawunganten)과 혼인하며 이들 사이에서 태어난 마울라나 하사누딘(Maulana Hasanuddin)이 반뗀왕국의 첫 번째 술탄이 된다. 샤립 히다야뚤라는 죽은 뒤 수난 구능 자띠(Sunan Gunung Jati)로 불리웠다.

저녁 식사 후에 모기와 씨름하다가 자정이 훨씬 넘어서 눈을 붙일 수 있었다. 어디에서나 마찬가지이지만 인도네시아에서는 모기에 물리지 않아야 한다. 모기가 옮기는 뎅기열(dengue fever)이 있기 때문이다. 최근 인도네시아 거류민 한 분이 뎅기열로 사망한 안타까운 일이 발생했다. 뎅기열은 뎅기 바이러스가 사람에게 감염되어 생기는 병으로 고열을 동반하는 급성 열성 질환이다. 뎅기 바이러스를 가지고 있는 모기가 사람을 무는 과정에서 전파된다. 인도네시아 현지인들에게 뎅기열은 그렇게 심각한 질병은 아닌 것으로 판단된다. 왜냐하면 이 풍토병에 대한 노하우가 축적되어 있기 때문에 적절한 조치를 신속하게 하기 때문이다.

우리 교민이 사망하게 된 것은 공교롭게도 현지에서 뎅기 바이러스를 가진 모기에 물린 후 일시 귀국하게 되었는데, 감기와 비

까스뿌한 왕궁 부속 건물

슷한 이 증상을 국내 의료진이 제대로 진단하지 못한 게 아닌가 싶다. 그러니까 국내 의료진은 감기로 진단하고 이에 대한 처방을 했을 가능성이 있다. 인도네시아 현지라면 혈액 검사를 통하여 뎅기열 감염 여부를 확인하고 만약 감염되었다면 이를 치료하기 위한 적절한 처방을 했을 것이다.

현지에서 질병이 났을 경우에 풍토병으로 진단이 나면 현지에서 치료하는 것이 원칙이다. 그러나 풍토병이 아닌 경우에는 가급적 신속히 귀국하여 국내에서 진료를 받는 것이 최선이다. 우리의 의술은 이미 세계적인 수준이 되었기 때문이다. 가장 좋은 것은 물론 질병에 걸리지 않는 것이다. 현지에서는 무리한 생활을 피하고 충분한 수면, 적당한 운동, 그리고 적절한 영양 섭취가 필요하다.

인도네시아 현지에서 사고를 당하는 경우도 있다. 최근에는 거류민이 스피드보트 사고로 전신이 마비되는 사고를 당하고 국내 이송이 어려워 현지 병원에서 수술한 경우도 있었다. 예후도 그것이지만 치료비가 국내와 비교가 안 될 정도로 비싸다. 의료보험이 안 되기 때문이다. 아무튼 현지에서 질병에 걸렸을 때 가능하면 국내로 들어와 치료를 받는 것이 좋다.

잠을 설쳐서 그런지 아침 생각이 별로 없다. 간단히 아침을 때운 뒤 찌레본을 지배했던 술탄궁 탐방에 나섰다. 찌레본에는 까노만(Kanoman)과 까스뿌한(Kasepuhan)이라는 두 개의 술탄궁이 있다. 까노만 술탄궁은 1678년 술탄 아놈(Anom)으로 즉위한 빵에란 꺼르따자야(Pangeran Kertajaya)가 세웠다. 가스뿌한 술탄궁은 1529년 자이눌 아리핀(Zainul Arifin)왕자가 세웠다. 원래 이름은 빠꿍와띠(Pakungwati) 술탄궁인데 지금은 까스뿌한 술탄궁으로 불린다. 빠꿍와띠는 짜끄라부아나왕의 딸이며 수난 구눙 자띠와 혼인하였다.

우리는 까노만으로 먼저 갔다. 상징적인 술탄이 기거하는 술탄궁은 을씨년스럽고 초라했다. 술탄궁 앞에 놓인 오래된 고급 승용차는 지난날의 영광을 그리워하는 듯했다. 까노만을 둘러보는 데는 그리 많은 시간이 걸리지 않았다. 소규모의 박물관을 지키는 분에게 술탄궁을 유지하는 비용을 어떻게 마련하느냐고 물었더니 소액의 기부금이 전부라고 했다. 어느 나라이건 공화국 시대에 지나간 왕조의 위상은 초라하기 마련인가 보다.

우리는 곧바로 까스뿌한으로 향했다. 이 까스뿌한왕조는 1479년부터 1568년까지 통치한 샤립 히다야뚤라가 세운 찌레본의 이슬람왕조이다. 까스뿌한은 까노만보다는 규모가 큰 술탄궁이었다. 인상적인 것은 벽면을 장식하는 장식물로 중국이나 유럽의 도기 타일을 사용한 것이었다. 그 타일에 그려진 그림 중에는 예수님의 부활을 상징하는 그림도 있어서 의아하기도 했다. 이슬람을 신봉하던 왕조에 그런 내용의 그림이 있으니 말이다. 얼마 전에 1969년에 술탄이 된 마울라나 빠꾸 닝랏(Maulana Paku Ningrat) 술탄이 서거했다는 보도가 있었다.

왕궁 앞에는 여지없이 광장이 있다. 이곳은 다른 지역의 광장과 마찬가지로 왕국의 큰 행사, 군사 훈련, 그리고 왕과 백성이 소통하는 공간이다. 왕궁은 북쪽을 향해 있으며 서쪽으로 사원이 있다. 이와 같이 왕궁 앞에 광장, 서쪽으로 사원, 동쪽으로 시장이 자리 잡는 것은 당시 자바 북부 해안의 전통적인 공간 배치 형식이다. 지금도 인도네시아 행정관청의 배치를 보면 대개 이러한 모델을 따르는 경우가 많다.

안으로 들어서면 두 마리의 백호가 나란히 마주보고 있는 백

까스뿌한 왕궁의 백호상

호상이 있다. 백호는 찌레본왕들의 선조인 빠자자란의 실리왕이 왕을 상징한다. 조금 더 들어가면 몇 채의 건물이 보인다. 왕궁이라고 하기에는 규모가 작다. 이 중에서 만데 말랑 스미랑(Mande Malang Semirang)이 본채에 해당한다. 술탄이 병사들의 훈련모습을 보고 죄 지은 자에 대한 형을 집행하는 곳이다. 건물 안의 내벽은 타일로 돼 있는데 중국풍이다. 이슬람왕궁인데 타일 중에는 십자가를 형상화 한 타일도 보인다. 찌레본의 술탄 계보를 적은 액자도 보인다.

만데 말랑 스미랑 왼쪽으로 만데 뻰다와 리마(Mande Pendawa Lima)가 있는데 이는 술탄의 호위병들이 대기하는 곳이다. 건물을 지탱하는 5개의 기둥은 이슬람의 5계명(Rukun Islam)을 사징한다. 본채 뒤에 있는 몇 개의 건물 중 만데 까라세먼(Mande Karasemen)이 눈에 들어온다. 지붕은 2층의 파고다 형식이고 벽이 없는 이 공

까스뿌한 왕궁의 십자가상 벽면 타일

가스뿌한 왕궁 내의 다산을 상징하는 상징물

오토바이 헬멧 보관소

간은 전통 악대 가멀란을 연주하는 장소이다. 지금도 일 년에 두 번, 즉 르바란과 희생제 때 가멀란을 연주한다고 한다. 왕궁 앞 풀밭에서 아이들이 축구를 하고 있다. 맨발인데도 볼을 다루는 솜씨를 보니 발재간이 여간 좋은 게 아니다.

네덜란드와 독립협상 회담장 링가르자띠

오후에는 링가르자띠(Linggarjati)를 거쳐 꾸닝안(Kuningan)을 다녀오는 여정이다. 링가르자띠는 1946년 11월 10일부터 5일간 네덜란드 식민통치당국과 인도네시아공화국 대표 간의 회담이 열린 곳이다. 1945년 일본이 패망하여 3년 반 동안의 식민통치를 끝내고 돌아가자 네덜란드가 다시 인도네시아에 영향력을 행사하게 된다. 이 때 찌레본을 중심으로 왼쪽은 네덜란드, 오른쪽은 인도네시아

링가르자띠 회담장

공화국의 세력이 우세했다. 그러니까 여기에서 인도네시아의 완전 독립, 즉 인도네시아에서 네덜란드의 완전 철수에 관한 논의를 한 것이다.

인도네시아 측에서는 수딴 샤흐리르(Sutan Syahrir), 수산또 띠르또쁘로조(Soesanto Tirtoprodjo), 가니(A.K. Gani), 그리고 모하맏 룸(Mohd. Roem)이 대표단으로 참석하였고, 네덜란드 측에서는 쉐머혼(Schermerhorn) 등 4명이 참석했다. 이 회담의 결과는 다음 해인 1947년 3월 25일 자카르타에서 조인되었고, 결국 1949년 말 네덜란드는 완전히 철수하게 된다. 회담이 열렸던 건물에는 회담 당시 양측 대표단이 사용했던 침실, 회의실 등을 그대로 보존되어 있었으며 당시의 사진이 벽면에 걸려있었다.

우리는 링가르자띠를 뒤로하고 꾸닝안으로 향했다. 꾸닝안에서는 이 지역 토호로서 전통적인 삶의 방식을 영위하는 뜨리 물랴(Tri Mulya) 재단을 방문하였다. 이들은 특정 종교를 숭배하는 것이 아니라 세상에 존재하는 다양한 종교의 정체성을 인정하며 살아가는 집단으로 종교적인 측면보다는 삶의 철학적인 측면에서 접근해야 이해가 가능하다. 이들은 매년 세렌 따운(Seren Taun)이라는 전통축제 행사를 열고 있다. 우리는 이들 대표를 만나 환담을 나누고 사진도 찍었다. 우리는 이어 꾸닝안 찌빠리(Cipari) 지역에 위치한 선사시대 유적지로 향했다. 아담한 곳에 선사시대의 유적지를 모아둔 곳이었는데 그 관리가 다소 소홀하다.

찌레본 사람들도 네덜란드 식민통치 정부에 고분고분한 것만은 아니었다. 대표적인 사건이 1788년 까놈안왕국의 4대 술탄인 무하맏 하에루딘(Muhammad Chaerudin)의 왕세자와 미르사(Mirsa)의 저항이다. 1770년 대에 들어와 네덜란드 측은 찌레본 왕실과 좋은 관계를 유지하려고 했다. 이러한 맥락에서 네덜란드는 왕실의 인

꾸닝안의 전통 가옥

꾸닝안 찌빠리 박물관의 남근상

링가르자띠 회담장

사나 지역의 유지들에게 독점 교역이나 다른 이권을 약속하여 포섭했다. 이에 까놈안왕세자와 미르사가 이슬람 지도층의 도움을 받아 네덜란드를 공격하였으나 실패로 돌아갔다. 1793년에도 이러한 시도가 있었으나 역시 실패하였고 1796년 까놈안왕세자는 네덜란드 군에 붙잡혀 암본으로 유폐되었다.

왕세자가 유폐된 이후에도 네덜란드에 대한 찌레본의 저항은 계속되었다. 1802년에는 바구스 랑인(Bagus Rangin)이 저항을 이어나갔다. 식민통치 정부는 이를 막아보기 위하여 1806년 까놈안왕세자를 찌레본으로 다시 돌려보냈다. 기록에 의하면 이 때 저항에 참여한 사람들이 4천 명을 넘었다고 한다. 재미있는 사실은 까놈안왕세자가 찌레본으로 돌아왔을 때 왕권이 무하맏 하에루딘 술탄의 동생인 이마무딘(Abu Soleh Immamudin)에게 이미 넘어간 뒤였다. 그래서 왕실의 합의에 의하여 까놈안왕세자는 1908년 까찌

꾸닝안 왕족

레본안(Kacirebonan)왕국을 세우고 아미룰 무끼민(Amirul Mukimin) 술탄으로 즉위했다.

<찌레본연대기>에 의하면 찌레본 항구는 15세기에 자바에서 그야말로 잘 나가는 항구 중 하나였다고 한다. 아랍, 인도, 중국의 배가 이곳에 정박하여 교역했다. 식민통치 시대에 순다 지역과 찌레본이 차, 커피, 사탕수수 농장의 중심이 되었을 때 이 찌레본 항구가 그 농산물들의 집산지가 된 것이다. 1725년에는 자바의 커피 생산이 예멘의 커피 생산을 능가했으며 1865년에는 네덜란드 식민정부가 이 곳에 새로운 항구를 건설했다. 그 후 이 항구를 통하여 인근 지역에서 생산된 농산물이 유럽으로 실려 나갔다. 찌레본은 새우 양식과 등나무 가구 산업으로도 이름을 날렸다. 그러나 지금 찌레본의 아이콘인 새우 양식도 예전만 못하고 등나무 가구도 마찬가지다.

그러고 보니 마만 교수의 고향이 찌레본이다. 지금 여행을 같이 하는 안디까의 아버지이다. 그가 찌레본 문화에 대하여 자부심을 갖는 이유를 알겠다. 찌레본이 배출한 인물 중에 인도네시아 국내는 물론 외국에도 많이 알려진 화가 꾸수마 아판디(Koesoema Affandi)가 있다. 인도네시아 화가로서는 외부에 가장 많이 알려진 화가이다. 1907년 출생으로 이미 사망했지만 그의 전성기인 1950년대에 이미 미국, 영국, 인도, 중남미 등에서 전시회를 열었다. 아판디는 생전에 2,000 여점의 작품을 남겼다. 본인이 살던 요갸까르따 집을 가족들이 미술관으로 꾸며 아판디의 작품 300점을 포함하여 여러 화가들의 작품을 전시하고 있다. 요갸까르따 시내에서 아디 수찝또(Adi Sucipto) 공항으로 가다 보면 왼쪽 언덕에 아판디 미술관이 보인다.

이제 찌레본을 떠나야 한다. 도시 곳곳에 찌레본의 상징이 보인

찌레본의 과일 장사

다. 아홉 개의 별 밑에 두 개의 문이 보이고 그 아래로 '라메 잉 가웨, 수찌 잉 빰리'(Rame ing Gawe Suci ing Pamrih)라는 모토가 보인다. 찌레본 말로 '대가를 바라지 말고 열심히 일하자'라는 의미이다. 자바어로 '스삐'(Sepi)가 이곳에서는 '수찌'(Suci)로 바뀌었다. 크게 보면 통하는 말이다.

이제 조금 더 가면 서부 자바를 벗어난다. 깐찌(Kanci)에서 브레버스의 빼자간(Pejagan)까지 35킬로미터 구간은 2010년에 고속화도로가 생겼다. 1번국도 아래쪽으로 바바깐(Babakan)을 통과한다. 그러나 우리는 우체부길이었던 자바 북부 해안도로(Pantura) 1번국도를 따라 깐찌(Kanci)-로사리(Losari)구간을 거쳐 서부 자바와 중부 자바와의 접경을 통과할 예정이다. 해변도로를 따라 30킬로미터 정도를 달리면 로사리가 나온다. 왼쪽으로 보이는 바다는 자바해이다. 바닷물이 검푸르다. 가끔 가다가 검푸른 바닷물에 실장어 모양의 황토물이 보이는 것은 육지에서 흘러오는 강물에 토사가 섞였기 때문이다. 보속(Bosok)을 지류로 하는 양껄록강(Sg. Yangkelok)에서 흘러오는 것이다. 주변에 습지가 많다. 바람도 시원하다. 명색이 1번국도이지만 속력을 낼 수 없다. 도로가 패여 조심해서 달려야하는 구간이 있기 때문이다. 로사리가 지리적으로는 자바와 순다의 접경인데 그보다 서쪽인 찌레본 지역에 자바 사람들이 다수 거주하는 것은 아이러니한 일이다.

I N D O N E S I A

6 자바 문화의 중심 중부 자바

자바 문화의 중심 중부 자바

자바 전쟁의 영웅 디뽀네고로

서부 자바와 중부 자바의 경계를 지난다. 서로 다른 나라의 국경을 지나가는 것처럼 경계 표시가 요란하다. 서부 자바 쪽으로는 그들의 영웅 실리왕이왕과 용맹의 상징 호랑이 동상이 보인다. 실리왕이왕은 빠자자란왕국의 가장 위대한 왕이다. 동상 앞면에 "실리왕이는 서부 자바인이고, 서부 자바인은 실리왕이다"라는 글귀가 큼직하게 새겨져 있다. 그 옆에는 순다 끄리스 중의 하나인 꾸장(kujang)을 형상화한 조형물이 서있다. 꾸장은 서부 자바를 상징하는 문화 아이콘 중의 하나이다. 8세기경부터 만들기 시작했고 실물은 25센티미터 정도 무게는 300그램 정도이다. 무기나 농기구로 사용되었으며 전통적으로 순다 지방의 농부들이 반드시 소지하는 장비이다.

서부 자바와 중부 자바의 경계 지역

여기를 지나면 중부 자바이다. 중부 자바로 들어서자마자 왼쪽에 백색의 디뽀네고로(Diponegoro)왕자 동상이 위용을 뽐낸다. 중부 자바뿐만 아니라 인도네시아 사람들이 자랑스러워하는 인물이다. 디뽀네고로는 1825년부터 1830년 사이에 네덜란드 식민통치 군을 상대로 한 디뽀네고로 전쟁(자바 전쟁)을 지휘했던 사람으로 인도네시아의 영웅이다. 디뽀네고로는 요갸까르따왕국의 3대 술탄인 하멩꾸부워노 3세(Hamengkubuwono III)의 첫째 아들로 그의 생모는 술탄의 후궁이었다. 하멩꾸부워노 3세는 디뽀네고로가 자신의 뒤를 이어 술탄이 되기를 바랐지만 디뽀네고로는 본인의 어머니가 후궁이라는 이유로 이를 거부하고 자유스러운 삶을 살았다.

1822년에 왕족의 일원으로서 디뽀네고로는 세 살의 나이로 술탄에 오른 하멩꾸부워노 5세를 보좌하였는데 당시 네덜란드 측의 간섭과 왕족 빠띠 다누레자(Danureja)의 월권에 실망하여 더 이상

중부 자바 진입문

디뽀네고로 상

왕궁의 일에 관여하지 않았다. 당시 식민통치 정부는 토지 문제를 정리하려 했다. 1821년에 자바의 농민들은 유럽인들의 부당한 토지 사용으로 고통을 당하고 있었다. 이에 1823년 5월 6일 카펠란 총독은 유럽인들과 중국인들이 세를 얻어 사용하던 모든 토지를 1824년 1월 31일까지 지주에게 돌려줄 것을 명하는 칙령을 발표했다. 그리고 지주들에게는 이에 대한 보상을 명하였다.

이때 요갸까르타 왕실은 파산에 직면하였는데 그것은 이 토지들이 왕실 소유였고 그래서 보상금을 마련하기 어려운 상황이었기 때문이다. 디뽀네고로왕자는 당시 요갸까르따에 거주하는 중국계들에게 돈을 빌릴 수밖에 없었다. 이것은 디뽀네고로의 계모인 라뚜 아겅(Ratu Ageng)과 다누레자가 네덜란드 측과 결탁하여 디뽀네고로를 어려움에 처하게 만든 계략의 결과였다. 디뽀네고로는 왕실과의 관계를 끊었다. 1824년 10월 29일 디뽀네고로는 자신이 거주하던 뜨갈레조(Tegalrejo) 지역에서 농부들이 식민통치 정부에게 세금을 내는 대신 무기와 식량을 구입하는 합의를 도출했다.

1825년 5월 식민통치 정부는 족자에서 마글랑(Magelang) 구간의 도로를 건설하는데 이 때 건설구간 중 일부가 디뽀네고로왕자의 선산을 지나게 되었다. 여기에서 양측에 분쟁이 발생했다. 1825년 요갸까르따 왕실 측과 식민통치 정부는 군대를 보내 디뽀네고로를 포획하려고 했다. 이렇게 전쟁이 시작되었고 디뽀네고로는 농민과 관료 계층의 지원을 받아 5년간 네덜란드 군에 저항했다. 그들은 이 전쟁을 네덜란드 군에 저항하는 성전으로 규정했다. 이때 디뽀네고로왕자는 항상 아랍인들과 같은 복장을 하고 전쟁에 임했다. 그래서 지금 왼쪽에 보이는 동상도 흰색의 아랍인 복장이다. 전쟁을 이끌던 디뽀네고로왕자는 1830년 3월 28일 네덜란드의 드 콕(De Kock) 장군에게 체포됐다. 그 당시 디뽀네고로는 자신이 잡히는 대신 나머지 부하들은 풀어줄 것을 요구하였다. 그 후 디뽀네고로는 술라웨시의 마나도로 유폐되었다가 다시 마까사르로 이송되어 1855년 1월 8일 그곳에서 사망했다.

디뽀네고로 전쟁은 네덜란드가 이 지역에서 치룬 가장 혹독한 전쟁이었다. 이 전쟁에서 현지인 20만 명, 네덜란드 군 만 오천 명이 희생됐다. 네덜란드 군 만 오천 명 중 7천 명은 네덜란드 군에 배속된 현지인이었다. 디뽀네고로왕자가 네덜란드 군과 결탁한 요갸까르따 왕실에 반기를 든 모양새였기 때문에 한동안 디뽀네고로의 후손들이 요갸까르따 왕실을 출입할 수가 없었다. 그러나 하멩꾸부워노 9세가 그들을 사면하여 지금은 관계가 회복되었다. 어찌됐건 네덜란드 식민통치 정부에 대항하여 5년간 전쟁을 치루었다는 것은 인도네시아 사람들이 자부심을 가질 만한 일이다. 그들이 디뽀네고로왕자를 자랑스러워하는 이유가 거기에 있다.

자바의 들녘

전통시장 브레버스

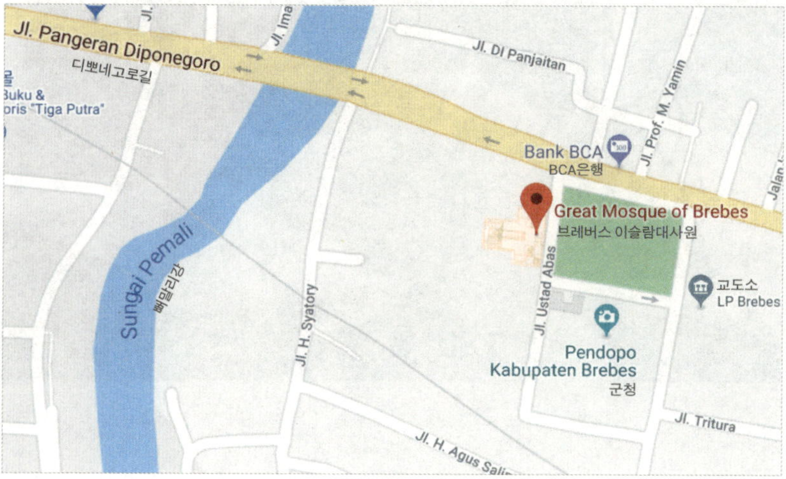

브레버스

로사리를 출발한 후 30킬로미터를 달려 브레버스(Brebes)에 도착했다. 빼말리강(Sg. Pemali)이 눈앞에 보인다. 역시 황토색의 물이다. 비가 왔는지 강물이 불었다. 빼말리강은 슬라멋산 부근의 뚝시라(Tuk Sirah)에서 발원하여 구불구불 130킬로미터를 지나 자바해로 흘러간다. 잠시 전통시장에 들렀다. 우리의 전통시장과 별로 다르게 없다. 대장간이 보였다. 농기구들이 대장간 앞에 가득하다. 먹거리며 생활용품을 파는 노점상들이 즐비하다. 좁은 통로를 따라 시장통으로 더 들어가니 처음 보는 광경들이 더러 눈에 띈다. 시장의 좁은 통로에 재봉틀을 놓고 재봉질을 하는 아저씨가 눈에 들어온다. 재봉틀로 하는 작업은 대개 가게 안에서 해야 한다고 생각했는데 좁은 통로에서도 가능한 것이다. 일감만 있으면 되는 것이지 장소가 무슨 상관인가. 일에 집중하고 있는 모습이 보기

좋다.

나는 무의식적으로 그의 모습을 카메라에 담았다. 내가 지금까지 캐논 1DS로 찍은 사진 중 가장 애착이 가는 사진이다. 일에 몰두하는 자세, 목에 건 줄자, 그의 팔뚝에 난 드러난 힘줄이 그의 연륜을 말해준다. 조금 더 들어가니 네모난 탁자 위에 있는 금붙이를 만지고 있는 사람이 있다. 금으로 된 장신구를 수선해주는 사람이다. 금붙이 수선사이다. 그 옆에 있는 구두 수선공도 열심이다. 내가 사진을 찍는 것을 보고 다소 과장된 포즈를 취한다. 역시 사진은 피사체가 모르는 상태에서 찍어야 자연스럽다.

금붙이 수선사

구두 수선공

뜨갈 밥집(Warteg)의 본 고장 뜨갈

뜨갈

브레버스를 출발하여 뜨갈(Tegal)로 향한다. 이제 우체부길은 한동안 자바해를 왼쪽 옆에 끼고 달린다. 그러니까 뜨갈 구간은 왼쪽으로 펼쳐진 자바해의 바닷바람을 맛보며 달릴 수 있다. 그것은 넓게 보면 뜨갈 지역이 브레버스와 빼깔롱안 사이에 형성된 완만한 만이기 때문이다. 인도네시아 어느 곳에서나 '와르떡'(Warteg)이라는 간판을 단 밥집을 보았을 것이다. '와룽'(warung)과 '뜨갈'(Tegal)의 축약어이다. 그러니까 '뜨갈 밥집'이라는 의미이다. 볶음밥이나 국수 등 간단한 음식을 파는 곳이다. 와르떡을 운영하는 사람들 중에 이곳 뜨갈의 두꾸뚜리(Dukuhturi) 출신 사람들이 많다. 마따람의 술탄 아궁이 바타비아 원정 공격에 나섰을 때 뜨갈에서 군량미를 조달했다는 기록이 있다. 뜨갈은 중부 자바에서도 으뜸가는 곡창지대이다.

전통 먹거리 꼬치와 양념들

1628년과 1629년 마따람의 바타비아 공격 시 뜨갈은 몇 척의 배와 병력을 제공했다. 이 공격이 실패로 돌아간 후 자바해는 네덜란드 군이 장악했다. 네덜란드 동인도회사 측의 허락 없이는 배가 드나들 수 없게 되었다. 이것은 자바 내륙에 있는 왕국에 대한 봉쇄를 의미하며 섬을 왕래하며 교역하던 상인들 및 선주들의 몰락을 초래했다. 이는 당시 항구 지역에 상품을 집결시켜 내다 팔던 중국계들에게 내몰린 셈이 되는 것이었다. 결국 토착인 상인들은 내륙으로 쫓겨 들어가게 된 것이다. 비록 실패는 했지만 마따람의 술탄 아궁이 바타비아의 네덜란드를 공격한 사실에서 당시 마따람의 위세를 짐작할 수 있다.

자바의 술탄들은 네덜란드 식민통치 정부와 결탁하여 자신들의 이익을 취하고 그 과정에서 백성들을 착취하였다. 그래서 인도네시아의 독립에 그들의 기여가 없다고 보는 것이다. 백성들의 입장에서 보면 그들은 식민통치 정부와 함께 제거의 대상이었다. 그 실례 중의 하나가 죽어서 뜨갈에 묻힌 아망꾸랏 뜨갈왕이(Amangkurat Tegalwangi)이다. 아망꾸랏은 술탄 아궁의 아들로 본명은 라덴 마스 사이딘(Raden Mas Sayidin)이다. 1646년 즉위한 아망꾸랏은 네덜란드와 전쟁을 한 부왕 술탄 아궁과는 달리 네덜란드 측과 우호관계를 유지하였다.

라흐맛왕세자는 부왕 아망꾸랏과 관계가 좋지 않았는데 그것은 라흐맛으로부터 왕세자의 지위를 박탈하여 다른 아들인 싱아사리(Singasri)왕자에게 넘긴다는 소문이 있었기 때문이다. 1661년 라흐맛은 쿠데타를 일으켰으나 실패했다. 1663년 아망꾸랏은 라흐맛왕자의 추종자들을 제거하고 라흐맛을 독살하려고 했다. 1668년에 그들의 갈등이 최고조에 올랐는데 그것은 라흐맛왕자가 부왕 아망꾸랏의 첩이 될 여자를 납치했기 때문이다.

왕실에서 쫓겨난 라흐맛왕자는 뜨루나자야(Trunajaya)라는 인물과 합세하여 다시 쿠데타를 일으켰다. 그 와중에 라흐맛왕자와 뜨루나자야 사이에 오해가 생겨 라흐맛왕자는 다시 부왕 측에 항복했다. 드디어 1677년 6월 뜨루나자야는 쿠데타를 성공하고 쁠레렛(Plered) 왕궁을 손에 넣었다. 마따람왕국이 멸망하는 순간이다. 아망꾸랏과 라흐맛왕자는 바뉴마스(Banyumas)로 도망쳤다. 아망꾸랏은 그 후 라흐맛왕자에게 독살 당하였다. 평소에 뜨갈에 묻히기를 원했던 아망꾸랏의 유지에 따라 그의 시신이 뜨갈에 묻히게 된 것이다. 다 그런 것은 아니지만 자신의 이익을 위하여 식민통치 당국과 결탁한 자바왕들의 전형을 보는 듯하다.

바띡의 도시 뻬깔롱안

103희생기념탑 부근

뜨갈을 벗어나 동쪽으로 향한다. 빼말랑(Pemalang) 지역까지는 바다가 보이지만 그 이후에는 바다를 볼 수 없다. 해변을 따라가자면 북쪽으로 방향을 틀어야하는데 우체부길은 반듯하게 동쪽으로 뻗어있기 때문이다. 빼말랑과 뻬깔롱안(Pekalongan), 그리고 자바해로 돌출된 쪼말곶(Ujung Comal)이 삼각형을 이룬다. 쪼말곶으로 쪼말강이 흘러 나간다. 뜨갈에서 60킬로미터 정도를 달리니 뻬깔롱안 시가지가 눈에 들어왔다. 다엔델스가 이 구간의 도로를 건설할 때에도 적지 않은 희생자를 낸 것으로 알려져 있다. 이 뻬깔롱안의 어원에 대하여 몇 가지 설이 있으나 '할롱'(halong, 수확이 좋은)에서 연유한다는 의견이 지배적이다.

다엔델스 시대 이후로 이 지역은 다른 지역에 비하여 사람들이 몰리는 지역이었다. 그만큼 여러 분야에서 활기찬 지역이었다.

바띡 제품들

1743년 빠꾸 부워노 2세(Paku Buwono II)는 빼깔롱안을 네덜란드 측에 내주었다. 사실 빼깔롱안뿐만 아니라 자바의 북부 해안 지역이 모두 같은 운명이었다. 빼깔롱안은 커피나 설탕, 그리고 수산물도 많이 나지만 특히 바띡(batik)으로 유명한 지역이다. 대개 바띡 하면 중부 자바의 족자나 솔로를 생각하게 될 텐데 빼깔롱안 바띡은 독특한 무늬와 색상으로 바띡 애호가들이 사랑을 받고 있다. 족자나 솔로가 내륙 바띡의 특징을 가진다면 빼깔롱안의 바띡은 해안지역 바띡의 특징이 있다.

우선 바띡에 대한 설명이 필요하다. 세계 여러 나라는 각기 고유한 의상을 가지고 있다. 우리가 여름에 삼베나 모시를 소재로 한 옷을 입는 것과 같이 인도네시아에는 바띡이라는 전통 의복이 있다. 바띡은 '나염'이라고 할 수 있겠으나 바띡이 함축하고 있는 바는 그 이상이다. 2009년에 유네스코에서 세계무형문화재로 지정한 바띡은 광목에 바띡 문양을 수공으로 그려 넣은 천을 말하며 그 문양, 기법을 다 포함한다. 지금은 견직물을 기본 옷감으로 사용하고 대량생산을 위하여 문양을 그리지 않고 프린팅을 하기도 한다. 인도네시아의 바띡은 세계적으로 알려져 있다. 1960년대에는 세계적인 디자이너 에밀리오 푸치(Emilio Pucci)가 바띡 문양에서 영감을 얻은 적이 있었으며 그 후 아르마니(Giorgio Armani), 겐조(Kenzo), 폴 스미스(Paul Smith)와 같은 디자이너들이 바띡에 심취했다.

바띡 작업은 광목에 바띡 문양을 그리는 것으로 시작된다. 바띡 문양을 그리는 작업은 대개 여성이 담당한다. 바띡의 문양을 그릴 때에는 짧은 곰방대 모양의 짠띵(canting)이라는 도구를 사용한다. 바띡 문양이 될 수 있는 것은 동식물, 기하학학적 도형 등이다. 그러니까 무엇이든 바띡 문양에 소재가 될 수 있는 것이 아니다. 바띡 문양을 그린 후에는 그 위에 밀랍을 입힌다. 이는 옷감의 바탕색을 염색 할 때 바띡 문양이 번지지 않게 하기 위함이다.

바탕색을 염색할 때는 주로 식물이나 나무껍질을 이용한 천연염색기법을 우선시한다. 바띡 문양을 그리는 일 이외의 공정은 대게 남성이 담당하는 것이 일반적이다. 양질의 바띡을 얻기 위하여는 2~3주가 걸리기도 하며 인도네시아에서 바띡으로 유명한 곳은 요갸까르따, 솔로, 빼깔롱안 등이다. 각 지역마다 다소 변별적인 특징이 있는데 요갸까르따의 바띡이 대체로 유연한 색상인 것에 비하여 해안 지역인 빼깔롱안 지역은 화려하고 강렬한 색상이 주류를 이룬다.

바띡을 상업적으로 생산하기 시작한 이래 인도네시아에서 전통적 수공 바띡 생산이 수요를 따를 수 없었다. 그래서 19세기 초에는 자연히 유럽에서 도입된 프린팅 기법으로 바띡을 대량 생산하기 시작했다. 그러나 제1차 세계대전은 바띡 산업의 쇠퇴를 초래했다. 네덜란드로부터 광목 수입이 어려워지면서 바띡 가격이 상승했으며 생산업자들은 이에 편승하여 대량으로 생산해냈다. 그 결과 가격이 떨어지고 재고도 바닥나는 상황이 된 것이다. 세계대전 이후에 네덜란드 식민통치 정부는 1918년부터 광목을 다시 수입하여 바띡을 생산하기 시작했으나 바띡 산업은 쉽게 살아나지 못했다.

바띡은 적어도 왕조나 식민통치정부 시대에는 개인의 사회적인 지위를 나타내는 의상이었다. 예를 들어 부러진 칼을 모티브로 한 바띡은 요갸까르따나 솔로의 왕족만이 사용할 수 있었다. 전설에 의하면 이 모티브가 위기에 처한 라덴 빤지(Raden Panji)라는 영웅을 구했기 때문이다. 또한, 바띡은 자바 전통사회에서 출생, 결혼, 사망과 밀접한 관계를 가지고 있다. 예를 들어 자바 사람들이 죽었을 때 시신을 감싸는 천으로 이 바띡 천을 사용하며 결혼을 하는 신혼부부도 행복을 염원하는 바띡을 착용한다.

바띡은 옷감으로 뿐만 아니라 예술작품으로도 보존된다. 유명한 바띡 장인의 작품을 표구하여 벽면에 걸어두기도 한다. 인도네시아 바띡 분야의 대가인 이완 띠르따(Iwan Tirta)는 인도네시아의 바띡 산업이 영역을 넓혀 숄이나 스카프 형태로도 사용되는 등

전망이 밝다고 하였다. 바띡 가격도 만만치 않다. 저렴한 것도 많지만 실크 재질의 남방셔츠은 우리 돈 50만원을 호가하는 것도 많다. 이러한 바띡으로 인하여 빼깔롱안은 2014년 12월 공예와 민속예술 분야에서 '유네스코 창의도시네트워크'(UNESCO Creative Cities Network)로 지정되었다.

시내에 들어와 1945년 10월 3일 발생한 일본의 잔재 세력에 대한 저항을 기념하기 위해 끄본 레조(Kebon Rejo) 지역에 세운 <103 희생기념탑>으로 향했다. 일본이 태평양전쟁에서 패망한 후 인도네시아도 독립을 얻었다. 그렇다고 일본이 즉시 인도네시아에서 철수한 것이 아니었다. 계속 자기들이 행정권을 행사하고 있었던 것이다. 이에 반발한 빼깔롱안 주민들은 행정권의 이양을 요구했다. 마침내 그해 10월 1일부터 일본 측과 일본군 헌병대에서 이에 대한 논의를 하였는데 이것이 결렬된 것이다. 무기를 소지한 일본군과 죽창으로 무장한 빠깔롱안 주민 사이에 충돌이 발생했고 여기에서 35명의 현지인이 희생됐다. 기념탑에는 희생자 이름이 새겨져 있다. 일본 시대 헌병대 본부로 사용되던 건물 터에는 이슬람 사원이 들어섰고 그 앞으로 10월 3일 투쟁을 상징하는 열 마디짜리 죽창 세 개의 구성된 조형물이 있다.

기념탑 옆 도로에 베짝군이 빈 베짝을 몰고 간다. 자카르타에서 보던 것과는 좀 다른 모양이다. 그러고 보니 인도네시아의 베짝의 형태가 각양각색이다. 자카르타 변두리에서 보는 것과 모양이나 색상이 다르다. 빼깔롱안의 베짝은 자카르타의 베짝에 비하여 구조와 색상이 단순하여 좀 작아 보인다. 아는 바와 같이 베짝은 인력거이다. 복건어 '베차'(馬車)에서 차용한 용어이다. 베짝은 지금도 인도네시아에서 중요한 교통수단이다. 우선 더운 나라이기 때문에 다소 가까운 거리도 대개 베짝을 이용하여 이동한다. 그리고 무거운 짐을 가까운 거리로 운송할 때도 베짝이 유용하게 쓰인다.

지금은 좀 덜하지만 10년 전만 해도 지방에 소재한 대학에 가보면 학생들이 베짝을 타고 등교하는 모습을 흔히 볼 수 있었다. 자카르타 같은 대도시에서는 베짝이 교통의 흐름을 방해한다는 이유로 1990년대에 시내 중심부 통과를 불허했다. 베짝은 지방에 따라 이름도 다르다. 자띠아시(Jatiasih)와 찌부부르에서는 '끄레따'(kereta), 종골(Jonggol)에서는 '끄레따 빠눔빵'(kreta panumpang), 그리고 데뽁에서는 '비짝'(bicak)으로 불린다. 그리고 자바의 베짝은 인력꾼이 뒤에서 페달을 밟지만 수마트라의 베짝은 베짝꾼이 승객석 옆에서 페달을 밟아 베짝을 움직인다. 물론 행선지까지의 요금을 미리 정하고 타야 한다. 정차해 있는 베짝 옆에서 한 여성이 아기를 안고 밥을 떠먹이고 있다. 인도네시아 사람들은 우리가 등 뒤에 업는 것과 띠를 대각선으로 매고 달리 아기를 앞으로 안는다.

우리 일행은 우선 숙소를 정하고 인근 식당으로 저녁 식사를 하러 갔다. 빼갈롱안의 특식인 따우또(tauto)와 사떼를 주문했다. 따우또는 소또(soto)나 마까사르의 쪼또(coto)와 같은 음식이다. 다만 빼깔롱안의 따우또는 소고기 대신에 물소고기를 사용하고 콩으로 만든 전통 소스 따우초(tauco)를 곁들인다는 것이 다르다. 원래 중국 음식 차우도(caudo)에서 유래한 것으로 스마랑의 중국계들이 즐겨 먹던 것을 빼깔롱안 사람들이 받아들여 현지화한 음식이다.

식사 후 허름한 찻집으로 갔다. 주전자차(teh poci)를 한 잔 하기 위해서이다. 주전자차는 주전자 안에서 차를 우려내는 것으로 인근 뜨갈, 브레버스, 뻐말랑에서 유명하다. 그 지역 사람들이 즐겨 마시기 때문이다. 주로 녹차나 자스민차를 이용하며 주전자에 우

103희생탑

빠깔롱안의 베짝

려낸 후 각설탕을 넣어 달게 마신다. 뜨갈에서 스마랑에 이르는 도로 주변에는 도기 주전자나 찻잔 등 주전자차 다기를 파는 가게도 더러 보인다. 주전자차의 향에 취하여 기분이 좋아진 우리는 콧노래를 흥얼거리며 숙소로 돌아왔다.

주전자차

중부 자바의 중심 도시 스마랑

스마랑 시가지

다음 날 아침 일찍 숙소를 나섰다. 빼깔롱안을 출발하여 우체부길 10여 킬로미터를 달리면 바땅(Batang)에 당도한다. 바땅 시가지로 바땅강(Sg. Batang)이 유유히 흐른다. 이곳 역시 뻐깔롱안과 마찬가지로 바띡과 수공예품이 유명한 지역이다. 바땅에서 우체부길을 따라 동쪽으로 40킬로미터를 달리면 웰러리(Weleri)에 닿는다. 웰러리는 땅이 비옥하여 담배, 쌀, 커피, 면화 등을 많이 재배하는 지역이다 여기서 다시 북쪽으로 방향을 틀어 달리면 끈달(Kendal)이 나오고 여기서부터 동남쪽으로 한참을 달려 인구 5천만 명의 중부 자바주의 주도 스마랑(Semarang)에 도착했다.

스마랑은 '자바의 베네치아', '리틀 네덜란드', '룸삐아(lumpia)의 도시', '자바의 항구' 등의 별명을 가진 도시이다. 스마랑은 식민통치 시대에 중요한 역할을 했다. 자바의 여러 지역에서 담배, 설탕, 커피 같은 상품이 이 곳에 모여 거래되었기 때문이다. 1914년 8월 20일부터 11월 22일까지 당시 총독 이덴부르그(A.W.F Idenburg)는 스마랑에서 식민지 박람회(*Koloniale Tentoonsteling*)를 개최하였다. 이 때 중국, 일본, 호주 등과 유럽 여러 국가들, 그리고 다른 네덜란드 식민통치 하에 있었던 나라들이 참가하였다. 스마랑은 인도네시아 다른 지역과 비교했을 때 중국계들이 비교적 많이 거주하는 지역이다.

스마랑은 명나라 때 무관이며 탐험가였던 정화(鄭和)와 연관이 있는 도시이다. 정화의 본명은 마삼보(馬三保)로 무슬림이었다. '마'(馬)는 예언자 무하만의 후손임을 나타내는 것이며 그의 아버지 마합지(馬哈只)의 '합지'(哈只)는 성지순례를 다녀온 '하지'(Haji)를 뜻한다. 마삼보는 주원장 사후 영락제가 제위를 찬탈한 정난(靖難)의 변 때 공적을 세워 영락제로부터 정(鄭)씨 성을 받았다고 한다. 정화의 함대는 동남아시아, 인도를 거쳐 아라비아 반도, 아프리카까지 항해하는 등 일곱 차례의 원정을 하였다.

스마랑의 한 교회

정화사당

정화 동상

정화 사당 입구

정화 함대의 원정 중에는 수마트라왕의 요청으로 반역자를 토벌하고 1415년 7월에 돌아왔으며 말라카와 자바의 북부 해안에 위치한 여러 항구에 정박하였다는 기록이 있다. 정화 함대는 당초부터 말라카 해협에 위치한 말라카왕국을 인도양 항해를 위한 근거지로서 중시하여 말라카 국왕을 우대하였다. 그 덕분에 말라카왕국은 중국 함대의 항해가 단절된 뒤에도 동서교역의 중계항으로서 번영을 누렸다. 정화 함대가 자바에 등장함으로서 이 지역의 여러 국가들이 중국의 조공국이 되었다. 심지어 마자빠힛왕국은 이 지역 맹주의 지위를 중국에 박탈당했다.

이 때 중국이 말라카를 새로운 파트너로 심은 것이다. 말라카는 마자빠힛왕국에 조공을 바치던 국가였는데 중국의 힘을 등에 업고 인도네시아 군도 지역의 강자로 부상한 것이다. 그 대가로 명나라는 말라카의 항구 시설을 이용하게 되었다. 말라카에 우뚝 서 있는 정화의 동상과 정화문화관이 그들의 교류를 증명한다. 오래 전에 북경외국어대학에서 있었던 세미나에서 말레이시아의 나집(Najib bin Abdul Razak) 총리가 명나라와 말라카의 관계를 소개하고 중국과 말레이시아가 협력해야 한다고 언급한 것이 생각난다.

정화 함대가 언제 스마랑에 정박했는지 기록은 없지만 1407년부터 시작된 그들의 일곱 번 원정 중에 언제인가 스마랑에 정박한 것으로 보아야 한다. 우리는 스마랑의 시몽안(Simongan) 언덕에 위치한 정화사당으로 향했다. 입구에 도착하자마자 '삼보공'(Sam Poo Gong)이라는 간판이 큼지막히 보인다. 정화를 기리는 사당임을 바로 알 수 있다. 사당 경내로 들어가면 길이 10.7미터의 큼지막한 정화 동상이 보인다. 정화의 동상으로는 세계 최대라고 한다. 사당 오른쪽으로 건물들이 자리 잡고 있다. 건물이 세 개다. 사당 건물에 삼보대전(三保大殿)이라고 쓴 현판도 보인다. 그 중 한 개의 건물은 원정함대의 주방을 책임졌던 여성을 기리는 사당이다. 끼야이 냐이 뚬뺑(Kyai Nyai Tumpeng)이라는 이름으로 보아 무슬림이었음을 알 수 있다. 유럽의 대항해시대보다 70년이나 앞선 대 원정이자 대 항해로 매우 높은 평가를 받은 정화함대의 위용이 머릿속에 그려진다.

스마랑에도 투쟁의 기록이 있다. 아무튼 일본은 패망 후 곧 바로 군대를 인도네시아에서 자기네 나라로 철수시키지 않았다. 1945년 10월 14일 일본의 잔류 군대와 스마랑 청년들 사이에 충돌이 일어났다. 보종(Bojong)에 주둔하던 일본군은 쉽게 무너졌으나 자띵알레(Jatingaleh)에 잔류하던 일본군들은 계속 저항하였다. 패전한 일본군은 인도네시아 측에게 무기와 실탄을 넘겨주겠다는 약속을 지키지 않았다. 1945년 10월 19일 영국군이 개입하여 일본이 백기를 들었다.

일본과 충돌한 5일간의 투쟁을 기리기 위하여 시내 중심부 광장에 기념 조형물을 세웠다. 이것이 라왕스우(Lawangsewu) 건물 앞에 있는 <젊은이의 기념비>(Tugu Muda)이다. 5각형의 돌기둥으로 제작되었는데 물론 5일간의 투쟁을 상징하기도 하고 인도네시아의 건국이념 빤짜실라를 상징하기도 한다. 기념비 건너편으로 대형 교회가 어렴풋이 보인다. 큰 교회인데 교회 앞의 나무에 가려 잘 보이지 않을 뿐이다. 세계 최대의 무슬림 국가인 인도네시아의 어디를 가나 교회 없는 곳이 없다.

우리는 빼찌난(Pecinan) 지역의 스마위스(Semawis) 시장으로 갔다. 스마랑을 상징하는 전통시장이다. '오덕당중약방'(五德堂中藥房)이라고 한자로 쓴 간판도 보인다. '빼찌난'이라는 이름을 보아도 짐

라왕스우 건물

작하겠지만 중국계들이 많이 거주하는 지역이다. 이 시장은 꾸두스, 빠띠, 즈빠라, 끈달, 살라띠가, 마글랑 등 스마랑 인근 지역 사람들이 즐겨 찾는 곳이다. 많은 사람들로 활력이 넘친다. 포장마차에서 룸삐아(lumpia)를 팔고 있길래 다가갔다. 스마랑을 대표하는 먹거리 중의 하나이다. 스마랑의 룸삐아는 우선 그 크기가 다른 지역의 룸삐아보다 훨씬 크다. 두 배 정도 된다. 스마랑에 사는 중국계가 인도네시아 현지인 여성과 혼인한 후 만들기 시작했다고 하는데 확인할 길은 없다. 계란, 닭고기, 새우, 새싹 등을 밀가루 피에 싸서 기름에 튀겨 내는 것으로 스프링롤이다. 룸삐아를 만드는 것도 옆에서 보고 사진도 찍었다. 투명하고 깨끗한 식용유에 튀기는 것으로 보아 위생적이라는 생각도 든다.

저만치에 있는 가게 앞에 사람들이 줄을 서 있다. 윙꼬 바밧

(Wingko Babat) 가게이다. 윙꼬는 코코넛, 찹쌀가루, 설탕 등으로 만드는 전통 과자이다. 그라고 '바밧'은 동부 자바의 라몽안(Lamongan) 지역에 있는 작은 마을 이름이다. 바밧에서 보조네고로(Bojonegoro), 좀방(Jombang), 뚜반(Tuban) 그리고 수라바야(Surabaya)로 통한다. 그렇다면 바밧의 윙꼬가 더 유명해야 하는데 어찌된 일인지 스마랑의 윙꼬가 더 유명하다. 안흥찐빵이 다른 지역에서 더 유명하게 돼버린 격이다. 잠시 줄을 서다 차례가 되어 가게 안으로 들어가 보니 가격표가 먼저 눈에 들어온다. 많이 구입할수록 단가가 좀 내려가지 않을까 기대했는데 가격이 똑 같다. 유니폼을 입은 점원들이 윙꼬바밧을 파느라 정신이 없다. 윙꼬 바밧 세 상자를 사서 하나씩 나눠가졌다.

밖으로 나와 시장통을 걸었다. 자무 아주머니가 자무 병이 가득 든 바구니를 등에 지고 걸어간다. 자무(jamu)는 인도네시아 사람들이 마시는 기능성 전통 음료이다. 약효가 있다고 여기는 다양한 약초, 뿌리, 표피의 즙을 내 마시는 것이다. 그러니까 자무라는 것이 어떤 특정한 약초를 이야기하는 것이 아니고 약효가 있는 식물의 총칭이다. 자무가 천연 식품으로 약효가 있다고 알려져 음료뿐만 아니라 이를 응용한 제품들이 많이 나오고 있다. 인도네시아 어느 지역에나 자무가 있지만 중부 자바 수꼬하르조(Sukoharjo)의 자무가 유명하다.

전통복장을 착용한 여성들이 각종 자무 병을 담은 바구니를 등에 지고 다니며 판다. '자무 아주머니'(penjual jamu gendong)라고 부른다. 아까 그 자무 아주머니를 불렀다. 자무를 마시겠다는 의사 표시인 것이다. 자무 아주머니는 즉시 자무 바구니를 땅에 내려놓고 자무를 펼쳐보였다. 열 개 정도의 자무 병이 보였다. 열 종류의

스마랑의 뚜구 무다 기념비

중국 약방

룸삐아

윙꼬 바밧 가게

자무 아주머니 까띠

자무인 셈이다. 나는 가장 선명한 초록색의 자무를 마시겠다고 했다. 안디까와 마르띤은 자꾸 사양한다. 내가 재촉하여 모두 한 잔씩 마셨다. 한 잔에 천 루피아씩 받았다. 좀 씁쌀한 맛이다. 대개 쓴맛이 나기 때문에 꿀을 섞어 마시기도 한다. 자무 아주머니가 자무 바구니를 메고 있는 모습을 카메라에 담고 싶어서 그녀에게 의향을 말했다. 손사래를 친다. 부끄러운 것이다. 손사래를 치는 모습이 순박한 인도네시아 여성 그대로다. 다시 차근히 여행의 목적을 이야기하고 그녀의 모습을 렌즈에 담을 수 있었다. 나이가 40인데 벌써 손녀딸이 있다고 했다. 그녀의 이름은 까띠(Kati)이다.

스마랑에서 정남쪽으로 한 시간 정도 내려가면 웅아란(Ungaran)이라는 곳이 있다. 스마랑 시를 둘러싸고 있는 스마랑 군의 군청 소재지이며 도시 왼쪽으로 웅아란산이 있다. 이 곳에 사는 엔하디니(Nh. Dini) 선생 생각이 났다. 생각 같아서는 잠시 들려서 인사라도 드리고 가고 싶지만 우리의 우체부길 여정에 포함되지 않아

스마랑의 베짝

엔하 디니 선생

서 그리 할 수 없다. 엔하 디니 선생은 인도네시아의 대표적인 여성 작가이다. 그냥 작가라고 해야 하지만 엔하 디니 선생이 활발하게 활동할 때만 해도 작가를 작가와 여성작가로 분류했다.

엔하 디니 선생은 항공사 승무원으로 근무하기도 했지만 등단 후 왕성한 작품 활동을 했다. 웅아란에서 아이들을 위한 도서관을 운영하고 있다. 아이들에게 좀 더 많은 책을 읽혀야 한다는 게 그분의 생각이다. 엔하 디니 선생은 10년 쯤 전에 전주에서 열렸던 문학포럼에 초청받아 한국을 방문한 적도 있다. 우리 학교에서 강의하는 이연 박사가 그분의 작품을 주제로 박사학위를 받았다. 나도 수업 시간에 엔하 디니 선생의 <살리 아주머니 가게>라는 단편을 학생들과 함께 읽는다.

저녁 시간이 되었다. 저녁 식사에 이곳 디뽀네고로대학에서 공부하고 있는 안디까의 동생 올란이 합류했다. 올란도 역사를 전공한다. 마지막 학기라고 한다. 대학생 두 명과 중학생 한 명을 뒷바라지하는 이들의 아버지 마만 교수가 떠오른다. 국립대학 교수는 공무원이기 때문에 공무원 봉급을 받을 것이고 그 봉급으로 아이들 뒷바라지가 그리 녹녹치 않을 것이다. 그의 부인이 한국에서 생활한 경험을 바탕으로 학교 안에 간이 한국식당을 운영하는 이유를 알 수 있을 듯하다. 마만 교수의 왕성한 집필 의욕도 한편으로는 생활고를 벗어나기 위한 몸부림일 수도 있을 것이다. 30년을 국립대학 교수로 근무한 내 친구의 현재 상황이다. 우리는 오랜만에 스마랑에서 잘 한다는 중국 식당에서 식사했다. 식당은 시내가 잘 내려다보이는 근사한 언덕에 위치해 있었다. 나는 식사 후 식당을 등지고 스마랑 야경을 배경으로 안디까와 올란 남매의 사진을 찍어주었다.

자바 최초의 이슬람 왕국 드막

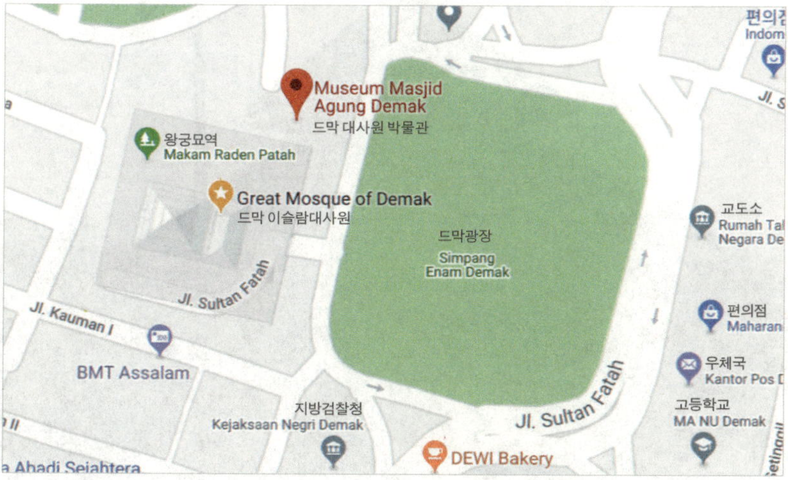

📷 드막 대사원

빵과 커피로 아침을 때우고 길을 나섰다. 오늘은 드막(Demak)과 꾸두스(Kudus), 빠띠(Pati)를 거쳐 름방(Rembang)으로 향한다. 하고 싶은 이야기가 많은 지역이다. 우체부길은 스마랑에서 름방까지 완만한 경사를 오르듯 두 시 방향으로 향한다. 름방까지는 바다를 볼 수 없고 름방에 가서야 해안도로를 타게 된다. 드막과 름방 구간의 북쪽으로 해발 1,602 미터의 무리아산(Gn. Muria)이 버티고 서있어 그쪽으로 도로를 내기 어려웠을 것이다. 무리아산은 자바의 이슬람 전래와도 연관이 있는 산이다. 왈리송오 중의 한 명인 수난 무리아(Sunan Muria)가 이 곳에서 이슬람을 공부하고 전파했으며 그의 묘소도 여기에 있다.

스마랑을 출발한 우리의 차는 지칠 줄 모르는 적토마처럼 우체부길을 쌩쌩 달렸다. 도로 좌우에는 모내기를 하는 농부들이 보

드막 대사원

드막의 베짝

인다. 조금 더 달리니 추수하는 농부들이 보인다. 우리처럼 사계절이 있는 나라가 아니고 항상 여름인 나라여서 때를 정해두고 모내기를 하는 게 아니다. 농부의 상황에 따라 모내기를 하고 추수를 하면 된다. 3모작까지도 가능하다는 자바의 논농사이다. 한 쪽 모판에서 모를 나르던 농부가 손을 흔든다. 우리는 두 손으로 응답했다. 모내기 하는 논 뒤 쪽으로 마을이 보인다. 벽면 전체에 그려진 통신사 광고 그림이 생뚱맞다.

스마랑에서 30킬로미터 정도를 달리니 드막 시가지가 나타났다. 중부 자바의 북부 해안에 위치한 드막 군의 군 소재지이다. 도로에는 베짝 그리고 마차와 자동차가 자신의 속도대로 사이좋게 달린다. 우리는 2억이 넘는 인도네시아 무슬림들의 영적인 고향이라고 할 수 있는 드막 대사원(Masjid Agung Demak)으로 향했다. 자바의 이슬람 전래에 상징성을 갖는 사원이다. 인도네시아 무슬림들이 가장 많이 방문하고 싶은 곳이기도 하다. 불교 유적지인 보로부두르 사원의 방문 목적이 사원의 외양을 감상하는 데 있다면 이 드막 사원은 인도네시아 무슬림들이 자신들의 신앙을 점검하고 영적인 치유를 얻기 위하여 방문하는 순례지다.

드막은 1475년에 라덴 파타(Raden Fatah, 1455-1518)가 세운 자바 최초의 이슬람 왕국이다. 라덴 파타는 당시 자바는 물론이고 인도네시아군도 전 지역에 영향력을 미치던 마자빠힛 힌두왕국의 마지막 왕인 브라위자야(Brawijaya)와 관련이 있는 인물이다. 브라위자야왕은 참파 출신의 드와라와띠(Dwarawati)왕비와 중국 출신의 후궁 탄고홧(Tan Go Hwat)을 두었다. 드와라와띠왕비는 중국 출신의 후궁 탄고홧을 시기 질투하여 그녀를 빨렘방으로 축출하였다. 당시 빨렘방에는 브라위자야왕의 아들인 아르야 다마르(Arya

드막 대사원 뒤뜰 묘역

드막 대사원 참배객들

Damar)가 군수였다.

드와라와띠왕비는 남편의 후궁 탄고홧을 자신의 아들과 혼인시켰다. 당시 왕비의 시기질투가 얼마나 심했으며 또 자신의 경쟁상대를 얼마나 잔혹하게 다루었는지 짐작이 간다. 그 후 탄고홧은 빨렘방에서 아들을 낳았는데 그가 라덴 파타이다. 문제는 라덴 파타가 누구의 아들이냐는 것이다. 브라위자야왕의 아들인지 아니면 그의 아들 아르야 다르마의 아들인지 설이 분분하다. 라덴 파타는 자신의 출생과 환경에 대한 고민으로 수라바야로 옮겨 왈리송오 중의 한 명인 수난 암뻴(Sunan Ampel)로부터 이슬람을 배우게 되었다. 라덴 파타는 수난 암뻴의 딸과 혼인하였다. 그 후 1475년 라덴 파타는 드막 지역으로 와서 드막 이슬람 왕국을 세우게 된 것이다.

사원은 참배객들로 붐볐다. 유니폼을 착용한 사람들도 있는 것으로 보아 단체로 방문한 듯하다. 기도를 드리는 사람들도 많다. 우리는 사원 한 켠에 있는 사무실에 가서 사원 관리인과 잠시 담소를 나누었다. 차까지 얻어 마신 후 관리인의 안내를 받아 사원을 둘러보았다. 드막 사원은 1479년에 완공되었다. 마자빠힛 왕궁에서 가져온 기둥이 있고, 벽면에는 외국에서 수입해 온 자기류가 박혀있다. 특이한 것은 사원의 지붕이 돔 모양이 아닌 파고다 모양으로 돼 있다. 이것은 앞에서도 이야기한 바와 같이 이슬람 양식이 갑자기 나타날 때 일어날 수 있는 충격을 완화하기 위한 것이었다. 왈리송오들이 자주 이 사원에 모여 이슬람의 전파를 논의했으며 실제로 이 사람들이 사원의 건립에 도움을 주었다고 한다.[1)]

1) 왈리송오는 자바에 이슬람을 전래하는데 기여한 대표적인 수피들이다. 이들은 자바의 두 계층인 소시민(wong cilik)계층과 관료계층(priayi)을 선교하는 방법론에

사원 앞쪽 마당에 왈리송오들이 사원에서 예배를 드리기 전에 우두(wudu)[2)]를 했다는 연못을 볼 수 있다. 사원 옆쪽으로는 드막 왕국의 유물을 전시해 놓은 박물관이 있고 뒤뜰에는 역대 왕들의 묘소도 있다. 술탄 라덴 파타와 그의 왕비 그리고 2대 술탄 빠띠 우누스(Pati Unus)의 묘소이다. 빠띠 우누스는 1521년에 원정대를 이끌고 말라카에 주둔하던 포르투갈 공격을 시도했다. 비록 실패로 돌아갔지만 당시 드막왕국의 위세와 빠띠 우누스의 기개를 짐작할 수 있다. 이 왕국은 3대 술탄인 뜨렝고노왕을 끝으로 1548년에 멸망하고 말았지만 드막 대사원은 자바 최초 이슬람 왕국의 전통을 후대에 전하고 있으며 인도네시아 무슬림들의 영적인 순례지이다.

인도네시아는 앞서 말한 바와 같이 세계 최대의 무슬림 국가이다. 인도네시아를 이슬람국가라고 하면 오해의 소지가 있다. 이슬람을 국교로 하는 나라로 오해할 수 있기 때문이다. 인도네시아는 국교를 정하지 않고 6개의 종교 중에 하나를 선택할 수 있다. 6개의 종교는 이슬람, 기독교, 천주교, 불교, 힌두교, 유교이다. 인도네시아인들의 신분증에는 본인의 종교가 명시되어 있다. 인도네

서 다소 견해를 달리 하였다. 왈리송오 중 수난 기리(Sunan Giri), 수난 암펠(Sunan Ampel), 수난 드라잣(Sunan Derajat)은 이슬람을 정착시키는데 많은 시일이 걸릴지라도 쿠란이나 하디스에 어긋나는 힌두교, 불교, 정령주의가 혼합된 문화관습을 받아들일 수 없다는 입장으로 산뜨리(santri) 계층의 편에 섰다. 이에 반하여 수난 깔리자가(Sunan Kalijaga), 수난 꾸두스(Sunan Kudus), 수난 보낭(Sunan Bonang), 수난 무리아(Sunan Muria), 수난 구능자띠(Sunan Gunung Jati)는 이슬람이 자바 전 지역에 빨리 뿌리내리려면 자바인들이 조상대대로 행해오고 있는 관습은 그대로 두되, 이슬람으로 변용시키는 것이 더 효과적이며 점차 시간이 흐르면 비(非) 이슬람적인 요소를 없앨 수 없다는 입장으로 끄자웬(kejawen)의 입장이다.(Rahimsyah 1994, 80-87).

2) 무슬림들이 예배를 드리기 전에 몸을 청결하게 하는 것으로 순서에 의하여 씻는다. 몸을 씻을 때 사용하는 물도 우물물, 빗물, 폭포물, 강물, 바닷물 등 깨끗한 물로 제한된다.

드막 대사원 앞의 연못

시아 사람들이 우리에게 종교가 무엇이냐고 물어왔을 때 우리가 "종교가 없다"라고 대답한다면 좀 이상하게 생각하게 될 것이다. 그들은 인간에게 종교가 없을 수 없다고 생각한다.

인도네시아에 이슬람이 전래된 경로는 다양하다. 그 중에 하나가 수라바야를 중심으로 한 동부 자바의 북부 해안 지역이며 주로 아랍 상인들에 의해서였다. 자바의 동북부 해안의 이슬람이 다른 지역보다 신실하다고 말하는 이유도 이와 무관하지 않다. 기어츠(C. Geertz)는 자바 사회를 신앙심을 기준으로 산뜨리(santri) 계층과 아방안(abangan) 계층으로 나누었다. 이슬람의 가르침에 충실하게 따르며 신앙생활을 하는 계층은 산뜨리(santri), 그렇지 못한 아방안(abangan) 계층이다. 자바 동북부 해안에 산뜨리 계층이 많은 것은 이 지역이 이슬람 전래의 한 루트였기 때문이다.

아는 바와 같이 무슬림들에게 종교는 삶의 일부이다. 인도네시아인들의 성지 드막사원을 돌아보면서 이슬람교도들이 지켜야하는 5계명을 생각해 본다. 이슬람을 모르고 인도네시아를 이해했다고 하기 어려울 것이다. 이슬람교도는 루꾼 이슬람(Rukun Islam)이라고 하는 5대 의무사항을 준수하며 신앙생활을 한다.

우선 첫째 의무는 샤하닷(syahadat)인데 이는 "알라 이외의 다른 신을 섬기지 않는다"[3)]라고 맹세하는 것이다. 신앙의 입장에서 보면 가장 중요한 의무이다. 이러한 신념이 무너지면 신앙에서 가장 중요한 기둥이 무너지기 때문이다. 기독교의 십계명 중 제1계명과 같은 맥락의 맹세인 것이다.

둘째 의무는 예배와 기도의 의무이다. 이슬람교도들은 하루에 다섯 번 기도하며 금요일에는 낮에 사원에 가서 예배를 드린다. 기도는 새벽, 정오, 오후 세 시 경, 저녁 6시, 그리고 일곱 시 반 경 이렇게 다섯 번 드린다. 기도 시간이 매일 조금씩 달라지며 말레이시아의 경우는 일간지 1면에 그 날의 기도 시간을 표시한다. 기도 시간이 다가오면 사원에서 이를 알리는 아잔 방송을 한다. 기도할 때는 몸을 정결하게 하고 스자다(sejadah)라고 하는 돗자리를 깔고 메카 방향을 향하여 기도드린다. 호텔 객실의 천장이나 서랍 안에 녹색의 화살표 표시를 해두는데 이것이 비상구 방향이 아니고 메카의 방향이다. 금요일은 대 예배를 드리는 날이다. 기독교인들이 일요일에 예배를 드리는 것과 같다.

사원에 들어갈 때는 몸을 깨끗히 씻는 우두라는 절차를 거쳐야 한다. 이것은 단순히 몸을 씻는 것이 아니고 절차에 따라 손과 발, 그리고 얼굴을 씻어야 한다. 금요일 대 예배 이외에도 무슬림들은 하루 다섯 번 기도 중 한 두 번은 동네의 사원에 가서 기도를 드

3) ʾašhadu ʾal lā ilāha illa l-Lāh, wa ʾašhadu ʾanna muḥammadar rasūlu l-Lāh

린다. 종교적인 차원에서 하루에 한두 번 신도들을 만난다는 말인데 이것은 이슬람의 결속에 중요한 요소로 작용된다. 이렇게 정해진 시간에 다섯 번의 기도를 의무적으로 드리는 것 이외에도 자발적으로 기도를 드리는 경우도 있는데 이를 솔랏 수나(solat sunah)라고 한다.

셋째 의무는 금식(puasa)이다. 금식은 이슬람 달력으로 아홉 번째 달인 라마단(Ramadan) 월에 행한다. 우리가 피상적으로 해가 떠 있을 때 금식한다고 알고 있는데 정확히 말하면 하루 다섯 번 기도 중 첫째 기도 (subuh) 이후부터 넷째 기도 시간(magrib)까지 금식하며 이 기간을 임삭(imsak)이라 한다. 예를 들어 새벽 기도 시간이 네 시라면 세 시 반에는 첫째 식사를 해야 하며 금식월에 하는 첫째 식사를 사후르(sahur)라고 한다. 그러니까 대충 14시간 정도 금식하는 것이다. 음식물은 물론 물도 마시면 안 된다. 대개 어린 아이가 열 살 정도 되면 금식을 시작하며 노약자, 환자, 임신부, 여행자 등을 금식을 면할 수 있다. 라마단 월은 무슬림들이 단순히 금식을 하는 달이라기보다는 금욕적인 생활을 하는 기간으로 이해해야 한다. 예를 들어 음식물을 삼키는 것 이외에도 부부관계, 구토, 월경, 출산, 정신이상, 기절 등의 상황이 발생하면 금식이 무효라고 여긴다.

금식월에 마그립 기도를 드리고 식사를 하게 되는 것을 일러 '금식을 푼다'(berbuka puasa)라고 한다. 일반적으로 금식월 중 한 두 번은 직장의 상사가 부하직원들과 함께 금식을 풀게 된다. 이는 부하 직원에 대한 배려라고 볼 수 있으며 현지에 투자하고 있는 외국인 기업에 근무하는 외국인 직원이 현지인들에게 이러한 배려를 한다면 그들에게 좋은 인상을 줄 수 있을 것이다. 금식월에 주부들은 가정에서 마련하는 음식을 평소보다는 좀 더 신경을 써서 준비한다. 금식월에는 비 무슬림들은 현지에서 행동거지를 조심할 필요가 있다. 그들이 종교에서 정한 의무사항을 실행하는 것을 존중하고 배려해야 한다는 말이다. 금식하는 사람 앞에서 음식을 게걸스럽게 먹는다거나 경망스러운 행동을 자제해야 한다.

일 년 중 한 달을 금식하는 것에 대하여 무슬림들조차도 못마땅해 하는 사람도 있을 것이다. 한 달 간 분위기가 침체되고 공장에서는 생산성이 떨어지기 때문이다. 인도네시아의 석학 알리샤바나(Sutan Takdir Alisjahbana)는 금식을 한 달이 아니라 일주일 정도 강도 높게 하고 끝내면 좋겠다는 말을 한 적이 있다. 그러나 종교에서 정한 규율을 바꾼다는 것은 불가능한 일이다. 오히려 한 달 동안 자신의 생활을 되돌아보고 자신의 몸을 힘들게 하면서 새로운 힘을 얻게 된다고 믿는 사람이 대부분이다.

금식월이 끝나고 맞는 축제일을 르바란(Lebaran)이라고 한다. 우리가 명절에 고향에 내려가는 것과 같이 무슬림들은 이 때 고향에 내려간다. 민족의 대 이동이 시작되는 것이다. 정부에서 정한 공유일은 3일이지만 대개 일 주일 이상 고향에서 머물다 오는 사람이 많다. 직장에서는 이 때 하리 라야 특별 상여금(THR)을 지급한다. 고향에 내려간 젊은이들이 각자 다니는 회사에 대한 정보를 교환하기도 하며 원래의 회사로 복귀하지 않는 사람도 제법 많다. 그래서 회사의 인사 담당 실무자들은 르바란 이후에 신규로 인력을 채용하느라 분주해진다.

넷째 의무는 희사(zakat)이다. 모든 무슬림은 자기보다 형편이 좋지 못한 사람들에게 희사를 할 의무가 있다. 자깟은 어의적으로 청결, 신성, 비옥, 발전의 의미가 있다. 희사는 두 종류로 나뉘는데 그 중에 자깟 피트라(fitrah)는 라마단 월 이둘 피트리에 즈음하여 행하는 것이며 쌀 3.5리터(2.9킬로그램)로 정한다. 자깟 마알(maal)은 교역, 추수, 광업, 수산물, 축산업 등으로 벌어들인 재물의 일정 부분을 희사하는 것이다. 인도네시아에서 자깟을 거두어들일 수 있는 기관은 국가희사운영처 등 22개에 달한다. 자깟은 의무적으로 행해야 하는 희사이고 평소에 자유롭게 희사하는 것을 스더까(sedekah)라고 한다.

인도네시아의 중견 작가 신따 유디시아(Sinta Yudisia)의 단편 <마이너스 희사>(Sedekah Minus, 2012)에 보면 희사를 많이 할수록 복을 받는다는 교리에 대한 반응이 잘 묘사되어 있다. 주인공 지워(Jiwo)는 희사를 많이 해야 복을 받는다는 아내 깐띠(Kanthi)의 권유로 열심히 희사를 하지만 과연 복을 받는 것인지에 대한 확신을 가지지 못한다. 무슬림들이 희사를 하면서도 그에 대한 의구심과 확신이 교차하는 인간적인 모습이다.

다섯째 의무는 성지순례(Haji)이다. 성지순례는 비용이 들기 때문에 능력이 될 때 성지순례를 하라고 명시한다. 성시순례는 누구나 아무 때나 하는 것이 아니고 정해진 인원이 정해진 기간에 이슬람의 성지 메카를 순례하는 것이다. 비용이 마련되었다고 성지순례를 가는 것은 아니다. 신앙적으로 완숙했다고 여겨질 때 하는 것이 일반적이다. 그러니까 20대 청년이 비용이 마련됐다고 해서 성지순례를 하는 경우는 드물다. 대개 나이가 지긋하거나 은퇴할 즈음에 성지순례를 간다. 메카에서 수용할 수 있는 규모가 정해져 있기 때문에 각 나라의 무슬림 신도 수에 비례하여 성지순례의 쿼터가 정해져 있다. 이러한 측면에서 보자면 인도네시아의 무슬림 수효가 가장 많기 때문에 그 쿼터도 가장 많다. 그럼에도 불구하고 성지순례를 떠나려는 사람들이 많기 때문에 신청 후 오랜 기간을 기다려야 한다.

성지순례는 이슬람 달력으로 줄히자(Zulhijah) 월에 행한다. 각 나라에서 모인 성지순례자들은 줄히자 8일에 미나(Mina)에서 밤을 지내고 그 다음 날인 줄히자 9일에 아라파 광장에서 조용히 마그립까지 기도를 드리는 우쿱(Wukuf)을 실행한다. 그 다음 날인 줄히자 10일에는 미나로 향하여 일곱 번 돌을 던지는 줌라 아까바(Jumrah Aqabah)를 실시한다. 성지순례의 공식적인 절차는 이와 같지만 대개는 2~3주 메카에서 머물게 된다. 노인 순례자들이 더위에 지쳐 사망하는 경우도 있는데 무슬림들은 성지순례 길에서 죽으면 천국에 간다고 믿는다. 성지순례를 다녀온 사람들에게는 이름자 앞에 남자는 하지(Haji)를 붙여 '빡 하지'(Pak Haji), 여자는 핫자(Hajjah)를 붙여 '부 핫자'(Bu Hajjah)라고 존대한다.

정해진 기간, 즉 줄히자 월에 가는 성지순례 말고 아무 때나 가고 싶을 때 메카를 방문하는 것을 움로(umroh)라고 한다. 이것은 그야말로 본인의 희망에 따라 아무 때나 성지를 방문해 보는 것이다. 대개 움로를 한 이후에 정식 성지순례인 하지를 가는 것이 일반적인 현상이다. 인도네시아의 여행사 광고에 보면 움로를 모집하는 광고를 쉽게 볼 수 있다.

전술한 바와 같이 인도네시아 문화를 이해하면서 인도네시아의 이슬람을 제대로 알지 못하고는 완벽하다고 할 수 없다. 그들의 신앙을 이해하고 배려하는 지세가 필요하다. 요즈음 한국의 특정 종교가 인도네시아에 진출하여 교민이나 현지인을 상대로 선교, 포교 활동을 하고 있다. 우리의 경제력을 바탕으로 물질적으로 혹은 정신적으로 그들에게 도움을 주기도 하고 각기 종교의 영역을 넓혀가고 있는 것이다. 여기에서 간과하지 말아야 할 것은 그들의 종교도 존중해야 된다는 것이다. 예를 들어 현지에서 무리하게 본인이 신봉하는 종교의 우월성을 이야기하거나 종교를 주제로 현지인과 논쟁을 벌이는 것은 바람직하지 못하며 본인에게도 도움이 되지 않는다.

정향 담배의 도시 꾸두스

꾸두스 정향담배 박물관

드막을 뒤로 하고 꾸두스(Kudus)로 향했다. 우체부길은 완만한 경사를 계속 오른다. 꾸두스 지역이 무리아산 뒤쪽으로 숨어있기 때문이다. 20킬로미터를 달리니 꾸두스가 우리 일행을 반긴다. 이름에서 알 수 있는 바와 같이 이슬람과 밀접한 관련이 있는 지역이다. 꾸두스는 '신성한', '경건한', '깨끗한'이 의미를 가지고 있는

꾸두스 기념탑

꾸두스의 베짝

말이다. 그리고 왈리송오 중의 한 명인 수난 꾸두스(Sunan Kudus)가 이슬람을 전파하고 또 그가 묻힌 곳이다. 원래 이 도시의 이름은 따죽(Tajug)이었는데 수난 꾸두스가 꾸두스로 이름을 바꿨다. 수난 꾸두스 자신이 팔레스타인의 알 꾸드스(Al Quds) 출신인 점과 연관이 있다고 보아야 한다.

꾸두스는 뭐니 뭐니 해도 정향(끄레떽) 담배를 빼고 이야기 할 수 없다. 끄레떽 담배는 엽연초에 정향을 넣어 궐련으로 만든 것이다. 담배를 피울 때 담배에서 장작을 패는 듯한 "끄레떽……끄레떽……"이라는 소리가 나기 때문에 이 담배를 '끄레떽 담배'로 부르게 되었다. 꾸두스 사람들은 가슴이 아플 때 정향을 가슴에 바르는 습관이 있었다. 여기에서 힌트를 얻은 자마리(Djamari)라는 사람이 담배를 말 때 정향을 넣었고 가슴이 아플 때 이 담배를 피우니 통증이 사라졌다고 한다. 그 소식이 입에서 입으로 널리 퍼지게 되었다. 인도네시아 사람들이 언제부터 담배를 피우기 시작했는지에 대한 정확한 기록은 없다. 래플스는 1,600년 즈음에 담배가 자바 섬으로 들어왔으며 마따람의 술탄 아궁이 애연가였다고 하였다.

네덜란드 식민통치 시대에 학교에서 정규 교육을 받은 적이 없는 인도네시아 토착인이 백인 회계 전문가를 부하를 두고 있다는 것은 상상하기 어려울 것이다. 이것이 네덜란드 식민통치 기간에 발생했다면 더욱 그러할 것이다. 하지만 이러한 일이 정말 발생했고 그 주인공은 꾸두스 출신의 '끄레떽 담배의 왕' 니띠서미또(Nitisemito)이다. 1914년 꾸두스 출신의 니띠서미또는 끄레떽 담배 공장을 만들고 '발 띠가'(Bal Tiga)라는 상표로 담배를 생산하기 시작했다. 끄레떽 담배 공장의 소유주 니띠서미또는 실제로 식민통치 시대에 네덜란드인 회계사를 부하직원으로 고용했다. 니띠세미또는 담배 사업에 현대식 경영을 도입한 사람이다. 관리시스템과 회계시스템을 현대화했으며 홍보활동도 활발히 했다. 니띠세미또의 사업이 번창하고 그의 이름이 알려지자 수라까르따의 술탄 빠꾸부워노 10세(Pakubuwono X)는 1938년에 그의 공장을 방문했으며, 수카르노 대통령은 연설에서 그의 이름을 언급하기도 하였다.

발 띠가 상표

끄레떽 담배가 처음 등장했을 때 식민통치 정부는 이의 경제적 가치를 바로 알아차렸다. 끄레떽 담배의 수요가 많았던 것이다. 따라서 담배 산업은 식민통치 정부의 재정 수입원 중 큰 부분을 차지했다. 랜스 캐슬(Lance Castle)은 그의 책에서 1938년의 담배 세금은 1,790,000 루피아로 조세의 6.2%를 차지하였다고 말했다. 그로부터 20년 이후 이 비율은 이미 크게 올라 244,930,000 루피아, 혹은 정부 조세 수입의 18.2%를 차지하였다.[4] 다시 말해 20년 동안 137배가 오른 것이다. 그만큼 정부에서 이 담배 산업에 대한 관심이 높을 수밖에 없었다.

꾸두스에서 시작한 끄레떽 담배 산업은 스마랑, 수라까르따, 그리고 동부 자바까지 퍼져 나갔다. 그리고 사업 수완이 좋은 중국계 사회도 끄레떽 담배 사업에 대한 관심을 갖기 시작했다. 그 결과 꾸두스에서 토착인 생산자와 중국계 생산자 간의 강한 경쟁이 발생하였다. 초기에 꾸두스의 모든 담배회사는 토착인의 손에 있

4) Castle, Lance. 1982. *Tingkah Laku Agama, Politik dan Ekonomi di Jawa : Industri Rokok Kudus*. Jakarta : Sinar Harapan 참조.

었지만 중국계 회사들이 그들의 뒤를 쫓기 시작하였다. 1918년 토착인과 중국계 회사 간의 경쟁이 절정에 달하였고 이것이 그 해 10월 31일 꾸두스에서 발생한 큰 폭동 폭발의 주요 원인 중 하나가 되었다.

양측에서 많은 피해자들이 발생하였다. 많은 집과 공장이 타버렸다. 많은 토착인 담배 사업가들은 법원에 드나들며 소송에 휘말렸다. 이러한 사건이 있은 후 꾸두스의 토착인이 소유한 끄레떽 담배 산업은 후퇴를 면할 수 없었다. 그런데 1918년의 충돌이 꾸두스 끄레떽 담배 산업의 전환점이 되었다. 그 후 끄레떽 담배 산업은 다시 일어났다. 그것은 역시 이미 끄레떽 담배에 길들여진 소비자들의 담배에 대한 수요가 증가했기 때문이었다. 1924년 꾸두스의 끄레떽 담배 산업은 이미 회복되었고, 다양한 규모의 공장이 약 35개나 되었다. 1928년 그 수는 더 증가하여 50개의 공장에 달하였으며, 토착인과 중국계의 공장 소유주 수는 거의 비슷했다.

로로 먼둣 이야기의 고장 빠띠

우리는 서둘러 꾸두스를 출발하였다. 북동쪽으로 20킬로미터를 더 달리면 빠띠(Pati)에 닿는다. 빠띠는 목화와 설탕의 도시이다. 인도네시아에 전해 내려오는 유명한 민담 <로로 먼둣>(Roro Mendut) 이야기의 배경이 되는 지역이기도 하다. 마따람의 술탄 아궁 시대의 이야기이다.

마따람이 자바 북부 해안의 빠띠(Pati)를 공격하여 함락시키고 술탄 아궁은 공을 세운 위로구노(Wiroguno) 장군에게 노획물을 하사했다. 그 중에 미모의 로로 먼둣이 있었다. 위로구노는 로로 멋둣을 첩으로 삼으려 했으나 로로 먼둣은 완강히 거절하였다. 화가 난 위로구노는 로로 먼둣에게 과중한 세금을 낼 것을 요구하였다. 로로 먼둣은 시장통 구석에서 자신이 손으로 담배를 말아서 피우다 만 꽁초를 팔아서 돈을 모아 세금을 냈다. 남은 꽁초의 길이가 짧을수록 더 많은 돈을 받았다. 로로먼둣은 이 때 쁘로노찌뜨로(Pronocitro)라는 남성을 만나 사랑에 빠졌다. 쁘로노찌뜨로는 로로먼둣을 데리고 도망쳤으나 위로구노에게 붙잡혀 죽임을 당한다는 이야기이다. 로로먼둣 이야기는 1982년에 영화로 제작됐다. 인도네시아의 명배우 머리암 벌리나(Meriam Bellina)가 로로 먼둣 역을 했다.

빠띠

『가디스 빤따이』의 배경 름방

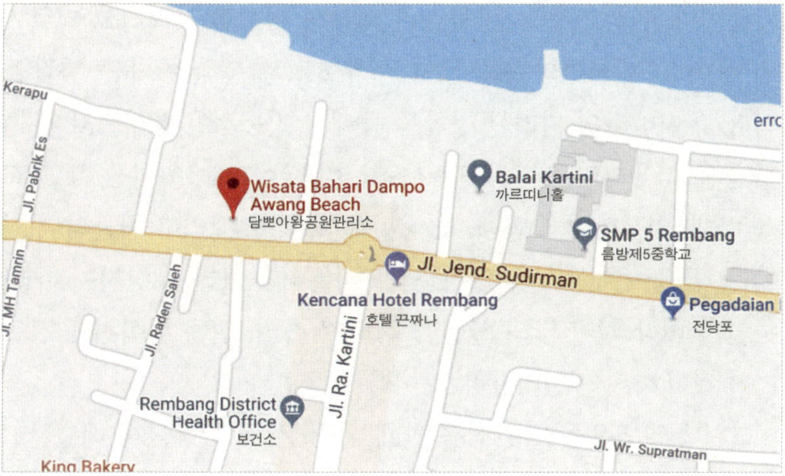

름방

우체부길은 름방(Rembang)을 향해 달린다. 이제 름방을 지나면 동부 자바이다. 스마랑에서 름방에 이르는 북동쪽 방향으로 올라가는 구간 중 5분의 1을 남겨둔 셈이다. 름방을 지나 뚜반(Tuban)까지는 다시 바다를 보며 달리는 구간이다. 름방은 오래전부터 가보고 싶었던 곳이다. 학위논문을 쓸 때 사민(Samin) 사람들의 저항의 방식이 흥미로웠는데 그들이 거주하는 곳 중의 하나가 이곳이며, 쁘라무디아 선생의 주옥같은 소설 『가디스 빤따이』(Gadis Pantai, 1962)의 배경이 되는 도시이기 때문이다. 그래서 자바 우체부길 여행을 계획할 때 이 곳에서 무조건 1박을 하기로 작정한 곳이다.

19세기 말에 블로라(Blora)와 름방 그리고 보조네고로(Bojonegoro) 지역을 주거지로 하는 사민 사람들의 삶의 방식을 '사민운동'(Gerakan Samin)이라고 한다. 사민운동은 사민 수론띠꼬(Samin Surontiko)라는 사람이 이 운동을 정리했다고 하여 붙여진 이름이다. 우선 사민 사람들이란 외부의 영향을 무시하고 지금까지 살아온 자신들의 전통적인 방식으로 삶을 살아가는 사람들이다. 우리나라의 지리산 청학동 등에서 전통적인 방식으로 사는 분들을 떠올리면 된다. 사민 사람들이 살아가는 원칙은 학교 교육 반대, 일부다처제 반대, 장사 반대 등이다. 그리고 이들의 지켜야 할 규율 중에는 '인내하라. 남을 괴롭히지 마라. 교만하지 마라. 주인의 허락 없이 남의 물건을 취하지 마라. 길에 떨어진 물건도 자기 것이 아니면 멀리하라' 등이다.[5)]

그런데 사민운동이 관심을 받게 된 것은 이 사람들이 네덜란드 식민통치 정부에 세금 내는 것을 거부하였기 때문이다. 사민 사람들은 자신들의 땅에서 외지인인 네덜란드 측에 세금을 낼 필요가 없다고 생각했다. 앤더슨은 사민운동을 인도네시아의 '민족운동의 시초'(proto-nationalism)라고 평가하였다. 어찌됐건 세금 내기를 거부하였다는 것은 식민통치 정부에 대한 저항의 표시이기 때문이다. 그리고 사민운동의 특징 중의 하나는 철저히 비폭력적이라는데 있다. 사민 사람들이 세금을 내지 않는 것에 대하여 네덜란드 식민통치 정부가 위협도 하고 폭력을 사용하기도 했지만 전혀 위축되지 않고 자신들의 주장을 펼친 것이다. 왼쪽 뺨을 얻어맞으면 오른쪽 뺨까지 내어 주며 본인들의 주장을 이어갔다.

나는 쁘라무디아 선생의 작품을 분석하면서 블로라 출신인 그

5) *Sabar lan trokal empun ngantos jrengki srei empun ngantos riya sapada empun nganti pek pinek kutil jumput bedhog colong. Napa malih bedhog colong, napa malih milik barang, nemu barang teng dalam mawon kula simpangi.*

까르띠니 묘소

까르띠니 동상

롬방의 담뽀 아왕 해변

가 사민의 정신과 연결돼 있다는 것을 확인하였다. 쁘라무디아 선생의 작품에 어떠한 문제도 폭력을 사용하여 해결하려는 작가의 메시지는 없다. 『인간의 대지』 4부작에서 주인공 밍꺼의 부인 까시루따(Kasiruta)가 밍꺼를 살해하려는 사람들을 미리 발견하고 그들을 먼저 살해하는 장면이 있다. 밍꺼는 이에 대하여 본인이 위험한 상황에서 벗어난 것에 대하여 안도하면서도 한편으로는 까시루따의 행위에 대하여 못마땅해 한다. 이것은 작가의 사민정신과 연결돼 있다. 밍꺼는 자기 부인이 사람을 살해했다는 사실을 받아들이기 어려운 것이다. 작품에서 주인공 밍꺼는 다음과 같이 반응한다.

> 그녀는 살인자 옆에서 자야하는 남편의 마음이 얼마나 참담한지 알려고 하지 않았다.
> "당신은 방어할 준비가 안 된 사람을 쏘았어요."
> "난 남편이 당신 하나 밖에 없어요. 내 남편은 큰일을 하는 사람이고 내 임무는 그를 지키는 것입니다."
> 까시루따는 자신의 행위에 대하여 아무런 거리낌이 없었다. 그녀는 그동안 더 많은 사람을 죽였을지도 모른다. 난 그동안 살인자인 아내와 함께 살아온 것인가?

사실은 정당방위이지만 사람을 죽인 것에 대한 부정적인 시각이 드러난다. 실제로 쁘라무디아 선생은 나와의 인터뷰에서 자신도 사민운동을 이해하고 인정한다고 하였다. 얼마 전에 블로라에서 름방 군청의 관리들과 함께 식사할 기회가 있었는데 군 차원에서 사민운동과 사민 사람들의 삶을 적극 홍보하려는 계획이 있다

렘방 바닷가

고 했다. 지방자치제 차원에서 관광객 유치를 위한 방편일지도 모르지만 그들 선조들의 무형문화유산을 이해하고 보존하려는 그들의 노력이 좋아보였다.

적당한 숙소를 찾아 짐을 풀었다. 황금호텔(Hotel Kencana)이다. 단층의 아담한 건물에 깔끔한 숙소이다. 름방은 인도네시아 여성운동의 선구자 까르띠니(R. A. Kartini, 1879-1904)와도 연관이 있는 지역이다. 저빠라(Jepara)의 부빠띠 소스로닝랏(Ario Sosroningrat)의 딸인 까르띠니는 여성이 교육을 받기 어려웠던 시대에 유럽식 교육을 받고 연설과 기고를 통하여 여성해방 운동에 전념한 인물이다. 까르띠니는 스물 네 살이던 1903년 아버지의 권유로 름방의 부빠띠 아디닝랏(Djojo Adiningrat)과 혼인하여 그의 네 번째 부인이 되었다. 이듬해 아이를 낳고 나흘 뒤에 스물다섯 살을 일기로 사망했다. 름방과 블로라 사이에 그녀의 묘소와 추모관이 있다. 그 후 까르띠니는 인도네시아의 민족 영웅으로 추대되었다.

다음 날 아침을 먹는 둥 마는 둥 하고 나는 름방 해변가로 향했다. 숙소 앞으로 200미터쯤 걸어가니 검푸른 바다가 눈에 들어온다. 쁘라무디아 선생이 자신의 외할머니 사띠마(Satimah)를 모델로 쓴 소설 『가디스 빤따이』의 배경이 된 곳이다. 물론 소설의 배경은 이 해변만이 아니었지만.....'가디스 빤따이'는 우리말로 옮기면 '해변의 여인'인데 이보다는 '가디스 빤따이'가 어감이 더 좋다. 당시 여성들이 어떤 취급을 받았는지를 잘 보여주는 소설이다.

『가디스 빤따이』 영역본

이 소설의 주인공 가디스 빤따이는 14살의 어린 나이에 부모님의 손에 이끌려 름방(Rembang)의 군수 번도로(Bendoro)의 첩이 되었다. 첩이라기보다는 성 노리갯감이 된 것이다. 당시 자바 지역의 귀족들은 정식으로 혼인하기 이전에 자신들보다 낮은 계층의 여성들을 적당한 대가를 지불하고 성 노리갯감으로 삼았다. 이 소설에서 주인공은 비록 가난 하지만 불편함을 느끼지 못했던 자유롭고 행복했던 바닷가 마을의 유년 시절을 뒤로한 채 번도로에게 팔려간 것이다.

그녀는 화장품과 값비싼 장신구에 매력을 느끼지 못하는 때 묻지 않은 순수함을 가지고 있었다. 하지만 귀족의 본처가 아닌 첩으로서 살아가야 할 운명이다. 그러한 생활 속에서 일어나는 억압과 차별에 대한 근본적 원인은 생각하지도 못한 채 도시에서의 생활을 시작한다. 그녀에게 결혼이란 신체적의 공간적인 이동만을 의미하는 것이 아니라 자신과는 다른 계급 문화의 이해, 본인의 정체성에 대한 전반적인 사고의 이동을 요구하는 것이었다.

소설『가디스 빤따이』의 모델이 된 사띠마의 묘소

가디스 빤따이는 번도로의 첩 역할을 하면서 집안일을 관리했다. 가디스 빤따이의 이와 같은 생활이 외견상으로는 그녀의 부모에게 우월감을 갖게 했다. 그것은 자신의 딸이 귀족 집안에 가서 살기 때문이었다. 가디스 빤따이 역시 이러한 세계 속에서 낯설고 힘들었지만 점차 본인을 둘러싸고 있는 환경을 인식하고 순응한다. 가디스 빤따이는 둘러싸고 있는 억압의 조건에 저항하려는 적극적인 의지와 갈등을 보여주기 보다는 운명론적으로 체념하기에 이른다.

가디스 빤따이는 가정부들이 자신을 대우해 주는 것이 좋았다. 그러나 세월이 지나면서 자신은 단지 번도로의 성 노리갯감에 불과하고 번도로는 그와 같은 귀족 계층의 여성과 정식으로 혼인하게 될 것이라는 것을 알고 실의에 빠진다. 실지로 작품의 중간에 가디스 빤다이는 마르디나라는 인물이 번도로의 정식 부인이 될 것이라는 것을 알게 된다. 가디스 빤다이는 아이를 낳았지만 결국 번도로의 집에서 쫓겨난다.

허구적인 요소가 가미되었지만 쁘라무디아 선생의 외할머니를 모델로 한 이야기다. 주인공에 포커스를 맞추면 그녀의 희생이 부각되지만 여기서 간과할 수 없는 것은 자바 사회에서 부모에 의한 이른바 '자식 팔아먹기'이다. 가정 형편을 개선하기 위하거나 자신의 지위를 높이기 위하여 자식을 팔아넘기는 행위는 받아들이기 어렵다. 쁘라무디아 선생은 자바 봉건사회의 이러한 부정적인 전통을 여러 소설에서 고발하고 있다. 『인간의 대지』에서도 사니끔(Sanikem)이나 수라띠(Surati)가 팔려간다. 아버지들이 본인들의 영달을 위해 대를 이어 딸을 팔아넘기는 것이다. 그들은 자신의 딸을 상관에게 바치고 집안 상황이 좋아진다면 그것은 가족 모두에게 좋다고 여기기 때문이다. 자바의 비인도적이고 부정적인 문화였다.

나는 해변에서 한 소녀에게 다가갔다. 목적은 그녀의 모습을 카메라에 담는 것이었다. 현지어로 이야기하니 별 거부감을 보이지 않았다. 그러나 처음부터 다짜고짜로 사진을 찍자고 이야기 할 수는 없다. 인도네시아 사람들은 매사에 워밍업의 단계가 필요하다. 예를 들어 인도네시아인이 사무실에 찾아왔을 때 단도직입적으로 본인의 방문 목적을 말하는 경우는 드물다. 손님이 사무실을 방문하여 날씨 이야기, 신변에 관한 이야기를 오랫동안 하다가 말미에 자신의 방문 목적을 털어놓는 것이다. 주인의 입장에서는 답답한 노릇이겠으나 그들의 문화이므로 어쩔 수 없다. 서로 감정적으로 함께 할 수 있는 분위기를 조성하는 과정이 필요한 것이다.

인도네시아의 전통 문학 형식 중에 빤뚠(pantun)이라는 운문 형식이 있는데 인도네시아 사람들의 이러한 워밍업 과정을 닮은 형식이다. 빤뚠은 대개 4행시라고 부르는데 1행 4자, 1연 4행의 형식을 갖춘 운문이다. 그런데 4행으로 된 이 빤뚠의 1연과 2연은 도입부라고 해서 중심부에 해당하는 3행과 4행을 유도하기 위한 워밍업에 해당한다. 예를 들면 다음과 같다.

거머리는 어디에서 오나
논으로부터 개울로 오네.
사랑은 어디에서 오나
눈으로부터 가슴으로 오네.

위 예에서 보는 바와 같이 "사랑은 어디에서 오나, 눈으로부터 가슴으로 오네"를 도출하기 위한 워밍업 부분이 1행과 2행 "거머리는 어디에서 오나, 논으로부터 개울로 오지"라는 도입부이다. 이처럼 인도네시아 사람들은 매사에 상대방과 감정적으로 함께 할 수 있는 시점까지 이르기 위한 워밍업 과정이 필요한 것이다.

릴리

나는 그녀에게 쁘라무디아 선생의 문학적 위치를 자세히 이야기해주었다. 그리고 이 해변이 가디스 빤따이가 뛰놀던 곳이었다고 말했다. 그녀는 쁘라무디아 선생은 알지만 가디스 빤따이라는 소설은 모른다고 했다. 나는 주인공이 당신처럼 미인이었을 것이라며 사진을 한 장 찍자고 했다. 손사래를 치며 거절한다. 그녀는 "못생겼는데 사진은 무슨."(Jelek, nggak usah)이라고 말한다. 역시 부끄

뻐라무디아 선생 묘소가 있는 까렛 비박 공동묘지

Ny. MIMI SOEDIRGO
ISKANDAR SOEBROTO

러워서이다. 여러 번의 설득 끝에 사진을 찍을 수 있었다. 30컷의 사진 중에 그녀가 활짝 웃는 사진이 압권이다. 사진을 찍을 때에는 무조건 활짝 웃어야 한다. 그녀의 이름은 릴리(Rily)이다.

얼마 전 국립 인도네시아대학 구밀라르(Gumilar) 총장, 폴라노(Ewa Polano) 주 인도네시아 스웨덴 대사와 환담을 나눈 적이 있다. 그라메디아(Gramedia) 출판사에서 출간된 졸저[6] 이야기를 하면서 자연스럽게 쁘라무디아 선생에 관한 언급들이 있었다. 뜻밖에도 폴라노 대사가 쁘라무디아 선생의 『가디스 빤따이』를 읽었다며 그 스토리를 이야기했다. 대사가 특정 소설을 읽었다는 것이 뜻밖의 일로 여겨진 것은 왜일까? 그것은 인도네시아에 주재하는 대사 중에 쁘라무디아의 소설, 아니 인도네시아 소설을 읽은 대사가 많지 않았을 것이기 때문이다.

폴라노 대사는 직업외교관이다. 자신이 주재하는 나라의 저명한 소설가의 작품을 읽었다는 것이 좋아 보였다. 그녀는 쁘라무디아 선생에 대하여 궁금한 것들을 물어왔다. 참 좋은 인상을 주는 대사이다. 주재국에서 고급 자동차에 자국의 국기를 펄럭이며 시내를 질주하는 대사들이 차량은 멋져 보인다. 만약 그들이 주재국 출신 소설가의 소설을 읽는다면 더욱 멋있어 보일 것이다.

그 날 쁘라무디아 선생이 저명한 작가였다는 사실을 증명하는 계기도 되었다. 노벨상을 주는 나라의 대사로서 노벨문학상 후보에 수없이 오른 쁘라무디아 선생이 그녀의 관심으로 다가온 것은 어쩌면 당연한 일이었을 것이다. 나는 폴라노 대사에게 1986년에 쁘라무디아 선생이 노벨문학상의 최종 후보에 올랐을 때 당시 수하르토 정부가 외교관들로 하여금 쁘라무디아 선생이 노벨문학

6) Pramoedya Menggugat: Melacak Jejak Indonesia

상을 받지 못하도록 하는 공작을 했다는 이야기도 해주었다. 폴라노 대사는 그러한 공작이 있을 수는 있지만 스웨덴 한림원이 그러한 공작에 영향을 받지 않는다고 호언했다. 스웨덴 대사로서 할 수 있는 당연한 답이다.

뻐라무디아 선생에 대한 관심이 다시 일어나고 있다. 자카르타 현지에서 출간된 졸저가 다 판매되어 해적판이 나돌고 있다. 조만간 재판을 출간할 예장이다. 그 이외에도 최근 싱가포르대학 동남아연구소에서 뻐라무디아 선생 평전 출간 관련 원고 리뷰 요청이 있어서 엊그제 결과를 보냈다. 북경대학교 인도네시아어과 치에리샤(Qie Lisha) 교수도 나의 공동 지도로 뻐라무디아 관련 박사학위 논문을 마쳤다. 위대한 작가는 사후에도 관심을 받는다는 사실을 확인하는 셈이다. 다음에 자카르타에 가면 수디르만 길 옆에 위치한 선생 묘소에 꽃 한 송이 들고 가야겠다.

중부 자바의 동쪽 끝 라섬

다시 한 번 가디스 빤따이를 떠올리며 름방 시가지를 출발했다. 조금 더 가면 동부 자바 지역인 뚜반(Tuban)으로 진입한다. 우체부 길은 좀 더 가파르게 북동쪽으로 향한다. 라섬(Lasem) 지역을 지난다. 라섬은 한 때 름방보다 더 이름을 떨친 지역이었는데 지금은 름방에 부속된 지역이다. 행정 구역으로 보면 름방군 라섬읍이다. 음뿌 산띠 바드라(Mpu Santi Badra)가 쓴 『바드라 산띠 연대기』(Serat Badra Santi, 1413)에 보면 라섬은 1351년에 이미 마자빠힛왕국에 조공을 바치지 않는 지역이 되었다고 한다. 위세가 당당한 마

라섬

자빠힛에 조공을 더 이상 바치지 않았다는 것은 라섬이 그럴만한 지위에 있었다는 것을 말한다.

당시 라섬은 마자빠힛 왕조 시대의 지역 토후인 '브레'(Bhre)라는 칭호를 가진 사람이 통치했는데 자료에 따라 해석이 다르다. 그러니까 라섬의 브레로 마자빠힛 왕조의 하얌 우룩왕의 조카 데위 인두(Dewi Indu)라는 의견과 하얌우룩왕의 여동생 스리 라자사두히뗜두데위(Sri Rajasaduhitendudewi)라는 의견이 있다. 1413년에는 짬빠(Campa)의 비낭운(Bi Nang Un) 선장이 라섬에 도착했고 그의 부인 나리니(Na Li Ni)가 라섬에 바띡 기법을 전했다고 한다. 라섬의 바띡 문양이나 색상이 붉은 빛을 띠는 것은 중국 문화와 자바 문화의 혼종이다. 라섬의 바띡은 한 때 명성이 자자했었다. 수라까르따, 요갸까르따, 빼깔롱안, 바뉴마스, 찌레본과 함께 인도네시아 6대 바띡 생산지였다.

라섬은 1749년 중국계들의 네덜란드 식민통치 당국에 대한 저항의 중심지였다. 이 저항은 아베히 위댜닝랏(Ngabehi Widyaningrat, Oey Ing Kyat), 빤지 마르고노(Panji Margono), 그리고 탄키위(Tan Kee Wie)가 주도하였으며 빠띠, 꾸두스, 스마랑 등지로 확산되었다. 라섬은 또 디뽀네고로 전쟁 당시 싱가포르에서 무기를 밀반입하는 장소이기도 했다. 름방의 귀족 여인들이 가담하여 밀반입한 무기는 디뽀네고로 측에 큰 도움을 주었다. 하지만 이 사실이 네덜란드 측에 발각되어 관련자들이 체포되고 죽임을 당하였다.

라섬은 1942년 일본군이 자바에 진주할 때 군함이 상륙한 지역 중의 하나이다. 그것은 라섬에 네덜란드 군의 조선소가 있었기 때문이다. 당시 라섬과 름방은 조선소로 유명했다. 그것은 인근 지역에 선박을 만들기에 충분한 목재들이 풍부했기 때문이었다. 인도네시아 공화국이 들어서고 라섬의 영광은 시들해졌다. 조선소가 맥을 추지 못했다. 선박 제작에 요긴하게 쓰이던 티이크 목이 고갈되었고 라섬강에 퇴적되는 모래로 강의 수심이 낮아졌기 때문이다. 외국에 수출까지 하던 바띡도 이제 이 지역에서는 사양산업이 되었다.

라섬강

Indonesia

I N D O N E S I A

7
싱아사리왕국의 후예 동부 자바

싱아사리왕국의 후예 동부 자바

자바 쿠데타의 전형 켄 아록의 도시 뚜반

라섬에서 변곡점을 찍은 우체부길은 이제 방향을 틀어 남동쪽으로 달린다. 왼쪽에 펼쳐지는 자바해의 바닷바람이 시원하다. 이 구간에서는 속도를 낼 수는 없었다. 도로에 패인 곳이 너무 많기 때문이다. 비가 자주 오는 지역이다 보니 보수를 해도 금방 망가지는 모양이다. 속도를 못 내면 어떤가. 가다가 날이 저물면 쉬어 가면 그만이다. 어느새 중부 자바와 동부 자바의 접경 지역을 지난다. 여기는 엊그제 지나온 서부 자바와 동부 자바의 접경 지역 풍경보다는 덜 소란스럽다. "동부 자바 주에 오신 것을 환영합니다"라는 아치형의 간판을 지났다.

이제 뚜반이다. 름방에서 55킬로미터를 달려왔다. 뚜반은 자바 왕국의 역사에 많이 등장하는 지역이다. 뚜반 지역에서 이른바 깜

뚜반 관싱비오 사당

방뿌띠(Kambangputih) 비문이 발견되었다. 깜방뿌띠가 뚜반을 말하는 것인데 언제 무슨 연유로 이름이 바뀌었는지는 확실하지 않다. 뚜반은 싱아사리왕국, 마자빠힛왕국 시대에 중요한 항구였다. 껜 아록(Ken Arok)이 싱아사리왕국의 왕이 되는 과정은 자신의 손에 피를 묻히지 않고 쿠데타를 성공시키는 자바 쿠데타의 전형이다. 껜 아록의 쿠데타는 자바 최초의 쿠데타이다. 쁘라무디아 선생은 껜 아록의 쿠데타를 모델로 『아록 데데스』(Arok Dedes, 1999)라는 역사소설을 썼다. 쁘라무디아 선생이 소설을 출판하기 전에 이 원고를 나에게 준 적이 있다. 원래의 원고 제목은 『껜 아록과 껜 데데스』(Ken Arok dan Ken Dedes)였다. 출간할 때 제목이 길다고 판단하여 줄였을 것이다.

껜 아록은 자바 역사에서 중요한 인물이다. 껜 아록이 싱아사리왕국을 세웠고, 싱아사리의 마지막 왕 꺼르따너가라왕(Sri Maharaja Kertanegara)의 사위가 마자빠힛왕국을 세운 라덴 위자야(Raden Wijaya)이다. 껜 아록 이야기는 자바의 중요한 역사서지인 『끼땁 빠라라똔』(Kitab Pararaton)과 『까까윈 나가라꺼르따가마』(Kakawin Nagarakertagama)에 등장한다. 『끼땁 빠라라똔』은 『스랏 빠라라똔』(Serat Pararaton)이라고도 하는데 자바어로 기술된 역사서로 싱아사리와 마자빠힛의 왕들에 관한 내용이다. 『까까윈 나가라꺼르따가마』는 1365년에 쁘라빤짜가 썼으며 1894년 네덜란드 서지학자 브란더스(Jan Laurens Andries Brandes)가 롬복에서 발견하였다. 운문 형식으로 마자빠힛의 하얌우욱왕의 업적에 관한 내용이 주를 이룬다.

앞에서 이야기한 바와 같이 쁘라무디아 선생도 『아록 데데스』라는 역사소설을 썼다. 그런데 위의 두 역사서나 쁘라무디아 선생의 소설에 등장하는 껜 아록에 관한 이야기가 조금씩 다르다. 『끼땁 빠라라똔』에 의하면 껜 아록은 까위산의 동쪽에 위치한 빵꾸르(Pamgkur)에서 출생하였는데 그의 어머니 엔독(Endok)이 논에서 일하는 그의 남편 가자 빠라(Gajah Para)에게 새참을 가져다주려고 가는 도중에 브라마 신(Dewa Brahma)을 만나 그에 의하여 잉태되었다. 이 브라마 신이 당 향 로가워(Dang Hyang Lohgawe)로 껜 아록의 아버지이다. 껜 아록이 태어나기 전에 그의 아버지는 죽고 엔독은 껜 아록을 산에 버렸는데 렘봉(Lembong)이라는 산적 두목이 데려가 키웠다고 기록되어 있다.

『아록 데데스』 표지

『까까윈 나가라꺼르따가마』에 의하면 1182년에 그라나타(Sri

Granatha)왕의 아들 랑가 라자사(Sri Ranggah Rajasa)라는 걸출한 인물이 태어났다고 한다. 랑가 라자사는 그의 어머니가 동정녀인 상태에서 출산했으며 훗날 꺼디리(Kediri)왕국의 꺼르따자야왕을 물리치고 왕이 되었는데 그가 껜 아록이라고 기록했다. 쁘라무디아 선생은 자신의 소설에서 껜 아록의 어릴 때 이름은 떠무(Temu)이며 근본을 알 수 없는 아이로 당 향 로가워는 껜 아록의 스승 중의 한 명으로 묘사했다. 역사소설이 역사적인 사실에 얽매일 필요는 없다. 그 보다는 작가가 전하고자 하는 메시지가 무엇인가를 파악하는 것이 더 중요하다.

껜 아록은 뚜마뻴(Tumapel) 지역의 토후라고 할 수 있는 아꾸우(Akuwu) 직에 있었던 뚱굴 아메뚱(Tunggul Ametung)의 호위무사로 들어갔다. 껜 아록은 뚱굴 아메뚱의 부인 껜 데데스에 반했고 그의 스승 당 향 로가워는 껜 아록이 자바의 왕을 낳을 것이라는 예언을 했다. 껜 아록은 뚱굴 아메뚱을 살해하기로 결심하고 의붓아버지 방오 삼빠란(Bango Samparan)의 소개로 끄리스 명장 음뿌 간더링(Mpu Gandering)을 소개받았다. 음뿌 간더링은 일 년 안에 명검을 만들어주기로 약속했으나 껜 아록은 참지 못하고 다섯 달 만에 음뿌 간더링에게 가서 미완성의 끄리스를 가져오고 음뿌 간더링을 살해했다. 음뿌 간더링은 죽어가면서 그 끄리스로 인하여 껜 아록을 포함한 7명이 목숨을 잃게 될 것이라고 말했다.

뚜마뻴로 돌아온 껜 아록은 가져온 끄리스를 친구인 꺼보 이조(Kebo Ijo)에게 빌려주었다. 꺼보 이조는 그 끄리스가 자신의 것이라고 자랑하고 다녔고 사람들은 그것을 믿었다. 그 다음 날 밤 껜 아록은 술에 취해 잠든 꺼보 이조에게서 끄리스를 훔쳐와 뚱갈 아메뚱을 살해했다. 이 때 강요에 못 이겨 뚱갈 아메뚱과 결혼한 껜 데데스는 껜 아록의 계획에 협조하였다. 그 다음 날 뚱갈 아메뚱의 가슴에 꽂혀 있는 끄리스를 보고 사람들은 꺼보 이조가 그를 살해했다고 믿었다. 그 이후에 껜 아록은 껜 데데스가 뚱갈 아메뚱의 뒤를 이어야 한다고 말했으나 껜 데데스가 사양하자 자신이 뚜마뻴의 아꾸우가 된다. 그 후 뚜마뻴이 꺼디리에서 독립된 싱아사리왕국이 된다.

앞에서 이야기한 바와 같이 수하르토가 <9·30사태>를 수습하면서 NU를 부추겨 공산당과 연루되었다는 사람들을 살해한 것은 이제 알려진 사실이다. 자신의 손에 피를 묻히지 않고 목적을 달성했다는 점에서 껜 아록이 꺼보 이조를 이용하여 뚱굴 아메뚱을 살해한 것과 통하는 데가 있다. 껜 아록의 구데타는 자바 최초의 쿠데타이다. 쁘라무디아 선생이 인도네시아군도를 통합한 사람은 마자빠힛 시대의 재상 가자마다(Gajah Mada)와 수카르노라는 이야기를 한 적이 있다. 이 두 사람 이외는 아니라는 말이다. 즉, 30년을 통치한 수하르토는 인도네시아를 통합한 사람 축에 들어가지 않는다는 것이다. 수하르토 권력 탄생의 이면을 알고 있는 쁘라무디아 선생으로서는 당연한 생각이다.

1275년에 싱아사리(Singasari)왕국의 꺼르따너가라(Kertanegara)왕이 수마트라와 지금의 상가포르인 뚜마섹을 공격할 때에도 뚜반 항구를 통해 군대를 보냈다. 꺼르따너가라왕은 남진해오는 쿠빌라이 칸의 세력 확장에 대응하기 위해 수마트라 등을 공격했다. 원나라의 쿠빌라이 칸의 남진을 막기 어려웠다. 쿠빌라이 칸은 1276년부터 수차례 사신을 보내 꺼르따너가라왕이 직접 원나라에 와서 알현할 것을 주문하였다. 사신들의 무례한 행동에 꺼르따너가라왕은 쿠빌라이 칸을 멸시하는 뜻으로 사신들의 얼굴에 상처를 입혔다.

이에 격분한 쿠빌라이 칸은 꺼르따너가라왕에게 복수하기 위해 2만 명의 병사를 뚜반으로 보냈다. 그런데 쿠빌라이 칸의 군대가 뚜반에 도착하기 이전에 꺼르따너가라왕은 꺼디리의 자야깟왕(Jayakatwang)왕의 침공으로 이미 사망하고 말았다. 그런데 재미있는 것은 꺼르따너가라왕의 사위인 라덴 위자야가 쿠빌라이 칸의 군대의 도움으로 꺼디리를 공격하여 자야깟왕왕을 붙잡아 살해한 것이다. 그리고 한 번 더 반전이 있는데 꺼디리 공격의 승리에 취한 쿠빌라이 칸의 군사들이 경계심을 늦추고 술에 취한 사이에 라덴 위자야는 쿠빌라이 쿤의 군대를 공격한 것이다. 쿠빌라이 칸의 군대는 몰살되었고 라덴 위자야는 마자빠힛왕국을 세우고 첫 번째 왕이 되었다.

역사적인 사실에 대하여 의견이 다른 경우도 있다. 사실 우체부 길을 달리면서 역사를 전공한 안디까와 역사적인 사실에 대한 이야기를 나누지만 내가 서지를 통하여 알고 있는 사실과 안디까가 알고 있는 사실이 다른 경우가 더러 있었다. 라덴 위자야가 쿠빌라이 쿤의 군대와 연합하여 자야깟왕왕을 붙잡아 살해한다는 것은 뿌르와디(Purwadi) 교수가 『자바 왕들이 역사』(The History of Javanese Kings)에서 밝힌 내용이다. 그런데 쁘라무디아 선생은 라덴 위자야가 꺼디리 공격 후 자야까얏왕왕을 바로 살해한 것이 아니고 우중 갈루(Ujung Galuh, 지금의 수라바야)로 유폐시켰다고 했다. 정황상으로 쁘라무디아 선생의 견해가 맞을 것 같다. 왜냐하면 자야깟왕왕이 우중 갈루에 유폐되어 <우끼르 뽈라만>(Wukir Polamn)이라는 문학 작품을 남겼다는 기록이 있기 때문이다.

뚜반을 떠나기 전에 우리는 까랑사리(Karangsari)에 있는 관싱비

관싱비오 사당

스리까야

뚜반의 소달구지

오(Kwan Sing Bio) 사당에 들렀다. 중국 삼국시대의 영웅 관우의 위패를 모신 사당인 관제묘(關帝廟)이다. 이러한 사당을 비롯한 중국인들의 건축물은 멀리서 보아도 티가 난다. 건물 여기저기를 대개 붉은 색으로 장식하기 때문이다. 상하의 나라에서 붉은 색은 금새 눈에 띈다. 사당은 그들이 기리는 인물의 상을 만들어 놓고 그 앞에 향을 피워놓았다. 참배객도 있고 관광객도 있다. 이를 종교색채를 가진 기관으로 보기는 어렵다. 어디까지나 특정 인물에 대한 존경심 정도를 나타내는 곳이니 말이다.

이 사당의 경내에 세워진 관우 동상은 동남아시아에서 가장 큰 규모로 높이가 30미터에 이른다. 중국 후한 말 무장인 관우는 충성심과 의리, 당당한 성품으로 인해 동아시아에서 가장 잘 알려진 장수로 손꼽히며, 중국과 대만, 한국, 일본 및 인도네시아 등 동아시아에서 '전쟁의 신'으로 추앙된다. 관우 동상의 크기도 그것이지만 이 사당의 규모가 대단했다. 경내가 4헥타르에 달했다. 최근 현지에서 관우 동상을 철거하라는 시위가 있었다. 소셜 미디어에서 논란이 시작된 이후 이슬람 관련 단체 등 민간단체들이 거리로 나와 철거를 요구하는 시위를 한 것이다. 세계 최대의 무슬림 국가에서 관우를 기리는 사당을 너무 크게 지은 것이 아닌가하는 생각도 든다. 사당 앞 빈터에 과일을 파는 사람들이 있다. 스리까야(srikaya)가 보여 몇 개 샀다. 겉은 우둘투둘하고 반을 자르면 하얀 과육에 검은 씨가 대여섯 개 있다. 콜레스테롤과 당뇨에 좋다고 알려진 과일이다.

관싱비오 사당 지역을 나와 다시 차에 올랐다. 한적한 시골 길이다. 한참을 지나다보니 소달구지가 지나간다. 두 마리의 흰 소가 끄는 달구지에 무엇인가 가득 싣고, 거기에다가 주인까지 그 위에 타고 있다. 무심코 지나 10분쯤 달렸다. 아무래도 안 되겠다싶어 다시 차를 돌렸다. 카메라에 그 모습을 담지 않으면 후회할 것 같았다. 그리 쉽게 볼 수 있는 장면이 아니기 때문이다. 좁은 도로에서 차를 돌리는 것도 그리 쉬운 일은 아니었다. 소달구지는 아까 그대로 터벅터벅 걸어오고 있었다.

굽이굽이 벙아완 솔로

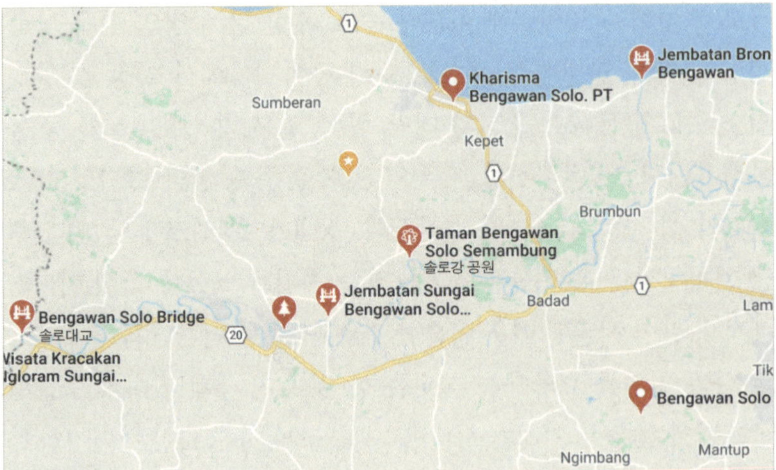

솔로강

수 백 년 전 뚜반 지역에서 발행했던 역사적인 사건들을 반추하며 차에 올랐다. 여기서부터 우체부길은 계속 동쪽으로 향한다. 1번 국도는 남쪽으로 급강하하여 바밧(Babad)에 이르고 거기에서 다소 완만하게 남동쪽으로 기수를 돌려 그레식(Gresik)으로 이어지지만 원래 우체부길은 17번 국도를 따라 시다유(Sidayu), 그레식을 거쳐 수라바야에 이른다. 도로는 좁아지고 노면 상태는 더욱 실망스러웠지만 눈앞에 펼쳐지는 바다는 좋았다. 한참을 달려 시다유에 닿았고 거기에서 거의 직각으로 남하한다.

졸다보니 눈앞에 누런 강물이 지나간다. 몸통이 굵은 구렁이가 지나가는 것 같다. 바밧에 닿기 전 건너야 하는 솔로강(Bengawan Solo)이다. 인도네시아 사람들이 즐겨 부르는 노래 '벙아완 솔로'의 주인공인 셈이다. 우리나라 음악대학에서도 배운다고 한다. 솔로강은 자바에서 가장 긴 강으로 중부 자바 워노기리(Wonogiri)에서 발원하여 솔로, 마디운, 블로라, 뚜반, 라몽안 지역 등 550킬로미터를 흘러 그레식으로 빠져나간다. 내가 흥얼거리니 안디까도 따라 부른다.

솔로강

벙아완 솔로
너의 우아한 모습
아주 오래전부터
사람들의 관심을 끌었지.

비가 안 올 때
강물이 별로 없지만
비가 올 때는
아주 멀리 많은 물이 흐르지.
너는 솔로에서 시작하여
산을 휘감아 흐르고
흐르고 또 흘러
바다에 이르네.

저기 돛단배 떠가는
너의 옛 모습
장사꾼들이 언제나
그 배에 올랐지.

이슬람 성인들의 도시 그레식

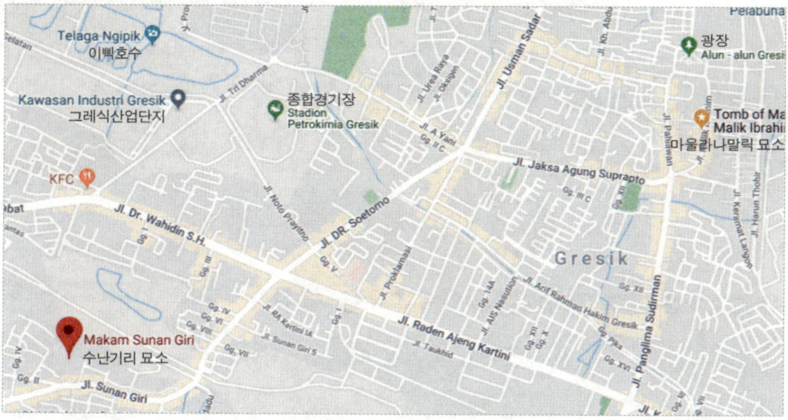

그레식

벙아완 솔로를 지나 20킬로미터 쯤 달리니 그레식 시가지가 보였다. 그레식 앞 쪽으로 마두라(Madura) 섬이 있다. 그레식과 마두라섬 사이에 마두라 해협이 있다. 한 때 우리나라 남방개발에서 마두라 유전을 개발하던 곳이다. 인도네시아는 1962년부터 석유수출국기구(OPEC) 회원국이었다. 2008년에 원유를 수입한다는 이유로 이 기구를 탈퇴했다가 2014년 조꼬위 대통령 취임 후 2014년에 다시 가입했다. 그러다가 2016년 9월 29일 알제리에서 열린 석유수출국기구 회의에서 하루 원유 생산량을 3,250만~3,300만 배럴 수준으로 감축하기로 합의한 것과 관련하여 같은 해 11월 30일 다시 탈퇴하였다.

간과하기 쉬운 것은 인도네시아가 원유 수출국이지 석유 수출국이 아니라는 점이다. 우리나라와 인도네시아의 교역량 순위에서 수위를 차지하는 품목이 우리 측에서 볼 때 원유수입, 석유수

마울라나 말릭 이브라힘 묘소 입구

마울라나 말릭 이브라힘 묘소

수난 기리 묘소

수난 기리 묘소 내부

출이다. 우리가 인도네시아의 원유를 수입하여 정제한 후 다시 인도네시아에 수출하는 것이다. 인도네시아가 자신들이 생산하는 상당수의 원유를 정유하는 능력이 부족하다는 말이다. 아이러니한 것은 그럼에도 불구하고 인도네시아의 유가가 세계 그 어느 나라보다 싸다는 사실이다. 유가가 싼 이유는 수입한 석유에 인도네시아 정부가 유가보조금을 지원하여 판매하기 때문이다. 이는 인도네시아 재정 운영에 큰 부담을 주고 있다. 사실 지금의 유가도 10년 전에 비하면 두 배 정도 오른 가격이다. 인도네시아 유가를 현실화하려면 지금 가격의 두 배 정도로 올려야 한다. 그러나 그것을 모르는 인도네시아 정부가 아니다. 생각해보자 우리의 유가를 갑자기 두 배로 올린다면 폭동이 일어나지 않을까.

그레식은 수라바야의 위성도시이며 이른바 거르방꺼르또실라(Gerbangkertosusila) 6개 도시 중의 하나이다. 거르방꺼르또실라는 수라바야 인근의 동부 자바의 주요 도시인 그레식(Gresik), 방깔란(Bangkalan), 모조꺼르또(Mojokerto), 수라바야(Surabaya), 시도아르조(Sidoarjo), 라몽안(Lamongan)을 이르는 축약어이다. 이 지역의 인구는 천 만을 넘는다. 그레식은 1세대 왈리송오 수난 그레식(Sunan Gresik)이 자바에 처음으로 이슬람을 전래한 지역이다.

수난 그레식의 본명은 마울라나 말릭 이브라힘(Maulana Malik Ibrahim)이다. 그가 어디 출신인지에 대하여 의견이 분분하다. 북부 아프리카에서 왔다는 사람도 있고 사마르칸트 출신이라고 말하는 사람도 있다. 래플스는 수난 그레식이 아라비아에서 왔다고도 했다. 그러나 가장 설득력이 있는 주장은 수난 그레식의 묘비에 기록된 '카산'(Kashan)을 그의 출신지로 보는 것이다. 카산은 지금 이란의 한 지역이다. 아무튼 수난 그레식은 이 지역 주민과 동화하면서 점진적으로 이슬람을 전파했다.

우리 일행은 수난 그레식의 묘소로 향했다. 그의 묘소는 해안 쪽에서 멀지 않은 도심에 자리 잡고 있었다. 도로 이름도 '말릭 이브라힘길'(Jalan Malik Ibrahim)이다. 이슬람을 상징하는 색상이 녹색인데 입구 간판의 감청색의 배경이 이채롭다. 성지답게 많은 사람들로 붐볐다. 왈리송오 아홉 명 중에서도 가장 초기에 활동한 인물이다. 복층의 파고다 형식으로 된 기와지붕 아래 그의 석관이 있고 주위에 이슬람 신자들이 기도를 하고 있는 모습이 경견해 보인다. 지붕 아래에는 자리가 모자라 뙤약볕에서 기도를 하는 사람도 많다. 남성들은 뻬찌, 여성들은 질밥을 쓰고 도열해 앉은 모습이 장관이다.

수난 그레식의 묘소를 빠져나와 우리는 인근에 있는 수난 기리(Sunan Giri) 묘소를 찾았다. 1킬로미터 정도 시내 안쪽으로 들어가니 수난 기리의 묘소가 나왔다. 수난 기리 역시 왈리소오 중의 한 명이며 그레식 지역에 기리 꺼다똔(Giri Kedaton)왕국을 세운 인물이다. 수난 기리는 기리 꺼다똔을 기점으로 마두라, 롬복, 술라웨시, 깔리만딴 지역으로 이슬람을 전파했다. 수난 기리의 묘소는 밀폐된 건물 안에 안치돼 있었다. 줄을 서서 차례로 지나가며 잠시 볼 수 있다. 사진 촬영도 불허했다. 내가 아쉬워하는 표정을 짓자 묘소 관리인이 촬영을 허가했다.

그레식은 시멘트 산업으로 유명한 지역이다. 1957년에 설립된 그레식시멘트주식회사(PT Semen Gresik)는 인도네시아의 대표적인 시멘트 회사이다. 2012년 하노이 수출입합자회사(Geleximco)로부터 탄롱(Than Long)시멘트사의 주식 70%를 인수하여 전략적 지주회사로 탈바꿈한 뒤 회사 이름도 인도네시아시멘트주식회사(PT

Semen Indonesia)로 바꿨다. 도로 왼쪽으로 보이는 시멘트회사의 위용이 대단하다. 여러 개의 거대한 사일로, 컨베이어 벨트, 그리고 원자재 창고 건물이 잔잔한 도시에 활력을 주는 것 같다.

역동의 항구 도시 수라바야

수라바야 수난 암 사원

그레식에서 남쪽으로 10킬로미터를 내려오면 땀박랑온(Tambaklangon)이다. 여기에서부터 뚜반에서 갈라졌던 1번 국도와 다시 합류하게 된다. 1번 국도를 따라 다시 10킬로미터를 달리니 인도네시아 제2의 도시 수라바야이다. 수라바야는 우리의 부산과 비슷한 점이 있다. 항구도시이고 제2의 도시이다. 아무튼 이제 우체부길 800킬로미터를 달려온 셈이다. 수라바야로 들어서니 흡사 시골사람이 오랜만에 읍내에 나온 것 같은 느낌이다. 3사단 백골부대 진백골 18연대에서 근무하다가 와수리 읍내로 외출 나온 것 같았다.

우리는 숙소를 잡고 식사하러 나갔다. 언젠가 하비비 전 대통령의 동생 티미(S.A. Habibie)회장과 마까사르(Makassar)에 들러 수라바야에 왔는데 이곳의 소또 아얌(soto ayam)을 꼭 먹어야한다고 해서 허름한 밥집에서 먹은 적이 있다. 인도네시아인들이 즐겨 먹는 음식 중의 하나이다. 우리 입맛에도 맞는 닭을 주요 식자재로 한 일종의 닭 국물 국수이다. 수라바야의 소또 아얌은 국물이 좀 더 걸쭉하고 구수한 맛이 난다. 우리는 식당에서 소또 아얌을 비롯하여 생선, 공심채 등을 주문했다.

나는 비르 빈땅(Bir Bintang) 맥주도 한 잔 했다. 맥주 맛이 좋다. 비르 빈땅은 하이네켄 맥주의 자회사 물띠 빈땅 인도네시아사(PT Multi Bintang Indonesia)가 제조하는 맥주이다. 알코올 5%의 필스너 맥주인데 맛이 좋아 네덜란드, 일본 등으로 수출된다. 자바 우체부길 탐사를 시작할 때는 좀 긴장도 되었는데 이제 마음이 편하다. 수라바야에서 직선으로 남하하여 200 킬로미터 정도를 가면 종착점이기 때문이다. 항구도시 수라바야의 야경은 찬란했다.

수라바야는 11세기까지 우중 갈루로 알려졌는데 마자빠힛 시대 이후에 수라바야로 불렸다. 앞서 이야기한 바와 같이 꺼디리의 자야깟왕왕이 이곳에 우폐되어 '우끼르 빨란'이라는 작품을 썼다고 한다. 그런데 이 작품이 무슨 내용인지는 알려지지 않았다. 수라바야는 항구도시로서 국제 향료무역의 중심지였다. 바다를 경영한 자바 해안왕조에게는 수라바야가 중요한 항구였다. 그러나 포르투갈과 네덜란드 등의 유럽 세력이 들어오면서 수라바야 항을 통한 자바왕국의 바다 경영은 위축될 수밖에 없었다. 이와 더불

수난 암뻴 사원 앞 골목길

어 마따람왕국의 술탄 아궁이 내륙으로부터 수라바야를 공격하여 결국 1625년에 함락되고 말았다.

사실 당시 마따람은 수라바야를 둘러싸고 있는 성을 뚫을 수가 없었다. 술탄 아궁은 수라바야로 흘러들어가는 강물에 독을 풀어 성 안에 있는 사람들을 독살하였다. 수 만 명에 이르던 인구가 1,000 명 정도만 남고 다 죽었다고 한다. 그 뒤 수라바야는 외교력을 발휘하여 뻐끽(Pekik)왕자를 마따람에 볼모로 보냈다. 이 뻐끽왕자가 수라바야가 외부에서 받아들인 문물을 마따람에 전하게 된다.

수라바야는 왈리송오 수난 암뻴(Sunan Ampel)이 이슬람을 전한 지역이다. 수난 암뻴의 가계에 대하여도 많은 의견이 있다. 짬빠(Campa) 출신이라는 의견도 있고 빠사이(Pasai)의 왕자라는 말도 있다. 수난 암뻴이 어머니 쪽으로 짬빠 왕족의 피를 이어받은 것

수난 암뻴 사원

은 확실한 것으로 판단된다. 그리고 수난 그레식 즉 수난 마울라나 말릭 이브라힘의 아들이라는 의견도 있다. 우리는 차를 수난 암뻴 사원에서 좀 떨어진 곳에 주차하고 사원으로 향했다. 사원 근처로 차가 접근할 수 없는 구조이다.

사원에 이르는 길은 시장통이다. 이슬람 혹은 수난 암뻴과 관련된 기념품을 파는 시장이다. 발을 디딜 수 없을 정도로 사람들로 붐빈다. 복잡한 시장 안에서 20대 초반의 아기 엄마가 아이에게 모유를 수유하고 있다. 나는 카메라를 들이대지 모했다. 순간적으로 망설였지만 용기가 부족했다. 훗날 두고두고 후회하는 일이다. 사랑스런 아기에게 그렇게 자연스러운 모습으로 수유하는 모습은 보기 어렵기 때문이다.

사원의 규모는 컸다. 사원의 지붕이 3층의 파고다 형식으로 된 것이 드막 대사원과 유사하다. 수난 암뻴에게서 이슬람을 공부한 라덴 파타가 영향을 받았겠구나하는 생각이 든다. 수난 암뻴의 딸이 라덴 파타의 왕비가 되었으니 그 둘은 장인과 사위 사이이다. 사람들은 나름대로 질서정연하게 사원이며 수난 암뻴의 묘소를 참배하고 있었다. 더러는 사원에서 기도를 드리는 사람도 있었다. 수난 암뻴의 묘소는 사원의 서쪽에 위치해 있다. 묘소는 생각보다 소박했다. 수난 암뻴의 묘소 옆에 둘 째 부인인 냐이 짠드라와띠(Nyai Candrawati)의 무덤이 나란히 누워있었다.

『인간의 대지』 영역본 표지

수라바야는 쁘라무디아 선생의 대작『인간의 대지』(Bumi Manusia) 4부작의 무대가 된 곳이다. 인도네시아가 낳은 세계적인 작가, 노벨 문학상 후보에 수 없이 오른 작가, 팔십 평생 중 17년 반을 감옥에 있었던 작가, 인도네시아의 양심, 인도주의 작가 등으로 그를 설명할 수 있다. 그를 반체제 작가라고 표현한다면 맞는 말이 아니다. 그가 인도네시아의 특정 체제를 반대한 것은 아니기 때문이다. 그를 공산주의자로 몰아붙이는 것은 무식의 소치이다. 그가 공산주의에 동조한 적이 없었기 때문이다. 가장 터무니없는 것은 인도네시아 수하르토 정부가『인간의 대지』가 체제전복적인 계급투쟁의 사상을 품고 있다는 이유로 판금조치를 내린 것이다.

1980년『인간의 대지』가 출간되었을 때 당시 아담 말릭(Adam Malik) 부통령이 이 소설에 나타난 선배들의 식민통치 정부에 대한 저항을 배우기 위하여 영화로 만들어야 한다고 했다. 수하르토의 부인 띤(Tien) 여사는 쁘라무디아 선생을 대통령궁으로 불러 직접 책을 건네받았다. 그런데 10개월 후에 이 소설이 계급투쟁의 사상을 품고 있다는 이유로 판매금지 되었다. 만약 그 이유라면 이 소설이 출간되자마자 그러한 조치를 내렸어야한다. 인도네시아 사람들이 인도네시아 말로 된 이 소설을 읽고 그 안에 드러난 사상을 파악하는데 그리 많은 시간이 걸리지 않았을 것이기 때문이다.

여기에 빌미를 제공한 것이 우마르 유누스(Umar Junus) 교수이다. 그는 인도네시아 수마트라 출신으로 국립 말라야대학에서 문학을 가르쳤다. 그가 말레이시아 문예진흥원에서 발간하는 '데완 사스뜨라'(Dewan Sastera)라는 잡지에 이 소설에 대한 평을 쓰고, 이를 인도네시아의 관변 학술지 '빠르셉시'(Persepsi)라는 잡지에서 재게재했다. 이 소설에 대한 우마르 유누스의 분석은 조야하다. 그는 심지어 쁘라무디아 선생 아버지의 위로 치켜 올린 콧수염이 공산당을 상징한다고 했다. 근거가 없는 말이다.

쁘라무디아 선생의 영향력 확산을 두려워하던 인도네시아 정부가 우마르 유누스의 글을 빌미로 판금조치를 내린 것이다. 이에 대하여 영국의 왓슨(C. W. Watson) 교수는 쁘라무디아의 작품에 대한 판금조치에 관여한 사람들을 '야후'(yahoo)라고 하면서, 이와 관련된 인도네시아 공무원들의 무지는 용서할 수 있지만 작품에 대한 학자들의 잘못된 해석은 용서할 수 없다고 하였다. '야후'는 '짐승 같은 인간'이라는 뜻이다. 소설 『인간의 대지』의 스토리는 다음과 같다.

1899년 중부 자바의 한 도시에 밍꺼라는 소년이 살았다. 밍꺼라는 이름은 네덜란드 통치하의 초등학교에서 네덜란드인 선생님이 현지인을 경멸하는 말인 몽키(monkey)에서 유래한 말이다. 밍꺼는 부친이 군수인 관계로 유복한 환경에서 자랐고 전통대로라면 그도 군수가 될 수 있었다. 밍꺼는 학교에서 자유주의 신봉자인 막다(Magda Peters)선생의 귀여움을 받았고 또한 그녀의 영향을 받았다.

어느 날 밍꺼는 학교 혼혈인 친구인 로베르트 수우르호프(Robert Suurhof)의 권유로 온또소로 부인의 집에 놀러 간다. 온또소로 부인은 네덜란드인의 현지처인데 그녀는 자기 아버지가 출세할 목적으로 팔려온 신세이나, 그 후 남편 헤르만 멜레마(Herman Mellema)의 도움으로 교육도 받고 경영일도 배워서 이제는 혼자 모든 농장일을 해내는 억척스런 사업가가 되었다. 네덜란드인 남편 사이에 로베르트 멜레마(Robert Mellema)라는 아들과 아넬리스(Annelies)라는 예쁜 딸을 두었다. 로베르트 수우르호프는 로베르트 멜레마와 친구 사이이다.

사실 당시의 관습상 토착인인 밍꺼가 유럽인이 주인인 집을 방문하는 일은 매우 이례적인 일인데 그것은 당시에 유럽인과 토착인 사이에는 신분상 차별이 있었기 때문이다. 밍꺼는 온또소로 부인과도 인사를 나누게 되며 이 때 세련된 부인의 매너가 밍꺼에게 깊은 인상을 주었다. 온또소로 부인이 토착인 여자에게서는 볼 수 없었던 개방적인 자세와 활달함을 소유했으며 유럽인의 현지처로 사는 당시의 여자들이 주는 천박함, 교만함이 없었기 때문이다. 물론 밍꺼는 부인의 딸인 아넬리스와도 인사를 나누고 이야기를 나누게 되는데 밍꺼는 첫눈에 그녀에게 반했다. 아넬리스 역시 밍꺼에게 호감을 갖는다.

온또소로 부인은 자기 딸과 밍꺼와의 사랑을 전적으로 지지하고 도와준다. 밍꺼는 자기 하숙집 근처에 사는 화가 장 마레와 깊은 우정을 나누는 사이이다. 장은 프랑스인으로 네덜란드가 수마트라 반란을 진압하려는 네덜란드 군에 용병으로 왔다가 전역하고 그림을 그려 먹고사는 사람이다. 장에게는 메이라는 어린 딸이 있다. 불구인 장은 밍꺼의 도움으로 그림 주문을 받는다. 아넬리스를 만나고 온 후 하루는 온또소로 부인에게서 전갈이 왔다. 아넬리스가 밍꺼를 너무 보고싶어 하니까 자기 집으로 와 달라는 것이었다. 그 후 밍꺼는 짐을 옮겨서 온또소로 집에서 등하교를 하게 되며, 토착인을 싫어하는 아넬리스의 아버지와 오빠한테는 배척을 당하게 된다.

아넬리스의 아버지 헤르만 멜레마는 네덜란드에 있는 본처 소생 아들이 찾아와 질타를 받은 후 충격을 받아 거의 폐인이 되었다. 그는 중국인 아쫑의 꾀임에 빠져 결국은 아쫑이 소유하고 있는 창녀집에서 죽고 만다. 아넬리스의 오빠 로베르트 멜레마는 혼혈인으로서 모든 토착인을 미워하며 심지어는 자신의 어머니까지 미워한다. 그는 친 동생인 아넬리스를 근친상간하기도 하는 등 악의 구렁텅이에 빠진 후 배를 탄다고 나간 후 행방불명이 된다. 그 후 고질적인 성병에 걸려 타국에서 죽는다.

한편 밍꺼는 온또소로의 영향으로 자유주의적이고 개방적인 사상을 갖게 되며 아버지와 같은 봉건적인 관리는 되지 않겠다고 다짐한다. 밍꺼는 또한 아버지의 부름으로 고향에 와서 아버지의 승진 행사에 참석하게 되는데 이때 유창한 네덜란드어로 통역하여 허버트라는 네덜란드 관리의 마음을 사로잡게 된다. 그리고 그를 통하여 자유주의 사상을 가진 그의 딸들과도 알게 되어 대화를 통하여 자신의 의식을 깨워 나간다.

한편, 밍꺼의 부친은 아넬리스가 네덜란드인 현지처의 딸이라는 이유로 그녀와의 교제를 반대하였으나 결국 허락하게 된다. 밍꺼와 아넬리스는 아직 결혼은 하지 않았지만 거리낌 없는 사랑의 관계를 유지하여 여러 사람의 입에 오르내리게 되었다. 이는 당시의 교칙에도 위반되는 것이어서 학교로부터 퇴학 처분을 받게 된다. 이 배후에는 밍꺼의 친구인 로베르트 수우르호프의 간계가 작용되기도 하였는데 그 이유는 그도 아넬리스를 마음에 두고 있어 강한 질투심 및 패배감을 느꼈기 때문이다.

밍꺼는 주위의 여러 깨인 사람들의 영향으로 이미 선각자적인 의식을 가지고 있었으며 서구의 지식이 필요하다는 사상을 견지한다. 인본주의를 옹호하는 글을 신문에 실어 많은 사람의 호응을 얻게 되고 특히 은사인 막다 선생의 칭찬을 받는다. 밍꺼는 막다 선생의 강력한 호소로 다시 복교하게 되며 전국에서 2등이라는 우수한 성적으로 학교를 졸업한다. 아넬리스는 어머니 밑에서 일을 배워 훌륭히 어머니를 보좌하여 농장 일을 해 나간다. 밍꺼 졸업 후 그들은 무슬림 식으로 결혼을 한다.

이들의 신혼의 단꿈은 네덜란드 본국에서 온 법원 판결문으로 산산이 부서지고 만다. 아넬리스의 이복 오빠이며 헤르만 멜레마의 장자인 모리스 멜레마가 모든 재산권 및 아넬리스에 대한 후견권까지 요구하였고 이 요구가 법원에서 받아들여졌기 때문이다. 헤르만 멜레마가 아쫑의 윤락가에서 죽은 후 그의 장자가 모든 권한을 부여받았기 때문이다. 법적으로 부부관계가 아닌 온또소로는 자기가 이룩한 재산을 차지할 수 없게 되었다. 밍꺼는 이슬람의 율법에 따라 결혼했으나 토착인과의 결혼이며 아넬리스가 아직 성년이 안 되었다는 이유로 이 결혼이 인정되지 않았다. 결국에는 법적 후견인으로 생면부지의 이복 오빠가 친권을 행사하게 되고 아넬리스에게 할당된 재산도 역시 그가 관리한다는 부당한 판결이 나온 것이다. 이것은 물론 아버지에 대한 모리스 멜레마의 복수심에서 나온 것이었다.

그래서 아넬리스는 네덜란드로 떠나야하는 운명에 처했다. 물론 사랑하는 남편과 헤어져야 했고 결국 자신의 모든 것을 포기해야하는 것이었다. 이 부당한 판결에 맞서서 밍꺼와 온또소로가 탄원해 보았지만 거대한 공룡과 같은 식민 통치 정부의 법 앞에서 그들은 아무 것도 얻을 수 없는 나약한 존재임을 확인할 뿐이었다. 서구의 선진 학문을 숭배하던 밍꺼로서는 그들의 이율배반적인 법질서에 깊은 실망감을 느끼게 되며 결국 자신의 힘을 키우는 것이 중요하다는 것을 인식한다. 아넬리스는 생을 포기하듯 사랑하는 남편과 어머니를 남겨두고 네덜란드로 향하는 배에 몸을 싣는다.

그 후 아넬리스는 네덜란드에서 병에 걸려 죽게 되고 밍꺼는 의술학교(STOVIA)에서 교육을 받는다. 이 때 밍꺼는 중국에서 온 앙산 메이를 만나게 되는데 그녀는 중국에 공화국을 건설하려고 노력하는 단체의 일원으로서 밍꺼에게 민족의 의미를 다시금 일깨워 준다. 밍꺼는 그녀와 재혼하게 되지만 그녀 역시 객사하고 만다. 밍꺼는 그 후 이슬람동맹이라는 조직을 결성하고 언론활동을 통하여 우매한 동족의 계몽 및 식민통치의 불합리한 요소를 비판하는 운동을 전개해 나가며 까시루따라는 여인과 만나게 되어 다시 결혼하나 다시 의문의 죽음을 당하게 된다.

나는 수라바야를 무대로 한 밍꺼와 그의 여인 아넬리스의 사랑을 떠올렸다. 허구적인 인물이지만 마치 그들이 실제로 존재했던 인물처럼 여겨졌다. 사실 이 소설의 주인공 밍꺼의 모델은 인도네시아 '언론의 아버지'로 추앙받는 띠르또 아디수르요(Tirto Adhisoerjo)이다. 띠르또는 쁘라무디아 선생과 같은 고향 블로라 출신이며 인도네시아인으로서 현지어 신문을 처음으로 만든 사람이다.

띠르또 아디수르요

수라바야를 출발하여 남쪽으로 향했다. 워노끄로모(Wonokromo)로 향하는 길이다. 『인간의 대지』에 등장하는 냐이 온또소로의 저택과 농장이 워노끄로모에 있었다. 밍꺼가 친구 로베르트 수우르호프를 따라서 마차를 타고 가던 길이다. 길옆 어딘가에 아쫑이 운영하던 창녀집도 있었을 것이다. 수라바야를 출발한지 얼마 안 되어 워노끄로모에 도착했다. 아담한 읍내이다. 이어 마스강(Kali Mas)을 가로지르는 다리를 지난다. 저 아래 강가에서 세수를 하는 사람이 보인다. 하기야 옛날에는 아니 지금도 시골에서는 이 강에서 모든 것을 해결한다. 목욕도 하고 빨래도 하고......

진흙 분출 사건의 시도아르조

워노끄로모에서 시도아르조까지는 20킬로미터 정도이다. 우체부길은 시도아르조까지 직진으로 남하하다가 시도아르조를 지나면 완만하게 왼쪽으로 돌아 빠수루안(Pasuruan)으로 이어진다. 시도아르조는 수라바야의 위성도시 중의 하나로 수산물이 풍부

시도아르조

한 지역이다. 기록에 의하면 원래 이름은 시도까리(Sidokari)였는데 1859년에 지금의 이름으로 바뀌었다. 당시 인구의 4분의 1이 중국계였다고 하니 중국계가 이 지역에 많이 살았던 사실을 확인할 수 있다.

시도아르조는 아이를랑가(Airlangga)왕이 통치한 까후리빤(Kahuripan)왕국의 수도 까후리빤 지역에 포함된다. 아이를랑가의 아버지는 발리를 통치했던 우다야나(Udayana)왕이다. 아이를랑가는 1006년 스리위자야의 동맹국 르와람(Lwaram)왕국의 우라와이(Wurawai)왕의 공격을 받아 사망한 메당(Medang)왕국의 다르마왕사(Darmawangsa)왕의 조카이다. 그가 1009년에 까후리빤왕국을 세우고 수도를 지금의 시도아르조 지역에 두었다. 1037년의 껄라겐(Kelagen) 비문에 보면 바다에 인접한 까후리빤 지역이 범람으로 인하여 피해를 많이 보았는데 아이를랑가왕의 치수 사업으로 잘 해결했다는 기록이 있다.

시도아르조 이슬람 대사원

뽀롱의 진흙 분출

브란따스강(Sg. Brantas)이 모조꺼르또에서 갈라져 북쪽으로 마스강을 따라 흐르고 남쪽으로 뽀롱강(Sg. Porong)을 따라 흐르는데 이 뽀롱강이 시도아르조 지역에서 거대한 삼각주를 형성한다. '아이를랑가'의 의미가 '물이 넘친다'라는 의미인데 재미있는 이름이 아닐 수 없다. 1042년 아이를랑가왕은 왕권을 두고 다투는 두 아들에게 왕국을 두 개로 나누어 주었다. 큰 아들 스리 사마라위자야(Sri Samarawijaya)에게는 왕국의 동쪽을 주어 꺼디리(Kediri)왕국이 탄생하고 둘째 아들 마빤지 가라사깐(Mapanji Garasakan)에게는 왕국의 동쪽, 그러니까 지금의 시도아르조를 중심으로 한 지역을 주어 장갈라(Janggala)왕국이 세워졌다. 수라바야에 국립 아이를랑가대학, 발리에 국립 우다야나대학이 있는데 모두 그 지역을 통치했던 왕의 이름이다.

시조아르조는 『인간의 대지』에도 등장한다. 주인공 밍꺼가 기자

진흙 분출 장면을 보기 위해 오르는 간이 계단

로서 식민통치 정부의 부당함을 폭로하기 위하여 시도아르조로 취재를 가는 장면이 있다. 쁘라무디아 선생의 소설에 대한 판매금지 조치에 동조하는 사람들은 이를 두고 인도네시아 공산당이 행했던 '뚜르바운동'(Gerakan Turba)이라고 주장했다. 뚜르바는 '뚜룬'(turun) + '꺼'(ke) + '바와'(bawah)의 약어로 '시골로 내려가다'라는 의미이다. 노동자 농민의 삶을 제대로 이해하기 위하여 시골로 직접 내려가야 한다는 인도네시아 공산당의 정책 중의 하나였다. 신문기자가 취재를 위하여 시골에 가는 것을 공산당의 정책과 억지로 연결시키려고 한 것이다.

시도아르조에서 10킬로미터를 더 내려오면 뽀롱(Porong)이다. 뽀롱은 행정구역상으로 시도아르조군 뽀롱읍이다. 뽀롱강이 흐르는 곳이며 이 강 이름에서 지역 이름이 생겼다. 뽀롱은 '룰라' 혹은 '루시'로 알려진 시도아르조 진흙 분출 사건으로 유명하다. 룰라는 '룸뿌르'(Lumpur, 진흙)와 '라삔도'(Lapindo, 그룹 이름)의 합성어 이며 '루시'는 '룸뿌르'(Lumpur, 진흙)와 '시도아르조'(Sidoarjo)의 합성어 이다. 라삔도그룹이 들어가는 것으로 보아 이 회사와 연관이 있다는 것을 바로 알 수 있다.

2006년 5월 29일 발롱농오(Balongnongo) 마을에서 뜨거운 진흙이 분출하기 시작하였다. 그 결과 인근의 3개 읍의 주거지역, 경작지, 그리고 산업시설을 쑥대밭으로 만들어버린 것이다. 그런데 뜨거운 진흙이 분출한 곳은 라삔도 브란따스사(Lapindo Brantas Inc)의 브란따스 블록 가스 탐사 지역에서 150미터밖에 떨어지지 않은 곳이다. 따라서 가스 탐사를 실시하는 공정에서 실수하여 진흙층을 건드려 이것이 분출한 것으로 추정된다. 물론 회사 측에서는 우연을 담보로 한 다른 가능성을 제시하기도 했다. 이 사고로 하루에 10만 입방미터의 뜨거운 진흙이 분출된 것이다.

사고의 영향은 어마어마했다. 진흙의 분출로 인하여 16개 마을이 피해를 입었다. 주택 10,426채가 진흙에 파묻혔고 주민 90,000명이 피신해야 했으며 30개의 공장이 가동을 중지했다. 정부 측과 회사 측에서 보상에 나섰으나 아직도 보상을 받지 못한 가구가 2016년 말 현재 105가구이다. 정부와 회사 측에서 보상의 노력을 했으나 피해자들에게는 만족스럽지 못한 듯하다. 보상을 받은 사람들 중에도 당장 생활고에 시달려 불리한 조건에서 강압적으로 받았다는 사람이 많다. 아무튼 이 사고로 인하여 고통 받는 사람이 아직도 많다. 보상을 제대로 받지 못한 사람들이 아직도 농성을 하고 있다. 아직도 뜨거운 진흙이 분출되고 있다.

우리가 사고 지역을 지나는데 왼쪽으로 높은 둑이 있고 그곳을 올라가는 사다리가 보인다. 우리는 차를 도로변에 세우고 사다리

쪽으로 다가갔다. 청년 몇 명이 사다리 앞을 지키고 있다. 그들 중 한 명이 그 사다리를 타고 둑을 올라가면 사고 지역을 한 눈에 볼 수 있다고 한다. 다만 돈을 내야 한다. 우리는 일인당 2만 루피아씩 건넨 후 사다리를 타고 10미터 정도 높이의 둑에 올랐다. 처참한 관경이 눈에 들어왔다. 망망대해와 같은 진흙 밭이 눈앞에 펼쳐졌다. 저 멀리에는 아직도 수증기가 자욱하다. 자세히 보니 그 밑으로 무엇인가 솟아오른다. 진흙이다. 피해 가구에 대한 보상을 두고 당시 대통령과 연합한 정당의 대표이던 아부리잘 바끄리(Aburizal Bakrie) 라삔도그룹 회장이 서로 결탁했다는 소문도 있었다.

영웅 수라빠띠 이야기의 빠수루안

어수선한 뽀롱 지역을 지나 우리 차는 빠수루안(Pasuruan)에 도착했다. 빠수루안의 이름을 무엇을 뜻하느냐에 대하여 여러 의견이 있으나 '빠사르'(pasar)와 '시리'(sirih, 蒟醬)가 합쳐진 의미로 보고 '시리 농장' 정도로 풀이한다. 빠수루안은 인도네시아의 영웅으로 추앙받는 수로빠띠(Suropati)가 네덜란드 식민통치군에 대항하여 독자적인 세력을 구축했던 지역이다. 수로빠띠는 1660년 발리에서 출생했다. 수로빠띠는 바타비아의 네덜란드 사람한테 종으로 팔려갔으며 그 집에서 자연스럽게 유럽 문화를 익혔다. 그 후 수로빠띠는 주인집의 딸과 관계하여 그녀를 임신을 시켰다는 이유로 감옥에 들어갔다. 출옥 후 1686년부터 20년간 지금의 빠수루안 지역에서 네덜란드에 저항하였다. 1706년 9월 구버트 크놀(Goovert Knole)이 지휘하는 네덜란드, 까르따수라, 마두라, 수라바

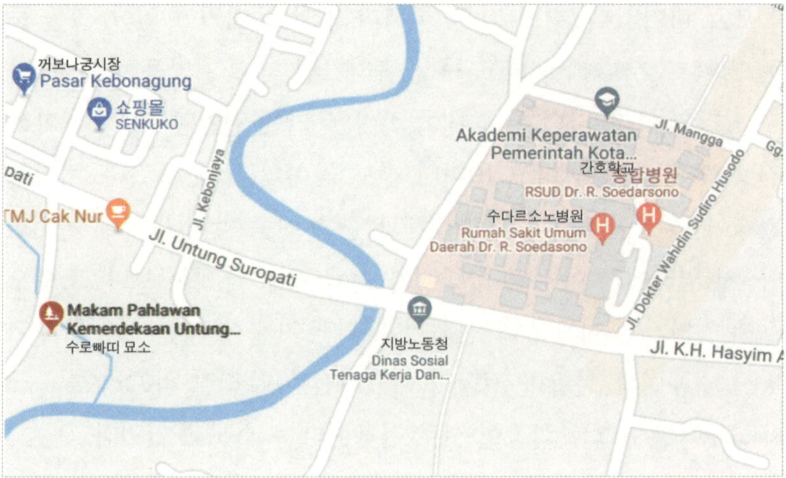

수로빠띠 묘소 부근

야 연합군과의 전투에서 사망하였다.

수로빠띠는 부하들에게 자신의 죽음을 적에게 알리지 말도록 지시하였으며 그의 아들들이 가짜로 수로빠띠 복장을 하고 전투에 임했다. 수로빠띠의 유언에 따라 그의 시신은 무덤에 봉분을 하지 않고 땅에서 드러나지 않게 안장했다. 그 후 네덜란드 군이 그의 무덤을 발견하고 시신을 꺼낸 후 불태워 그 재를 바다에 버렸다. 부관참시를 한 셈이다.

그의 후손들은 계속 네덜란드 측에 저항하다가 붙잡혔다. 네덜란드 식민통치 정부는 붙잡은 수로빠띠의 후손들을 실론으로 축출했다. 인도네시아어에 '디셀롱'(diselong)이라는 단어가 있다. '셀롱'(selong)에 수동접두사(di)를 붙인 형태인데 '추방되다'라는 의미이다. '실론으로 추방하다'에서 연유한 어휘이다. 인도네시아 정부에서 수로빠띠를 국가영웅으로 추대한 것은 네덜란드에 대한 그의 저항 때문이었다. 압둘 무이스(Abdoel Moeis) 등 인도네시아 작

빠수루안 이슬람 대사원

가들이 수로빠띠의 저항을 주제로 작품을 쓴 적이 있다.

나는 빠수루안을 지나면서 오른쪽을 계속 응시했다. 오래 전에 와서 특강을 한 적이 있는 한국 회사의 모습을 보고 싶었기 때문이다. 이 회사가 만들어질 때 나는 두 번에 걸쳐 특강을 한 기억이 있다. 당시 300명 정도 되는 건축 인력들이 한국에서 건너와 공장을 건축하고 있었다. 문화적 배경이 다른 지역에 와서 일을 하다 보니 크고 작은 문제가 자주 발생했다. 보다 못한 회사의 대표가 국립 인도네시아대학의 셀로 수마르잔(Selo Soemardjan) 교수와 나를 불러 근로자를 대상으로 특강을 하였다. 셀로 수마르잔 교수는 한국인 근로자를 대상으로 인도네시아 문화를 나는 인도네시아 근로자를 대상으로 한국 문화에 대하여 이야기하였다.

셀로 수마르잔 교수가 인도네시아 문화를 주제로 강의하면서 주장한 것은 현지 문화 이해이다. 현지 문화를 제대로 이해하고 현지인에 대한 배려를 하는 것이 매우 중요하며 이것은 결국은 자

빠수루안 교회

수로빠띠 묘소 입구

빠수루안에 세운 한국 공장

동부 자바의 들녘

신을 위한 것이라는 요지이다. 또 하나는 현지어 구사이다. 특히 인도네시아의 경우 인도네시아어를 제대로 구사하는 것이 현지인의 신뢰를 얻는 중요한 수단이라는 것이다. 인도네시아 사람들이 외국인들 대할 때 영어로 의사소통을 하겠지만 그것은 어디까지나 사무적인 의사소통이고 그 보다는 인도네시아어를 구사하는 사람에게는 남다른 신뢰감을 갖게 된다는 것이다.

셀로 수마르잔 교수는 "여러분들이 인도네시아에서 근무하면서 현지인들로부터 '바빡'(Bapak)이라는 호칭을 들었다면 그것은 성공적인 근무를 하고 있다고 보아도 된다"라고 했다. '바빡'은 원래 '아버지'라는 말이다. 신뢰하지 않는 사람에게는 '바빡'이라고 부를 수 없다. 또 아무리 신뢰해도 영어를 쓰는 사람에게 '바빡'이라고 부를 수 없다. 공감할 수 있는 견해이다. 만약 인도네시아에 근무하고 있다면 한번 생각해보자. 현지인들이 나를 무엇이라고 부르는지. 해외에서 성공한 사람들이 가지고 있는 공통점은 그들 대부분이 외국어에 능통하다는 점이다. 자신이 가지고 있는 프로젝트나 상품을 상대방에게 소상하게 설명해야 프로젝트를 성사시키거나 자신의 상품을 팔 수 있기 때문이다.

이 회사는 공장의 설계도를 부랴부랴 변경한 적이 있다. 한국에서 공장 설계를 했는데 이 설계도에 기도실 등 무슬림들을 위한 공간이 빠진 것이다. 알고 있는 바와 같이 무슬림들은 하루에 다섯 번 기도를 한다. 각 생산라인에서 작업을 할 때 기도실에 가는 것은 무리가 있겠지만 그럼에도 불구하고 기본적으로 각 건물에 기도실을 마련하는 것은 인도네시아 현지에서는 기본적인 사항이다. 이 회사는 결국 설계를 변경하고 건물 요소요소에 기도실을 마련한 것으로 기억된다. 이 모두 현지 문화에 대한 이해와 배려가 얼마나 중요한 지를 반증하고 있다. 학계에서도 이문화 이해에 대한 연구가 활발하다. 네덜란드의 호프슈테드(G. Hofestede)는 다음과 같이 말하였다.

> "경제, 과학기술, 의학 또는 생물학 등 분야에서의 협력은 단순히 기술적 차원의 문제로 간주되는 경향이 있었다. 많은 해결책이 실효를 거두지 못하거나 실천에 옮겨지지 못하는 이유의 하나는 동참자간의 사고방식의 차이를 고려하지 않았기 때문이다. 사고 방식이나 문화의 차이를 이해하는 것은 기술적인 문제들을 이해하는 것 못지 않게 필수적인 것이다."

사실 충분한 자본과 우수한 기술을 보유하고 있는 국가나 기업은 많다. 그럼에도 그들이 해외 투자에서 실패할 경우 그 이유는 아마도 이문화에 대한 이해가 부족해서 일 것이다. 몇 년 전에 인도에 투자한 우리 기업이 있었다. 이 회사는 인도의 총리와 투자와 관련된 양해각서를 맺고 사업을 진행해 나갔다. 그들은 총리와 합의하였기 때문에 아무런 문제없이 사업이 일사천리로 진행되리라 믿었다. 그러나 상황은 그렇지 못했다. 그들이 투자하려는 지역 현지 주민들의 거센 반대에 밀려 더 이상 진척이 없었다. 결국 이 회사는 그 사업을 유보할 수밖에 없었다.

이 기업의 실패가 시사하는 바가 크다. 우리나라의 대표적인 기업이고 전국의 대학생들이 가장 입사하고 싶은 회사 중의 하나인 이 기업이 투자대상 국가의 지도자와 양해각서를 체결했다고 해서 모든 일이 원만할 것이라고 생각한 것에 오류가 있었다. 그 나라의 투자환경, 투자관습에 대한 이해가 부족했다고 볼 수밖에 없다. 결국 현지 문화에 대한 전반적인 이해가 부족했던 것이다.

아울러 우리 기업들의 인도네시아 진출 과정에서 우수한 현지 인력을 채용하는 것은 중요한 일이다. 그런데 일부 기업에서 터무니없이 높은 급료를 책정하고 이를 미끼로 다른 한국 기업에서 오랫동안 일해 온 직원을 마구잡이로 데려가는 경우가 있다. 바람직스럽지 않은 일이다. 특정 국가의 임금이라는 것은 국가의 경제 규모에 맞게 일반적으로 정해진 수준이 있다. 어느 나라건 최저 임금이 정해져 있다. 그래서 봉제나 신발 등은 분야는 이러한 임금 수준이 투자를 결정하는 중요한 요소 중 하나이다. 이를 무시하고 웃돈을 주고 남의 회사에서 일하는 직원을 자기 회사로 데려온다는 것은 참으로 비즈니스를 모르는 회사의 일이라고 할 수밖에 없다. 특히 한국어를 구사하는 직원들을 대상으로 이러한 일이 벌어지고 있다.

얼마 가지 않아 오른쪽으로 앞서 이야기한 회사가 보였다. 회사 이름은 당시 지분이 가장 많은 회사의 이름으로 바뀌어 있었다. 차를 내려 정문으로 다가갔다. 경비원들의 경비가 삼엄하다. 물론 설립한지 20년이 넘는 이 회사가 운영이 잘 되어 많은 이익을 창출하고 있다는 것을 잘 알고 있다. 인도네시아가 사업하기에 쉬운 나라는 아니다. 상대적으로 시간이 더 걸리고 그렇기 때문에 인내를 요구한다. 오래 전에 와서 특강했던 회사가 이역만리에서 잘 나가고 있는 모습을 보니 기분이 좋다.

미낙 징고의 저항 이야기의 쁘로볼링고

쁘로볼링고

빠수루안에서 쁘로볼링고(Probolinggo)를 향해 달린다. 왼쪽으로 마두라해협이 펼쳐지고 오른쪽 저 멀리 브로모산(Gn. Bromo)이 보인다. 브로모산은 활화산이다. 잊을만하면 한 번씩 화산이 폭발한다는 기사가 신문을 장식한다. 2000년 이후에도 다섯 번이나 폭발했다. 스메루산 북쪽에 있는 화산으로 옆에 바똑산이 있다. 평상시에는 가스를 분출한다. 해발고도는 2,329미터이며, 정상에 올라서면 수증기를 내뿜는 분화구가 보인다. 밑에는 화산재로 뒤덮인 회색 사막이 있다. 때때로 강력한 충격파를 뿜어 폭발하기도 한다.

그 날 아침에도 브로모산에서 화산재가 분출할 것이라는 뉴스를 접했다. 빠수루안을 출발한지 얼마 되지 않아 갑자기 앞에 희뿌연 눈이 오는 것 같이 무엇인가 내려온다. 마르띤은 와이퍼를

뻐로볼링고 이슬람 대사원

이슬람 사원의 큰북

뻐로볼링고의 교회

두리안

빠른 속도로 작동시켜보지만 감당할 수 없을 정도이다. 내 생애 처음으로 화산재를 목격하게 되었다. 우리는 길옆에 두리안을 파는 노점을 발견하고 차를 세웠다. 차는 엉망이다. 우리는 두리안을 먹으며 상황을 보기로 했다.

인도네시아에서 두리안(durian)은 과일의 왕이며 가장 비싼 과일이다. 과일의 여왕은 망기스(manggis, 맹고스틴)이다. 두리안은 아욱과의 상록교목과 그 열매이다. 생물학적으로 30종이 구분되어 있으며 모든 종의 원산지가 동남아시아인 열대 과일이다. 두리안이 인도네시아, 말레이시아, 태국 등지에서 나는데 그 이름이 말레이어나 인도네시아어의 '두리'(duri, 가시)에 접미사(an)을 붙여 '가시가 있는 과일'인 것을 보면 말레이시아나 인도네시아가 원산지인 것이 분명하다. 두리안은 최소 9종이 식용 열매를 맺는데 봄박스과(Bombacaceae)에 속하는 1종(*durio zibethinus*)의 열매가 우리가 먹는 두리안이다.

두리안 열매의 특징으로는 표피가 가시로 돼 있고 과일의 향이 독특하다는 것이다. 표피의 가시는 단단하고 날카로워서 만약 두리안 나무에서 떨어지는 두리안에 맞았다면 치명상을 입을 수 있다. 두리안을 수확할 때 헬멧을 착용하는 이유도 거기에 있다. 두리안의 향은 독특하여 처음 이 과일을 맛보는 사람들에게는 독특한 악취로 느낄 수도 있다. 사람에 따라 다르다. 그래서 처음에는 못 먹을 것 같다가도 시간이 지나면 그 냄새를 느끼지 못하고 맛있는 향으로 다가온다. 두리안의 향이 변하는 것은 아닐 테고 사람의 감각이 변하는 것일 것이다. 이러한 독특한 냄새 때문에 두리안은 호텔 반입이 금지되는 과일이다. 나도 처음에는 두리안 맛을 보고 못 먹을 과일로 알았는데 지금은 그 어느 과일보다도 먹고 싶은 과일이 되었다.

인도네시아 각 지방에서 두리안을 부르는 이름도 다양하다. 자바와 바타비아 사람들은 '두렌'(duren), 순다 사람들은 '까두'(kadu) 수마뜨라 사람들은 '두리안'(durian) 술라웨시와 마나도 사람들은 '두리앙'(duriang), 또라자(Toraja) 사람들은 '둘리앙'(duliang), 암본 사람들은 도리앙(doriang), 세람 사람들은 룰렌(rulen)이라고 부른다. 수마트라 사람들이 '두리안'이라고 하는 점에 주의할 필요가 있다. 그것은 수마트라가 말레이문화권이고 인도네시아어의 원류가 말레이어인 점을 떠올리면 쉽게 이해할 수 있다. 인도네시아에서 야생 두리안을 찾기는 어렵고 여러 지역의 농장에서 두리안을 재배하고 있다.

서부 깔리만딴의 꺼따빵(Ketapang) 지역의 두리안이 유명하며 수확은 1월 혹은 2월에 한다. 그러니까 두리안이 사시사철 나는 과일이 아닌 것이다. 지금은 과일로서 뿐만 아니라 아이스크림과 제과류 등에 두리안 향을 가미한 제품이 등장하고 있다. 그리고 흔히들 술을 마신 뒤 두리안을 먹으면 안 된다고 이야기한다. 두리안이 발효되어 알코올이 되어 술에 포함된 알코올과 함께 체내의 알코올이 증가하기 때문일 것이다. 내가 아는 분도 술을 마신 후 두리안을 먹고 곤혹을 치른 적이 있다. 아울러 반자르마신(Banjarmasin)에서 나는 빠빠낀(Papakin)이라는 과일이 있는데 이것은 두리안의 사촌으로 맛이나 모양은 두리안과 비슷하나 냄새가 없다는 점이 다르다.

우리는 좌판대에 수북이 쌓아둔 두리안으로 다가갔다. 우선 잘 익은 두리안을 골라야 한다. 미리 먹어볼 수도 없고 대개 두리안 껍질을 보고 고를 수밖에 없다. 가능하면 색깔이 누렇게 바랜 것을 골라야 한다. 안디까와 마르띤이 서로 의견을 교환하며 몇 개를 골랐다. 두리안을 절개하면 그 안에 노란 과육이 보인다. 마치 폴더와 파일 같다. 폴더 안에 여러 개의 파일이 있는 것처럼 두리안을 절개하면 대 여섯 개의 방이 있고 그 안에 낱개의 과육이 보인다. 눈으로 보아도 촉촉한 것이 맛이 있다. 마른 것 같은 느낌이 있는 것은 맛이 텁텁하다. 안디까와 마르띤의 두리안 고르는 솜씨가 여간이 아니다. 모두 맛있게 먹었다. 두리안을 다 먹도록 날아오는 화산재는 줄어들 기미가 보이지 않았다. 안디까가 이 지역에서 유명한 소놀음 이야기를 한다. 나도 언젠가 잡지에 쓴 적이 있는 동부 자바의 반뗑안(Bantengan) 소놀음 이야기이다.

반뗑안은 원래 '반뗑(banteng)'에서 유래한 말인데 이는 어의적으로 '들소'를 의미한다. 대체적으로 함경남도 북청 지방의 사자놀음과 유사하다. 북청사자놀음은 쾌자(快子)를 입은 여인이 등장하여 경복궁춤·애원성춤·성주풀이춤을 추고, 다음에 양반·하인(꼭쇠)이 등장하는 마당놀이로 넘어가며, 그 후 양반의 명령에 따라 사당춤·무동춤·곱사춤 등을 춘다. 한참 후에 사자가 등장하여 여러 가지 재주와 춤을 보이다가 기진하여 쓰러지고 이 때 대사가 등장하여 사자를 살리려고 반야심경을 외지만 살아나지 않고, 의원이 등장하여 침을 놓으면 사자가 다시 일어나 춤을 추는 형식이다. 이에 반하여 반뗑안은 자바의 전통 음악을 배경으로 두 명의 장정이 검정색으로 된 들소 가면을 뒤집어쓰고 여기저기를 돌아다니며 춤을 추고 주변의 소몰이꾼들이 여기저기서 채찍을 내리치기도 한다. 그러니까 반뗑안은 정형화된 춤사위라기보다는 다소 자연스러운 형식의 들소 가면 놀이이다.

반뗑안은 동부 자바에서 13세기에 발흥했던 상아사리왕국 시

반뗑안 소놀음

대부터 있었던 것으로 전해진다. 반뗑안은 이 지역의 전통 무술인 실랏(silat) 훈련을 마친 뒤 오락의 개념으로 두 편으로 나뉘어 소놀음을 한 것이 시초이다. 싱아사리왕국 시대에는 왕의 행차 등 중요한 행사에 들소를 함께 몰았고, 왕의 행차 후 그 들소들을 도살하여 고기를 나누어 먹었다는 기록이 있다.

들소 가면은 전술한 바와 같이 두 명의 장정이 뒤집어쓰는데 한 사람은 앞발과 머리 부분, 다른 한 사람은 뒷발과 꼬리 부분을 조종한다. 이때 앞 쪽을 조종하는 사람은 귀신에 홀린 듯 행동하며 뒷사람은 앞사람의 동작을 따라 한다. 이는 이 소놀음이 현실의 세계와 가상의 세계를 넘나드는 것을 상징한다. 가면은 들소의 뿔과 목재로 만드는 가면 부분과 검은 천으로 만든 몸통 부분으로 나뉜다. 들소 가면 뒤로 호랑이 가면이 뒤따르는데 이는 반뗑안 무리가 지나치게 행동하는 것을 저지하는 역할을 맡는다.

반뗑안은 집단예술로서 여러 사람들이 함께 협력하여 공연하

동부 자바의 추수 광경

는 것이 특징이다. 흡사 들소 무리가 공동생활을 하는 것과 같다. 이것은 자바 지역의 협동정신(anjang sana anjang sini)과 연관이 있는데 반뗑안 행사가 있을 때 이웃집이나 인근 마을과 협동하여 공연한다. 네덜란드 식민통치시대에 반뗑안은 식민통치 정부에 대항하는 상징으로 여겨지기도 했는데 그것은 인도네시아를 상징하는 들소 가면 무리가 네덜란드 정부를 상징하는 호랑이 가면 무리를 공격하는 장면으로 표현되었다.

인도네시아 동부 자바의 지방정부는 반뗑안을 자신들의 문화 아이콘으로 육성하려는 노력을 하고 있다. 이와 같은 맥락에서 반뗑안을 널리 홍보하고 외국인을 유치하려고 한다. 반뗑안은 인도네시아 정부의 독립기념일, 자바 종족의 설날, 혼사, 할례 등 중요시되는 날에 실시하며 50개 정도의 반뗑안 팀이 공연하고 5천여 명의 관중이 모이기도 한다. 행사 당일에는 대개 아침 7시 경에 모여 준비 사항을 점검하고 이의 성공을 기원하는 기도를 드린다. 그 후 행사 진행자의 지시에 따라 참여한 그룹들이 정해진 루트를 돌며 소놀음 행사를 하는 것이다. 동부 자바의 말랑 지역이 이 행사의 주축이 되고 있지만 그 이외에도 브로모, 뗑게르, 스메루, 안자스모로 등의 지역에서 돌아가면서 반뗑안 행사를 주최하고 있다.

우리는 더 이상 기다릴 수 없었다. 화산재를 뚫고 차를 움직이기로 했다. 희뿌연 화산재를 가르며 차가 전진했다. 전조등을 키지 않고 밤길을 달리는 듯한 느낌이다. 화산재가 좀 덜한 것 같기도 하다. 나는 마르뗀에게 천천히 움직일 것을 당부했다. 도로 주변의 사람들은 덤덤했다. 마스크를 쓴 사람이 더러 보일 뿐 그들의 일상은 변한 것이 없어 보였다. 빠수루안에서 30킬로미터를 달려 쁘로볼링고에 당도했다.

새로운 지역에 도착하면 그 도시가 어떤 모습으로 우리를 맞이할까 궁금하다. 그러나 이러한 궁금증은 금새 사라지고 만다. 대개 다 비슷한 모습으로 다가오기 때문이다. 도로 양 옆으로 관청 건물이 보이고 상점, 식당이 보인다. 그리고 한가하게 도로변에 앉아서 노닥거리는 사람들...... 쁘로볼링고도 거의 다를 바가 없었다. 건장한 청년이 칼을 차고 있는 간판이 보인다. 마자빠힛왕국에 반역을 시도한 이 지역의 인물 미낙 징고(Minak Jinggo)이 모습이다. 이 지역에 '미낙 징고 이야기'가 전해지는데 이야기 안에 다마르울란(Damarwulan)이라는 인물도 비중 있는 인물로 함께 등장하기 때문에 '다마르 울란 이야기'(Serat Damarwulan)로도 전해진다.

마자빠힛왕국에 수히따(Suhita) 여왕이 있었다. 그녀는 꺼보 머르쭈엇(Kebo Mercuet)의 공격에 시달렸다. 꺼보 머르쭈엇은 사람의 몸에 물소 머리를 한 반인반수였다. 수히따 여왕은 꺼보 머르쭈엇을 물리치기 위해 여러 번 마자빠힛의 군대를 보냈으나 번번이 실패했다. 수히따 여왕은 할 수 없이 누구든지 꺼보 머르쭈엇을 물리치면 여왕 자신과 혼인을 하고 마자빠힛의 왕으로 삼겠다고 선언했다. 이러한 소식이 블람방안(Blambangan)을 통치하던 아디빠띠 미낙 징고의 귀에 들어갔다. 그리고 미낙 징고도 그 경선에 참여했다. 미낙 징고는 웨시 꾸닝(Wesi Kuning)이라는 명검을 가지고 있었는데 이 명검을 이용하여 꺼보 머르쭈엇을 쉽게 물리칠 수 있었다.

웨시 꾸닝을 가지고 있는 미낙 징고를 대적할 사람이 없었다. 그런데 미낙 징고가 꺼보 머르쭈엇과 싸울 때 미낙 징고도 몸에 상처를 입었다. 그래서 잘 생겼던 미낙 징고의 모습이 다소 일그러져 버렸다. 이러한 모습을 본 수히따 여왕은 약속을 어기고 미낙 징고의 청혼을 거절하였다. 이러한 상황은 미낙 징고를 화나게 만들었으며 수히따 여왕을 아내로 맞아들이고 마자빠힛의 왕이 되기로 한 약속을 지키라고 요구하였다. 마침내 미낙 징고는 마자빠힛을 공격하기로 결정했다. 이에 수히따 여왕은 미낙 징고의 공격에 대비하기 위하여 다시 똑같은 조건을 내걸었다. 즉, 누구든지 미낙 징고를 물리치면 자신과 결혼하고 마자빠힛의 왕이 될 수 있다고 선언했다.

그 때 마자빠힛왕국에서 로겐더르(Lohgender) 재상의 말을 돌보던 잘 생긴 다마르울란이라는 청년이 있었다. 그런데 재상의 두 아들이 그를 싫어하였다. 재상은 안자스모로(Anjasmoro)라는 딸이 있었는데 그녀가 다마르울란을 좋아하였다. 재상은 자신의 두 아들이 더 잘 되어 마자빠힛을 위하여 명예로운 일을 하기를 바랐다. 그런데 수히따 여왕은 다마르울란을 지명하여 미낙 징고를 물리치고 돌아오라고 명령했다. 재상의 두 아들은 만약 다마르울란이 미낙 징고를 물리치고 오면 그가 여왕을 차지하고 마자빠힛의 왕이 될 수 있다는 사실을 알고 더욱 다마르울란을 증오했다. 재상의 두 아들은 자신의 집에서 말을 돌보던 사람이 자신들의 왕이 된다는 것을 용납할 수 없었다. 그래서 그들은 미낙 징고의 발목을 잡을 궁리를 했다.

미낙 징고가 가지고 있는 웨시 꾸닝의 위력을 익히 알고 있는 다마르울란은 미낙 징고를 물리칠 수 있는 방법을 생각했다. 다마르울란은 미낙 징고의 두 첩에게 접근하기로 했다. 미낙 징고의 두 첩은 발리 귀족 출신으로 이름은 데위 와히따(Dewi Wahita)와 데위 뿌영안(Dewi Puyengan)이었다. 다마르울란은 미낙 징고의 두 첩들에게 웨시 꾸닝을 가져다주도록 요청하였다. 만약 그렇게 할 경우 미낙 징고를 살해하고 그들과 혼인하겠다고 약속하였다. 잘 생긴 다마르울란의 친절하고 부드러운 태도에 반한 데위 와히따와 데위 뿌영안은 이를 받아들였다.

이렇게 하여 다마르울란은 손쉽게 미낙 징고를 물리치고 증거로 수히따 여왕에게 바치기 위해 그의 목을 베었다. 다마르울란이 마자빠힛으로 돌아오는 길목에 재상의 두 아들이 기다리고 있었다. 그들은 다마르울란이 가지고 오는 미낙 징고의 목을 빼앗으려 했다. 그리고 그 둘이 수히따 여왕을 알현하고 다신들이 미낙 징고를 죽였다고 할 셈이었다. 그러나 재상의 두 아들 뜻대로 되지 않았다. 오히려 그들은 다마르울란의 손에 죽임을 당하였다. 마침내 다마르울란은 마자빠힛의 왕이 되었으며 수히따 여왕, 안자스모로, 데위 와히따, 그리고 데위 뿌영안과 혼인하였다.

이야기를 접하고 보면 미낙 징고보다는 다마르울란이 주인공이라는 것을 바로 알 수 있다. 그러나 쁘로볼링고 사람들은 미낙 징고가 강력한 세력을 떨치던 마자빠힛에 저항하였다는 사실을 부각시키고 싶은 것이다. 미낙 징고 이야기는 1983년 알림 박띠아르(Alim Bachtiar)와 조꼬 꾸스디만(Djoko S. Koesdiman)의 공동 시나리오 작업 및 연출로 영화로도 만들어졌는데 그 제목은 '다마르울란과 미낙징고'(Damarwulan-Minakjinggo)이다.

쁘로볼링고는 하얌우룩 시대에는 방어르(Banger)로 불렸다. 방어르강이 이 지역을 통과하기 때문이다. 쁘라빤짜의 나가라꺼르따가마에도 등장하는 지명이다. 다엔델스 총독 시대에 쁘로볼링고의 지역을 중국계 지주가 분할상환을 조건으로 매입하였다. 그가 소유한 땅이 가로 세로 각각 40마일이었다고 하니 쁘로볼링고의 대부분 지역이다. 중국계 지주는 현지인들에게 소작을 주어 10

쁘로볼링고의 어묵 포장마차

년 만에 땅값을 다 지불하였다. 그 동안에 현지인들은 식민통치 정부와 결탁한 중국계 지주에게 착취를 당하였다. 영국이 지배하던 1813년에 중국계 지주가 식민통치정부 관리들을 초청하여 파티를 할 때 현지인들이 이들을 습격한 사건이 발생했다. 그 뒤 영국 측에서 이 지역에 학교를 설립하는 등 현지인들을 배려하는 정책이 시행되었다.

자붕사원의 끄라까산

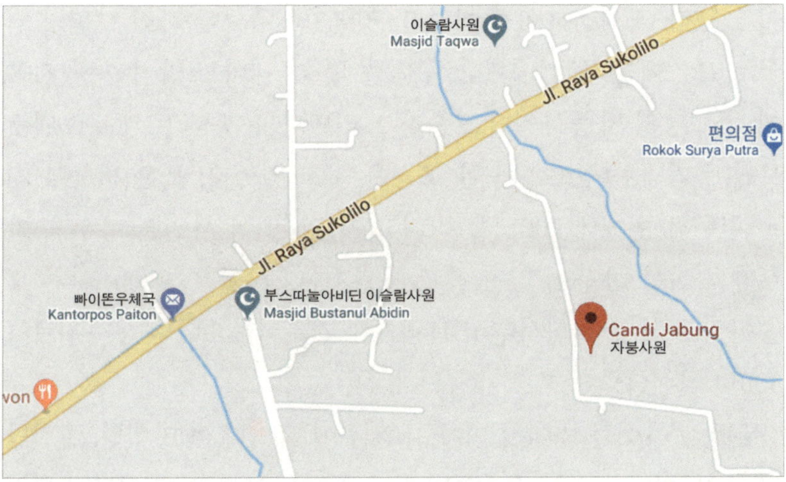

자붕사원

뻐로볼링고를 출발했다. 우체부길도 이제 막바지이다. 여기서 남동쪽으로 좀 내려가다가 번따르(Bentar) 해변을 지난 후 다시 완만하게 북동쪽으로 올라간다. 끄라까산(Krakasan)을 지났다. 생각해 보니 오른쪽으로 '짠디 자붕'(Candi Jabung)이라는 팻말을 그냥 지나친 것 같았다. 나는 마르떤에게 차를 돌려서 다시 가보자고 했다. 이 짠디 자붕, 즉 자붕사원은 우체부길에서 들려야 하는 곳이기 때문이다. 나가라꺼르따가마의 기록에 의하면 하얌우룩왕이 1359년에 자붕사원을 방문했다는 기록이 있다. 이것은 그 당시 자붕사원에 이르는 도로가 제법 규모가 있었다는 것을 의미한다. 왕이 좁은 골목길을 통과하여 사원에 왔을 리 없기 때문이다. 그렇다면 앞에서 말한 바와 같이 다엔델스가 건설한 자바 우체부길이라는 것이 도로를 신설한 것이 아니고 기존의 도로를 폭이 좀 더 넓은 도로로 개보수한 것으로 보는 것이 타당하다.

차를 돌려 5분 정도 달린 뒤 왼쪽으로 자붕사원을 알리는 팻말이 있었다. 좌회전하여 들어갔다. 700년의 역사를 가진 사원의 입구로 보기에는 좀 허술했다. 주택을 몇 개 지나고 밭의 이랑 저쪽에 탑 모양의 자붕사원이 모습을 드러냈다. 온통 황토색으로 얼핏 보면 우리의 첨성대 비슷한 모습을 하고 있었다. 붉은 벽돌로 지은 힌두 사원인데 700년을 버티고 서 있다. 이 사원은 북부 수마트라의 바할 마을에 있는 불교 사원 '짠디 바할'(Candi Bahal)과 모습이 비슷하다. 바할사원이 11세기에 건축되었으니 자붕사원보다 300년 앞선다.

뜻밖에 아이들 대여섯 명이 사원 위에 올라가 놀고 있다. 천진난만한 시골 아이들을 만났다는 반가움에 앞서 사원이 걱정이 되었다. 접근 금지가 되어야 할 사원이 아이들의 놀이터가 돼 버렸다. 사원의 벽면에는 사람들이 살아가는 모습이 부조로 새겨져 있다. 터번을 두른 수도자가 제자를 맞아들이는 모습, 우물 옆에 서 있는 두 남성 그리고 두레박 끈을 잡고 있는 한 남성, 닳아서 형체를 알 수 없는 둥근 원형 릴리프, 그리고 서로 마주 보고 있는 두 마

자붕 힌두 사원

자붕 힌두 사원 벽면의 부조

사원에 올라가 노는 아이들

리의 사자상 등이 보였다. 사원의 색상은 찬연했다.

사원 앞에 오두막 같은 안내소가 있었다. 사람이 없다가 우리가 왔다는 소식을 들었는지 중년 남자가 미안한 모습으로 나타났다. 특별히 물어 볼 말도 없다. 사원의 관리가 잘 됐으면 하는 생각이다. 어찌 됐건 700년이 된 사원이 거의 방치되다시피 하는 것은 안타까운 일이다. 5만 루피아를 건네고 사원 안내 인쇄물을 하나 가져왔다. 아이들은 사진을 찍어달라고 야단이다.

자붕사원 진입로를 나와서 다시 우회전했다. 아까부터 그런 생각이 든다. 자바 우체부길이 자카르타나 대 도시 주변을 제외하고는 아직 그대로라는 생각이다. 특히 쁘로볼링고에서 자붕사원을 지나 목적지인 빠나루깐에 이르는 도로는 옛날 그대로이다. 도로 옆의 가로수가 그것을 말해준다. 까유 뿌띠(kayu putih, 白千層)이다. 아름드리 가로수 수령이 200년쯤 돼 보이니 우체부길이 생길 때 조성한 가로수일 것이다. 그러니까 200년이 지났는데도 폭 7.5미터의 2차선 도로이다. 도로가 주는 상징성을 확대 해석하려는 것은 아니지만 200년간 도로가 변하지 않았다는 사실은 인도네시아를 공부하는 사람으로서 답답하기만 하다. 도로 양 옆의 아름드리 가로수에 갇힌 도로가 답답한 것처럼……나는 안디까에게 200년된 도로가 아직도 그대로인 것에 대하여 어떻게 생각하느냐 라고 물어보려다 그만두었다.

자붕사원에서 좀 더 가니 왼쪽으로 바다가 보인다. 아직 마두라 해협이다. 저만치 언덕 밑으로 대형 발전시설이 보인다. 산뜻한 건물이며 부속 시설들이 그냥 보기에도 첨단 설비라는 생각이 든다. 자바-발리전력주식회사(PT Pembangkitan Jawa-Bali, PJB)에서 운영하는 빠이똔(Pation)발전소다. 자바와 발리에 전력을 공급하기 위하

아직도 폭 7.5 미터인 동부 자바의 우체부길

여 세운 국영기업 자바-발리전력주식회사가 운영하는 6개 발전소 중의 하나이다. 지금은 좋아진 편이지만 인도네시아의 전력 공급 상황이 아직 만족스럽지 못하다. 각 지자체에서 발전소 건설에 공을 들이고 있다.

우리나라에서도 공적개발원조(ODA) 사업으로 인도네시아 발전소 건설에 참여한 실적이 있는 것으로 안다. 이러한 사업은 우리나라의 이미지 제고에 기여하는 바가 크기 때문에 더욱 많은 분야에서 이러한 협력이 이루어졌으면 하는 생각이 들었다. 우리나라의 공적개발은 국제개발협력위원회가 총괄 및 조정을 담당하고, 기획재정부와 외교부가 주관하며, 한국국제협력단(KOICA)과 한국수출입은행이 집행과 시행을 담당하는 체제이다.

자바 우체부길의 종착점 빠나루깐

목적지인 빠나루깐까지는 계속 왼쪽으로 바다가 보인다. 바닷물이 거칠다. 끄라까산에서 20 킬로미터를 달려 버수끼(Besuki)에 닿았다. 버수끼는 담배 농사로 이름을 날리던 지역이다. 다시 동쪽으로 20 킬로미터를 더 달리니 빠나루깐 시가지가 모습을 드러냈다. 목적지이다. 이제 우체국을 찾아가면 된다. 우체국에 닿기 전에 왼쪽으로 항구가 보였다. 다엔델스 시대만 해도 이 항구는 인근에서 중요한 역할을 한 큰 항구였다. 우리는 항구 쪽으로 들어가 보았다. 일꾼들이 분주하게 짐을 나른다. 지금도 인근 지역에서 생산되는 커피와 설탕을 선적하는 곳이다.

항구에서 나와 좌회전했다. 나지막한 관공서 건물이 보이고 길

빠나루깐

오른쪽으로 교회의 십자가가 보인다. 차 안에서는 기독교인지 가톨릭교인지 구분할 수 없었다. 가까이 가보니 빠나루깐 오순절교회였다. 자바에 힌두왕국이 쇠퇴하고 이슬람 왕국이 등장할 때 빠나루깐은 아직 이슬람의 영향권 아래 있지 않았다. 16세기 중반에 이 지역 일부 사람들은 이미 가톨릭을 믿고 있었다. 1546년과 1559년에 포르투갈이 이 지역에 왔었으며 그들의 영향인 것이다. 당시에는 여성들이 주로 가톨릭을 믿었다고 한다.

교회에서 얼마 가지 않아 식료품점, 자동차 정비소, 간이식당 건너편 그러니까 도로 왼쪽으로 빠나루깐 우체국이 서 있었다. 아담하고 깔끔한 우체국이었다. 붉은 기와와 흰 벽면이 인상적이다. 우리는 자바 우체부길의 종착점에 도달한 것이었다. 우리는 지나가는 사람에게 부탁하여 처음으로 세 명이 함께 사진을 찍었다.

이제 온 길을 다시 돌아가야 한다.

빠나루깐 시가지

빠나루깐 항구에 정박한 어선들

자바 우체부길 종착점 빠나루깐 우체국

빠나루깐 우체국 간판

| 고영훈의 스토리텔링 인도네시아 문화유산답사기 001 |

자바 우체부길

초판 인쇄	2018년 1월 26일
초판 발행	2018년 2월 1일

지은이	고영훈
발행인	김인철
총괄 · 기획	가정준 Director, University Knowledge Press
편집장	신선호 Executive Knowledge Contents Creator
편집장	신선호 Executive Knowledge Contents Creator
도서편집	박현정 Contents Creator
전자책편집	이리나 e-Contents Creator
재무관리	김은혜 Managing Creator
마케팅 파트장	백승이 Chief Marketing Creator
마케팅	박종원 Marketing Creator
발행처	한국외국어대학교 지식출판원 02450 서울특별시 동대문구 이문로 107 전화 02)2173-2493~7 팩스 02)2173-3363 홈페이지 http://press.hufs.ac.kr 전자우편 press@hufs.ac.kr 출판등록 제6-6호(1969. 4. 30)
디자인 · 편집	(주)이환디앤비 02)2254-4301
인쇄 · 제본	네오프린텍 02)718-3111

ISBN 979-11-5901-263-1 04980 정가 20,000원
ISBN 978-89-7464-008-8 04980 (세트)

*잘못된 책은 교환하여 드립니다.

HUINE은 한국외국어대학교 지식출판원의 어학도서, 사회과학도서, 지역학 도서 Sub Brand이다. 한국외대의 영문명인 HUFS, 현명한 국제전문가 양성(International +Intelligent)의 의미를 담고 있으며, 휴인(携引)의 뜻인 '이끌다, 끌고 나가다'라는 의미처럼 출판계를 이끄는 리더로서, 혁신의 이미지를 담고 있다.